無形資産経済 見えてきた5つの壁

ジョナサン・ハスケル Jonathan Haskel
＋
スティアン・ウェストレイク Stian Westlake
［著］
山形浩生 Hiroo Yamagata
［訳］

RESTARTING THE FUTURE
How to Fix the Intangible Economy

東洋経済新報社

RESTARTING THE FUTURE:
How to Fix the Intangible Economy
by Jonathan Haskel and Stian Westlake

Japanese translation published by arrangement
with Princeton University Press
through The English Agency (Japan) Ltd.

【目次】

序論　21世紀の再起動

序論　21世紀の再起動……1

明日を先送りに
——セルデンの銘板とロレンツェッティのフレスコ画　1
大いなる経済的失望とその兆候　4
大経済失望の説明——行動か、状況か、経済の変化か　9
未完の革命　11
制度的負債の精算　15

第1部 何がなぜおかしくなったのか?

第1章 大経済失望 …… 23

大経済失望の5つの症状 25
黄金時代と大分断――大経済失望の2つの物語 41
伝統的な説明の疑問点 48
別の説明――無形資産 53
無形投資の長期的な成長――そして最近の減速 67
まとめ 70

第2章 経済危機は無形危機 …… 73

無形経済の特徴 74
無形資産と現状 78
まとめ 93

第3章 無形危機——制度の失敗 …… 95

制度と経済成長 98
制度は何のためにあるのか？ 102
交換の条件または段階 103
制度は交換の4側面をどのように支援するか？ 106
今までのやり方では、これから先はうまくいかない——制度と技術変化 115
制度の性質 120
無形経済が制度に求めるもの 130
なぜ減速が？ 134
まとめ 135

第2部 我々の変化した経済を直すには

第4章 「学問と有益な技芸の進歩」——公共投資と知的財産の改革 139

政府とスピルオーバー 140

もっとよいシステムの設計 157

まとめ 169

第5章 金融アーキテクチャ——無形リッチ経済における財務と金融政策 171

負債ファイナンス——担保の圧政 173
エクイティファイナンス——会計、バリュー投資、分散化 179
スピルオーバーとシナジーの時代における株主価値経営 183
金融政策立案 187
不適切な金融機関の影響と改革の提案 202
まとめ 210

第6章 都市の働きを改善する 213

無形の台頭と都市の台頭 216
テクノクラートvs政治家 224
賢い政策でよりよい制度を 228

取り残された場所　235
距離の死を加速　240
まとめ　245

第7章 機能不全の競争を減らす　247

競争低下とされるものは賢明か　250
企業間競争に無形が与える影響　253
無形が引き起こす新たな競争上の懸念　257
無形経済における競争の制度　265
無形と労働者のイタチごっこ　269
まとめ　279

結論 未来の再起動　281

枠組み――トレードオフと制度設計　286
中央集権トレードオフを改善する　292

政治的な決着 299
文化、信頼、認知負荷 302
まとめ 305

謝辞 309
原注
参考文献
索引

＊訳注は〔 〕を付し小字で示した。

序論

21世紀の再起動

20世紀の末は派手な楽観論が横行した。新技術と新しいビジネス手法のおかげで、繁栄と人類の栄光がすぐに大躍進を遂げると期待されていた。だが現実はまったくちがうものとなった。過去20年にわたり、先進国経済のパフォーマンスは、失望の連続だった。本書は、何がおかしくなったかについての新しい説明を提案し、その問題を正して、もっと急成長するだけでなく、公正で持続可能なものにする方法を提案する。

明日を先送りに――セルデンの銘板とロレンツェッティのフレスコ画

時には、ふりかえってみると必然的に思える未来が、当時はギリギリのところで実現したものだったりする。そして時には、望ましく可能性が高く思える未来が、まったく実現しないこともある。これについて考えるやりかたとして、2つの古い物体を検討しよう。ひとつは自動車のケースに入った真ちゅうの銘板、もうひとつは700年前の絵画だ。

自動車は、他のどんな技術にもまして20世紀を規定したものだろう。善かれ悪しかれ、それは人々のライフスタイル、経済、都市、気候に影響した。20世紀のごく初めですら、人々はそれを未来のアイコンだと考えた。だが1900年頃の古いアメリカ自動車をみると、その多くは共通して変な特徴を持っていることがわかる。その車がジョージ・セルデンという人物の設計だ、という真ちゅうの銘板だ。自動車の先駆者たるカール・ベンツやヘンリー・フォードと並んでセルデンの名前を聞いたことがない？　それには理由がある。セルデンはエンジニアではなく、弁理士だった。そして当時、彼は1台も車をつくったことがなかった。だが1879年に、彼はあらゆるガソリン駆動の自動車をカバーすると主張する特許を取得した（アメリカ特許549160号）[1]。彼はその特許を最大限に利用し、やがて数々の他の企業とカルテルを結成して、あらゆる販売車から使用料を要求した――変な特許を入手して、それを今日のハイテク企業を強請《ゆす》るのに使うパテントトロールの先駆的存在だったわけだ。ダイナミックな産業が、貪欲な集合体の犠牲になりかねないところだった。数年後、ヘンリー・フォードがその特許に異議を申し立て、やがて8年にわたる裁判の末に勝利した。あとは歴史の語るとおり。だがちがった展開になった可能性もある。そうなったらアメリカの自動車産業は別の方向をたどり、自動車のもっと広い歴史にも影響したことだろう。この銘板は、自動車の発展はじつは確実ではなかったという戒めだ。

特許戦争は自動車産業に限った話ではなかった。アメリカの航空産業は、ほんの数年後に似たような特許戦争に牛耳られ、そしてほとんど潰れかかった。ハリウッドが映画の代名詞になった理由の一部は、初期の映画製作者たちが、トーマス・エジソンのモーションピクチャー特許社の法的拘束から逃れるためにそこに移住したからだ。こうした特許戦争は、多くの新技術の発達とその経済的な影響はルールや法、制度の面での幸運に依存していたのだというもっと大きな歴史的教訓の例となっている。

セルデンの銘板は、最初期に、重要技術を潰しかねない悪しきルールから、経済的に逃れられた幸運を示すものだ。だが社会がそんなに幸運に恵まれないこともあり、悪い制度が物質的な進歩を押し留めてしまうこともある。シエナでは、アンブロージョ・ロレンツェッティ（1317～1348年頃に活躍）が描いた、14世紀の同市のすばらしいフレスコ画が人気だ。尖塔や市場がローズピンクとモーヴで描き出され、繊細に描かれた商人たちが街頭で商売を繰り広げ、幸せな市民たちが踊っている。その絵の題名は『シエナとその領土における善き統治の影響』だ。これはプッブリコ宮殿内の、市を支配する評議会のあった会議場の壁に描かれて、基本的な政治的論点を示している。善い統治は経済の繁栄に役立つ、ということだ。そしてそれを描くのに、これ以上の場所はなかった。1300年代の初期には、シエナとその周辺の北イタリア都市は、驚異的な経済的偉業を実現したようにみえた。貿易、金融、投資を支援することで、彼らは西欧の大半が何世紀も囚われてきた、飢餓寸前の罠を逃れ始めたのだ。だがそのフレスコ画の絵の具も乾かないうちに、経済の潮目がすでに変わりはじめていた。シエナの繁栄を支えた制度は、新しい経済には不適切だったのだ。他の多くの北イタリア都市と同様に、シエナは停滞し、そして衰退を始めた。プッブリコ宮殿のフレスコ画は、かつての繁栄の悲しい記憶となっている。

シエナの経験は、第3章で検討する重要な問題を提起している。経済は成長して変化する中で、どんな制度、規範、戦略を必要とするのか？

大いなる経済的失望とその兆候

今日の経済状況を考える時には、つい「こんなはずではなかった」と思ってしまう。世界はかつてないほど豊かで、驚異的なテクノロジーが生活のあらゆる側面を変えつつある――それなのにみんな、経済的観点からすると、何かがおかしいと確信しているようだ。

1970年代末のイギリスでは、何かがおかしいというのはあまりに明らかに思えたので、名前がついたほどだ。イギリスは「ヨーロッパの病人」と呼ばれた。今日の富裕国が直面する問題に名前をつけた人はいないが、各国で次から次へと5つの症状が見られるようになっている。停滞、格差、競争不全、脆弱性、正統性欠如だ。こうした症状が特筆に値するのは、それが客観的に見て望ましくないばかりでなく、伝統的な経済的説明に沿わなかったり予想外のパラドックスを示したりしていて、いささか説明がつかないからだ。それらをここで簡単に紹介し、第1章でもっと細かく説明しよう。

停滞　生産性上昇は、10年以上にわたり絶望的に低い。結果として、富裕国は21世紀の成長がトレンドのまま続いていた場合に比べ、1人当たりの稼ぎが25％ほど低い。低成長期があること自体は不思議ではないが、現在の我々の停滞は、あまりに長く続いているし不可思議だ。それは超低金利にも、経済を刺激するための各種の非伝統的な試みにも反応しない。そしてそれは、新技術やそれを活用する新ビジネスへの広範な熱狂と共存しているのだ。

格差　資産で見ても所得で見ても、格差は1980年代以来、目に見えて増大しているし、下がる様子がない。だが今日の格差は、単に持てる者と持たざる者という話ではない。むしろそれは、尊厳の格差とも言うべきもので複雑化している。つまり、ステータスの高いエリートと、文化や社会変化に取り残されたステータスの低い人々との間に、分断があると思われているのだ。尊厳と物質的豊かさとの間にはある程度の相関はあるが、完全な相関ではない。現代に取り残されたと感じる人々の多くは資産の多い引退者だし、一方でリベラルなエリートには、無一文で負債を抱えた大卒者が大量にいる。

競争不全　市場経済の原動力たる競争は、あるべき形で機能していないようだ。企業の業績は見たところ、昔よりも固定してしまっている。アマゾンやグーグルのような、数兆ドル規模の企業は、絶えず後続企業を上回る業績をあげ、すさまじい利潤を計上する。新興企業の数は減り、人々は転職したり、仕事探しで引っ越したりしなくなった。ここでもパラドックスが見られる。というのも多くの人は、経済生活においては熾烈でストレスまみれの、無駄な対立が高まっている気がすると不満を言っているからだ。客観的に見て豊かな人々や、金持ちですら、立場を維持するのにますます頑張って働かされる羽目に陥っているらしい。

脆弱性

新型コロナウイルスのパンデミックにより、世界で最も豊かな経済圏ですら自然の力には勝てないことが示された。実際、このパンデミックが引き起こした被害は経済の複雑さと高度さに結びついている。巨大で高密な都市、複雑な国際サプライチェーン、グローバル経済の空前の相互接続性のおかげで、ウイルスは国から国へと拡散し、それを抑えるために必要なロックダウンの費用を引き上げた。わずか15年前ですら、中国僻地でのパンデミックの発生など、富裕国にとってはせいぜいが小さなニュース記事で終わっていただろう。いまやグローバル化とサプライチェーン、インターネットのおかげで、別大陸でのほんの1羽のチョウの羽ばたき程度のものが、ますます大きな影響を及ぼすようになっている。

多くの人々にとって、新型コロナウイルスが人間に与えた悲惨な影響は、気候変動が今後の年月で引き起こす災厄の前触れだ。パンデミックの実際の影響と、地球温暖化の予想される影響が組み合わさると、経済がエコシステムレベルの巨大化した脅威に弱いことが示される。そしてこの2つの問題に共通する別の特徴がある。解決策はわかっているのに、実際にそれがなかなか実行できないという、奇妙なギャップだ。台湾からタイまで様々な国は、正しい政策を実行すれば新型コロナウイルスの死者数や経済的損害を減らせることを示してきた。同様に、経済を脱炭素化するための詳細で信頼できる計画が存在する。だが知っていることと実行とのギャップは大きく、ほとんどの国はそのギャップを埋められずにいる。

脆弱性を示す別の兆候は、中央銀行が経済ショックを抑える能力の低下だ。新型コロナパンデミックに至るアメリカの9回の景気後退で、ＦＲＢは金利を平均で6・3ポイント切り下げた。(2) イギリスでは、コロナ以前の5回の不景気での金利切り下げは平均5・5ポイントだった。だが２００９年以降、米英欧の中央銀行が設定した平均金利は、それぞれ0・54％、0・48％、0・36％だ（２０２1年4月までのデータ）。金利について言えば、中央銀行の持ついわゆる政策余地はきわめて限られている。

正統性欠如

21世紀経済の最後のがっかりする特徴は、経済学者が話題にするものではないが、一般人の会話には大きく登場している。それを、正統性欠如またはフェイク性と呼ぼう。労働者や企業は、かつて持っていた本来あるべきヤル気と正統性を失っているという考えだ。人類学者デヴィッド・グレーバーの「ブルシット・ジョブ」批判を考えよう。「何やら不思議な錬金術を通じて、書類をまわすだけで月給がもらえる連中の数は究極的に増えるようで」、それなのに「クビになったりせっつかれたりするのはいつも、本当にモノをつくり、動かし、直し、維持管理している人たちなのだ(3)」。

グレーバーの批判は、現代世界は「シミュラクラ」に支配されていると主張したジャン・ボードリヤールのようなポストモダニストの足跡をたどっている。シミュラクラとは、根底の現実から切り離された模倣やシンボルで、それがディズニーランドのように独自の命を得たものだ[4]。同様に、保守派の評論家ロス・ドゥザットは、現代の頽廃の特徴は、文化、メディア、エンターテイメントにおける独創性欠如と模倣の蔓延なのだという。現代世界は、過去とはちがう形でリミックスされ、ナレーションされ、キュレーションされているのだ[5]。

この見方には世間も同意する。製造業は有権者にはきわめて評判がいいし、政府はそれをもっと促進すべきだとされる。アメリカに製造業雇用を取り戻すというのが、2016年のドナルド・トランプの大統領選挙の公約で最も響いたものだった。歴代のイギリス政府は、世界金融危機への対応として「新たな産業、新たな雇用」や「製造業者の躍進（March of the Makers)」で対応すると約束した。こうした約束はどれも守られなかったが、そんな約束がそもそも行われたということ自体、我々が「モノづくり」に回帰すべきだという発想の人気と、現代経済活動の多くが正真ではないという疑念を強く示している。

経済や社会はしばしば、不穏な時期を経験する。だがここに挙げた5つの問題が共存しているというのは、ことさら不思議でパラドックスめいている。経済停滞は昔もあった。だが今日ではそれが低金利、高い企業利潤、目のまわるような技術進歩の時代に生きているという広範な信念と共存している。物質的な格差の拡大は低下してきたが、その影響や結果——地位の格差、政治的二極化、地理的分断、コミュニティ荒廃、自殺などの夭逝[6]——は増え続けている。そして第7

章で論じるように、新興企業は減ってトップ企業と後続企業との間の業績ギャップは固定化したため、競争は低下したように思える。だが管理職も労働者も、労働生活はますます余裕がないものになりつつある。

本書は2つの大きな問題に答える。何がこうした症状を生み出しているのか、そしてそれにどう対応すべきか？

大経済失望の説明——行動か、状況か、経済の変化か

物事がひどく悪化したら、通常はいくらでもその理由の説明が出てくる。第1章で論じるように、大経済失望に対して出てきた説明は2種類に分けられる。行動のせいにする理論と、状況のせいにする理論だ。

行動に基づく説明は、もっとうまく行動していたら問題は避けられたと述べる。左派の批判者たちは、増税や競争法を厳格にして新自由主義を潰すべきだったと論じる。右派の批判者は、起業家精神の低下のせいだと述べ、「モノづくり」文化の喪失を嘆く。状況に基づく説明はもっと宿命論じみている。その一部は、我々が今日直面する問題は単に、昔から続く失敗が表面化してきただけで、資本主義の弊害というツケがまわってきただけなのだという。また人によっては、

停滞は進歩の必然的な結果だという。歴史的な成長率は技術的な幸運に依存していたのだというのがその主張だ——例えば、内燃機関、電化、テレビ、上下水道といった革新的な発明だ。そして、今日では技術面でそんなに幸運ではないだけだ、という。一部の状況的な説明は悲観主義的で、過去20年こそが新常態なのだと言う。もっと楽観主義なものもあり、新技術をもっと生産的にする方法が見つかれば未来は改善されると予想する。

我々は、人類がダメになっただけだとか幸運や技術の大いなる展開が人類に不利に作用しただけだといった想定に基づく理論には懐疑的だ。本書は別の説明を提供する。我々は、経済はおおむね物質的なものから、アイデア、知識、関係に基づくものへと根本的に変わる道半ばなのだと考える。残念ながら、経済が依存している制度は、おおむねこれに追いついていないのだ。我々が見ている問題は、回復不能の過去と、まだ手の届かない未来との間で板挟みになっている経済の陰惨な症状なのだ。

おおむね物質的な経済から、アイデアや知識、関係に基づく経済への転換については、2017年の拙著『無形資産が経済を支配する』〔邦訳・東洋経済新報社、2020年〕で記述した。そこで我々は、無形資産（例えばソフトウェア、データ、研究開発（R＆D）、設計、ブランド、研修、ビジネスプロセス）への投資シフトを指摘した。このシフトは40年以上続いてきたものだ。本書で我々が示すように、この変化自体で、尊厳の格差の拡大からトップ企業と後続企業とのギャップの持続まで、大経済失望のいくつかの特徴を説明できる。

『無形資産が経済を支配する』を書くうちに、無形資産の物語について、まったく予想外の側面に気づかされた。どうも金融危機の頃から、無形投資の長期的な成長が鈍化しはじめていたのだ。この鈍化はまったく予想外だった。結局のところ、無形投資は何十年にもわたり着実に増大していたのだから。ソフトウェアやR&Dなどの無形投資と、プラットフォーム、ネットワーク、強いブランドなどの無形便益は、企業にとってますます重要になる一方だった。無形資産の豊富な企業は、世界の株式市場での存在感を高めたし、ミクロレベルでも無形投資需要はまったく翳りをみせなかった。当初我々は、無形投資の成長鈍化は世界金融危機の一時的な結果にちがいないと思った。だがもっとデータが揃うにつれ、この鈍化は一時的ではないことが明らかとなった。それはすでに10年続いており、そしてこれが、この期間に生産性の伸びが低下した理由の大部分を説明してくれると我々は考える。

未完の革命

我々の提案は第3章で詳述するが、根底にある問題は不適切な制度の問題だ、というものだ。経済学者も素人も、一般に経済活動は制度次第だという点はおおむね受け入れる。制度とは、ダグラス・ノースが「政治的、経済的、社会的なやりとりを構築する、人間が考案した制約」と呼んだものだ。あるいはアーノルド・クリングとニック・シュルツはそれを、経済の「オペレーティングシステム」と呼んでいる。しっかりした制度は交換を可能にする。交換とは、交易、投資、専門特化など、経済を進歩させるものだ。しっかりした制度は交換における4つの問題を解決しなくてはならない。十分なコミットメントの確保、集合行動問題の解決、情報提供、無駄な影響活動の制限だ。

重要な問題は、無形資産は変わった経済的性質を持つので、それに合わせて制度も変えねばならないということだ。例えば、集合行動の必要性が高まることを考えてみよう。基礎科学研究や職業訓練など、企業が資金提供したがらない無形資産に出資する公的機関は、経済政策の中でずっと重要になる。また情報の必要性が増大していることを考えよう。資本市場や銀行システムは、融資の担保として使いにくい資産を持つ企業にも融資できねばならない。同時に、無駄な影響活動も増える。一部の無形資産の所有権をもたらす知的財産をめぐる訴訟が増えるし、無形投資が繁栄するらしき高密地域では、都市計画やゾーニングをめぐる機能不全の議論が生じる。適切な制度がないと、2つの問題が生じる。①価値ある無形資産への投資が行われず、経済成長が鈍化する。②無形資産の豊富な経済が持つ潜在的なマイナス面が抑えられない。

無形資産をGDPの15％程度に増やすには適切だった制度が、それ以上の増加に対応できない理由を、化学反応における触媒のメタファーを使って考えてみよう（こんなメタファー依存の理由づけに反対する経済純粋主義者たちにはお詫びを。ただし、経済学はもともとメタファー的な概念だらけだという点は指摘しておこう）。ビール醸造者やワイン製造者たちなら知っていることだが、酵母はチマーゼをつくり出す。チマーゼは砂糖をエタノールと二酸化炭素に変える反応を引き起こす触媒酵素だ。だが、発酵する液体のアルコール濃度が15％を超えると、酵母が死んで反応の元となるチマーゼがつくられなくなる。酵母はワインをつくるが、ブランデーはつくらない。ビールはつくるがウィスキーはつくらない。化学エンジニアたちはもっと一般的な現象として、触媒被毒を挙げる。不純物や、触媒が可能にする反応の副産物のおかげで、触媒の効果が下がるという現象だ。

無形経済が依存している制度も、同じようなふるまいを示すらしい。無形経済と親和的な制度は経済のごく一部にしか存在せず、それを拡大することが現実的でない場合がある。一例がベンチャーキャピタル業界だ。これは最大級の無形資産集約企業の多くに対して、初期段階の資金提供を行ってきた。あるいは、無形資産が総資本ストックのごく一部でしかなかったときには、大した問題ではなかった欠点や不具合が、無形資産の重要性増大とともに、もっと目立つようになる場合もある。設計のまずい知的財産レジームで生じる特許戦争、論文出版目標を達成したい学者による研究不正、クラスター成長を阻害する都市計画の紛争は、1980年に比べて現在のほうが大きな問題だ。

他の場合として、無形資産の増えた経済の影響――例えば格差増大や、リベラルエリートと取り残された大衆とのギャップ拡大といった政治的影響――は、無形経済が依存している制度を弱めてしまう。無形資産のリッチなエリートの台頭に怒った有権者たちはポピュリスト政府を選出し、それが無形投資を生み出す機関、例えば科学研究への資金を打ち切ってしまう。価値あるソフトウェアやネットワークを通じて市場支配を実現した企業は、ロビイングにお金を出して競合他社の足を引っ張り、そうした競合他社の事業投資意欲をそぐ。結果として、不適切な制度の費用は上昇する。

無形資産の重要性が高まると、経済が依存している今の制度は、大銀行や政府部局に見られるレガシーソフトウェアシステムのように見えてくる――アーキテクチャは古くさく、ますます高くついてしまうのだ。ソフト開発者はこれを「技術的負債」と呼ぶ。当初は、簡便法やアーキテクチャ上の妥協や迂回措置でも何とかやっていけるが、やがてその費用は高まり、その負債を返済しないと、いずれシステムは破綻する。技術的負債はめったに世間の意識にはのぼらない――最も有名な例は、2000年問題またはY2Kバグかもしれない。これは修正に何千億ドルもかかった――が、人々が日常的に使う無数のソフトウェアに潜んでいる。無形資産の重要性の拡大は、技術負債のもっと大きくもっと広範なものをつくり出した。それを我々は「制度的負債」と呼ぶ。

制度的負債の精算

本書の後半では、制度的負債が最大となっている4つの領域を検討する。それが未来の無形資産への投資の足を引っ張り、すでに行われている無形投資の困った影響を悪化させているのだ。

公的資金と知的財産　最もわかりやすい問題は、無形投資を奨励するのをはっきりと目的にしている制度に関するものだ。知的財産法や研究、研修、文化コンテンツに資金を出す公的機関は、どれも無形資産が持つ重要だが奇妙な特徴を解決するために機能している。それは、無形資産がスピルオーバー（波及効果）を引き起こして、民間企業の投資インセンティブを本来より引き下げてしまうという特徴だ。このため、第4章で論じるように、政府はそうしたスピルオーバーを制限するＩＰ（知的財産）の法律をつくるか、あるいはその投資に補助金を出したり自ら出資したりする。

残念ながら、適切なバランスを見つけるのはむずかしく、もっと規模の小さい有形資産集約型経済用に設計された既存制度は、ますます無理を強いられる。特に既存システムは、クズではなく高収益の無形投資を奨励するのに苦労することが多い。誰も読まないような論文量産のインセンティブを与えられた研究者や、雇用者が評価しない学位を取得する若者といった話はお馴染みだ。この問題は、無形資産の根本的な性質から生じている。有形資産に比べて、その価値は変動性が高く、異質性が高い。もみ殻から実を選り分けるというのは、政府にとって非常に大きな負担となる。特にこれは、政府の研究資金提供システムや特許承認の仕組みはルールに基づいているので、こうした区別をつけるのが不得手なせいによる。さらに、既存システムは潜在的には公的支援を受けた資金を提供できるのだが、成功するプロジェクトのためにますます必要とされる多様なアイデアを促進するのはむずかしい。

金融と金融政策　民間部門の企業に資金提供する金融市場や銀行システムだけでなく、その根底にある金融政策レジームでも同じくらい厳しい課題が見られる。ほとんどの企業向け外部資金は負債の形をとる。だが無形資産集約的な企業は、負債ファイナンスにあまり適していない。無形資産は担保に使えないことが多く、また無形資産には勝者総取り的な性質があるので、返済能力の評価もむずかしくなる。こうした現実のため、中央銀行が金利調整により景気の波を管理する能力は弱まってしまう。解決策は、金融機関の規制方法を変え、無形資産集約型の企業に投資する能力を増やすことだ。また同時に出資よりも融資を優遇する税制や規制ルールも変えよう。

また経済に刺激が必要なときに、中央銀行は信用費用を引き下げるのが伝統的な役割だが、これも見直すべきだ。金利がゼロ近傍になると、引き下げの余地がなくなる――この現象は、経済が無形化するにしたがってリスクプレミアムが上昇するために生じた部分もある。これらの問題については第5章で論じる。

都市　伝統的には、無形資産集約的な企業はシリコンバレーから深圳、ソーホーまで、高密で活気ある都市に集中した。無形資産はスピルオーバーを生み出してシナジー（相乗効果）を示す。そして、そうしたものを活用する最高の方法は、新型コロナウイルスの問題はあるが、対面での相互作用を増すことらしい。だがほとんどの富裕国における都市計画とゾーニングルールは都市成長に真っ向から対立する。住宅所有者に拒否権を与えてしまうので、成長が阻止されてしまうのだ。無形資産が重要性を高めるにつれて、この拒否権の費用はますます高くなる。第6章ではこの問題の証拠を検討し、それを正すための政治的課題を論じる。そして住宅所有者やコミュニティが都市成長の便益を共有できるだけでなく、無形資産の多い経済においてリモートワークの便益も最大化しやすくする解決策を提案する。

競争政策　巨大で支配的な企業――グーグルのような技術プラットフォームから、ウォルマートのような小売りチェーンまで――の台頭は競争政策を弱めた結果であり、1960年代と1970年代のもっと強力な競争ルールへの回帰で対応すべきだという議論がますます高まっている。第7章で議論するように、我々はこの主張は見当外れだと考える。先頭企業と後続企業とのギャップ拡大は、もっぱら無形資産の重要性が高まっている結果であり、恣意的な企業分割ではなく、むしろ市場への参入障壁を低く保つことで対応すべきだ。もっと油断のならない困った問題は、競争のちがう側面、具体的には個人の間の競争激化だ。これも無形資産の重要性拡大のせいだ。それが無用な大学院学位や、どうでもいい専門資格制度などといった、無用なシグナリング資格への大量投資をもたらす。ほとんどの政府はこの種の個人間のゼロサム競争を気にしていないが、これは政治的な優先事項にするべきだ。

こうした制度的な問題の根底には2つの共通テーマがあり、それが解決策を指し示している。最初のテーマは、政府や制度を支える組織の能力を構築するのが重要だということだ。特に、無形投資に関わる部分での能力強化が必要だ。これは伝統的に政府があまり重視してこなかった、研究開発などへの支出を増やすという話も含まれる。だがそれより重要なのは、何が有望か見極める能力を高め、実行能力を強化することだ。まともに機能する知的財産レジーム、科学研究や教育への有効な投資、無形資産重視の企業向けの深く流動的な資本市場は、すべて固有の能力を必要とする。こうした能力は希少であり、特に政府の中でそれを持つ人はあまりいない。政府はしばしば、効率性や緊縮財政の名のもとに空洞化されてしまっているからだ。特許の審査官、法廷関係者、研究資金審査官は、公僕の中でも最も華やかでない存在だし、政治家たちが官僚と管理職を削ると約束したら、まっ先に削られる職でもある。だがこうした固有の国家能力と制度能力の構築は、活発な無形経済構築にはことさら重要なものだ。

第2のテーマは、制度を直すには、どこを直すか指摘して政治的な取引をしなくてはならないということだ。我々の制度が不適切なのは、賢いアイデアが足りないからではなく、むしろ現状に多くの人が満足していて、変化は政治的にも社会的にも高い費用がかかるからだ。住宅所有者たちは、まわりに家が増えてほしいと思わないので、それを禁止できる法律を好む。IPレジーム（知的財産制度）は権利保有者の利益となるから、彼らはロビイングして自分たちの権利を拡大強化する。こうした制度の改善は、効率的なテクノクラシー以上のものを必要とする。こうした新制度を機能させるには取引が必要だ。例えば街路レベルのゾーニング（第6章で論じる）は住宅所有者に、新しい住宅建設を支持するインセンティブを与えるし、政治資本が増えれば政治家たちは、科学研究といったエリートプロジェクトへの公共支出増大を正当化できる。

こうした要件はどれも、政治的にないものねだりに思えるかもしれない。国家能力の再構築を訴えても、選挙でなかなか票を得られないし、こうした新制度を定着させるために必要とされる取引を行うには、創造性、巧妙さ、既得権益に立ち向かう意欲が必要だ。それには実務的で楽観的な考え方が必要となる。物事が実際によくなるのだという信念だ。だが大経済失望の他の説明とはちがい、我々の語る物語は楽観論の根拠となる。もし我々の直面する大経済問題が、一部の評論家が言うように、全般的な道徳性の頽廃や、新技術の生産性におけるどうしようもない外生的な変化であるなら、それを直すなど考えられない。だが問題が、制度の更新と改善に失敗して、経済構造の変化に追いつけなかったということであれば、実施はむずかしくても解決策はある。制度の更新は以前にも起こったし、再び起こる。もしその実施に成功すれば、成長と繁栄を増やし、パンデミックから地球温暖化までのエコロジカルな脅威に取り組み、経済が20年近くも囚われている、不幸な中途半端な場所から脱出する道を見つけられるのだ。

第1部

何がなぜおかしくなったのか?

第1章

大経済失望

21世紀初頭から、先進国経済は各種の大問題と格闘してきた。停滞、格差、脆弱性、競争不全、そして全般的な正統性欠如の感覚とでも呼ぶべきものだ。本章では、こうした問題を解説し、その説明として持ち出される標準的なナラティブをいくつか紹介する。こうしたナラティブは懐古趣味、宿命論、あるいはその両方が特徴だ。我々は別の説明を提示する。つまり、そうした問題は、先進経済が有形資産依存から無形資産依存へむずかしい転換を図る結果として見るべきなのだ。

現在ではどうしても、現代経済を新型コロナウイルスのパンデミックとその後というプリズムを通して見てしまう。あまりに多くのものがおかしく、一変してしまったため、コロナ以前の世界の問題など、消えた世界のセピア色の写真のように思える。

　だが2019年に心を戻してみると、当時ですら何かがおかしいという感覚が蔓延していたのを思い出せるはずだ。この不安はあらゆる場所に様々な形で見られた。ダボス会議の基調演説からポピュリスト政治家たちの集会まで、それは人々が現代生活について語るときの、一種の壁紙になっていた。国の経済についての俯瞰的な物語（なぜ経済成長率がこんなに低いのか？　なぜみんな、何もつくらないのか？）や、個人生活についての考え方（なぜ労働生活はますますストレスが高まっているのか？　なぜ私の仕事はこんなブルシットだらけなのか？）にも登場していた。これは長期停滞や市場の集中を議論する文句なしの主流派経済学者と、資本主義が地球を破壊しているのではないか、金持ちと貧乏人の間に埋められない亀裂をつくり出しているのではないかを問う批判的な声との共通点になっていた。人々が経済について語るときには、まるで鉛の時代に生きているかのような失望の感覚があった。

　世界的な健康危機からの回復に伴う課題に直面しているいま、こうした懸念はおめでたく、古くさいものに思えるかもしれない。産出が25％停滞したのに、誰が長期停滞など気にする？　公衆衛生を保護し、消費者と投資家の不安を解消するという課題があるのに、誰が経済構造など気にする？　だが気にし続けねばならない。長期的な懸念は消えてはいないからだ。それは経済で起きている長期的な変化に根差す共通の原因を持っている。我々がそれを理解して対応する能力が、経済の再建能力を決める。闇夜の雷雨のように、新型コロナウイルスのパンデミックは我々が直面する長期問題の一部に光を当て、隠れた問題をはっきりさせるのに役立つ。またそれを正す機会も提供してくれる。さらに新型コロナは、経済の長期的な特徴を正しく捉えるのが決定的に重要だということを示している。第二次世界大戦でのイノベーションが、レーダーなど、戦前の基礎研究のストックに基づいて構築されたのと同じく、コロナワクチンはカタリン・カリコの合成メッセンジャーＲＮＡ研究などの過去の発見に基づいている。(1) そしてもちろん、コロナがつくり出した負債の山を返済するためには、経済成長の加速が必要だ。

大経済失望の５つの症状

きわめてお馴染みでどこにでもある現象でも、理解して説明するのが予想外にむずかしいときがある。多くの症状を抱えた患者を治療する医者と同じように検討を進めねばならない。症状の中で関係があるのはどれか？　無関係なものとして無視すべきなのはどれか？　つまり我々の最初の仕事は、21世紀の経済についての長期的な懸念を一覧にすることだ。

序論で述べたとおり、我々は人々が21世紀経済の５つの負の特徴を懸念しているのだと提案する。停滞、格差、競争不全、脆弱性、正統性欠如だ。それぞれ順番に説明しよう。

図1.1　金融危機以前のトレンドと比べた1人当たり産出

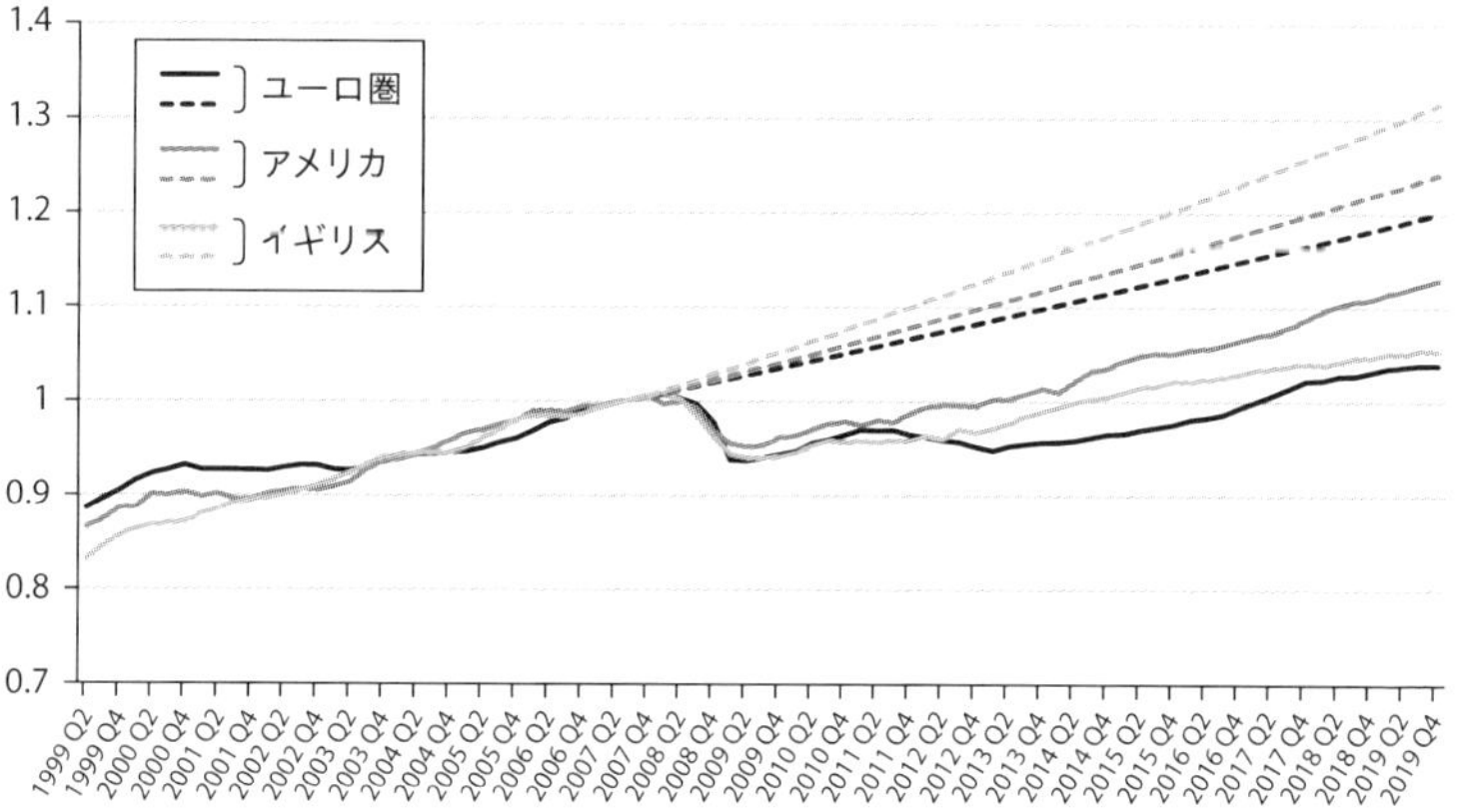

注：Q2は第2四半期，Q4は第4四半期
出所：OECDデータに基づく著者らの計算

停滞

２０２０年の新型コロナ発生に伴う産出の劇的な低下は、我々が直接体験したものとしては、経済成長に対するショックとして最も劇的なものだった。だがそれ以前も、豊かな国々の経済はとても健全な状態とは言えなかった。

図１・１は、今世紀の始まりから金融危機までのトレンドのまま経済成長が続いたら、１人当たり産出がどのくらいになっていたかを示している。先進国の経済は20〜30％も豊かなはずだった。

もっと長期を見ると、失望はなおさら激しいものとなる。20世紀後半の大半で、先進国は平均で実質ＧＤＰ成長率２％超が当たり前だった。21世紀になると、経済成長率は50％もの大幅な低下を見せた。２０００年から２０１６年にかけて、アメリカでの１人当たり実質ＧＤＰ成長は年率1％ほどだ（後出の表1・1参照）。世界金融危機以降の時期に注目すると数字はさらに悪化する。2006年から2016年では、わずか年率0・6％しか成長していない。ヨーロッパ諸国も同じくらいの低成長だ。2019年末、英国王立統計学会は、統計・オブ・ザ・イヤーとして生産性の低成長を選んだ。

低成長はいまやあまりに普通のことになってしまったので、コロナ以前ですら専門家はそれが当然だと思っていた。だがほんの20年前や30年前と比べても、これはショッキングな数字だ。現在の経済成長がいかにがっかりするものかについての感触を得る、赤裸々な方法のひとつは、今世紀初頭やそれ以前につくられた長期経済予測を見ることだ。アメリカ議会予算局の世界金融危機直前のレポートは、2010年代半ばに2・5％の成長を予想していた。[2]他のほとんどの中央銀行も同じような想定をしていた。

その10年前には、評論家たちはさらに楽観的だった。経済協力開発機構（OECD）の1992年の詳細な調査は、2010年代のアメリカの経済成長についていくつかのシナリオを提示している。そこに登場する、現状維持の予想2つでは、アメリカの経済は年率3・1％から3・4％の成長を示すとされている。その最も悲観的なケース（多少の予知能力を発揮してか「グローバル危機」と呼ばれている）は年率2・3％成長だ。シナリオ計画手法の父ピーター・シュワルツは、『ワイアード』誌で広く読まれた1997年の記事で、さらに楽観的な視点を提示し、アメリカ経済は2020年まで4％成長を続けるとしている。[3]ポール・クルーグマンの明確に悲

図1.2　アメリカのトービンのQ

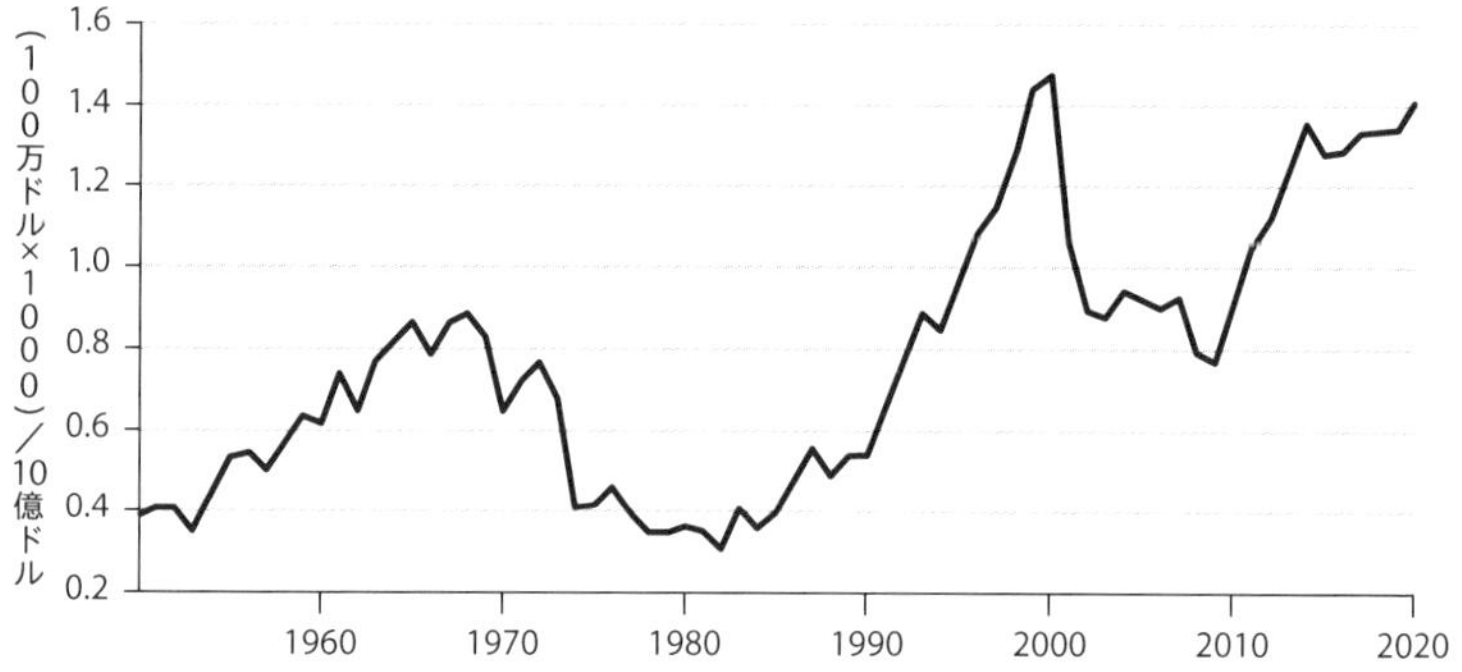

出所：FRB経済データ

観的な本『クルーグマン教授の経済入門』〔邦訳・ちくま学芸文庫、２００９年〕は１９９０年代に何度か増刷されているが、やはり楽観的すぎた。彼は予想のベースケースとしてアメリカ経済が今後数十年にわたり２％強の成長を続けるとしている。(4) ケインズですらがっかりしただろう。１９３０年代に彼は「孫たちのための経済的可能性」を書いたが、ＧＤＰが１９３０年から２０３０年にかけて８倍になると推計した。(5) 今日までの成長に基づくと、新型コロナのパンデミックの影響を除いたとしても、イギリスとアメリカの経済はそれぞれ５倍と６・４倍しか成長していない。

　だが経済成長の問題は、減速したということだけではない。それは多くの標準的な経済学的説明におさまらない形で停滞しているのだ。21世紀初頭の成長の弱さは低金利と共存しており、コロナ危機までは企業の価値評価は高かった。経済学者たちはこの現象を長期停滞と呼ぶ。こうした高い価値評価を図１・２に示した。トービンのQ（投資家たちが、将来の企業収益についてどのくらい楽観的かを示す）は、ドットコムバブルブームのすさまじい高みには及ばないものの、１９８０年代のどん底よりははるかに上だ。

この状況には驚かされる。通常、高い企業利潤は企業が投資から高い収益を得ているというしるしだ。借入が安上がりなら、企業は資金調達をして、提供されている機会にもっと投資をするので、経済成長が回復する。だが金利は10年以上にわたって低いのに、成長は低いままだ。さらに、この低成長が起きているのは、いろいろエキサイティングな技術進歩が起きていると広く信じられている時期なのだ。これが本当なら（これについては第4章で詳細に検討する）、低経済成長などあり得ないはずなのだ。

格差

懸念を引き起こしているのは、経済のパイの規模だけではない。その分配方法も問題だ。特に今世紀に入ってから、さらに金融危機以後はなおさら、てっぺんの金持ちとその他とのギャップについては懸念が広がってきた。リチャード・ウィルキンソンとケイト・ピケットのベストセラー『平等社会』（邦訳・東洋経済新報社、２０１０年）は、格差が犯罪、健康状態の悪化、不幸につながると論じている。それも貧困者の間だけではなく、社会全体でそうなるという(6)。２０１１年にはウォール街占拠などの占拠運動が「99％」のミームを広め、金持ちエリートと国民一般との二項対立に光を当てた。そしてトマ・ピケティ『21世紀の資本』〔邦訳・みすず書房、2014年〕は何十年にもわたる資産格差をめぐる実証研究を世間の議論の俎上に載せた(7)。

富裕国の物質的格差は、人々の資産と所得の両方に見られる。40年前と比べると、社会の豊かな人々は、所有価額で見ても、稼ぎで見ても、貧困者との差がさらに開いている。この増加の相当部分はどうやら1980年代と1990年代に起こったらしい。その後、格差の一部の指標は拡大を続けたが、その他の指標は横ばいになった。

図1・3を見ると、こうした数字の規模感がわかる。これは世界全体についての、1980年から2016年にかけての成人1人当たり所得上昇を、最貧層から最富裕層まで並べたものだ。図の左側では、新興国の台頭により、世界分布の底辺の所得が上がったことがわかる。だがこの増加はてっぺんの上昇に比べるとかすんでしまう。トップの1％が、総増加分の27％を懐に入れているのだ（これに対して底辺50％は、総増加分の12％しか得ていない）。

経済成長の失敗と同様に、格差の上昇は20世紀の未来予測者たちが予想したことではなかった。四半世紀前に書かれた未来に関する壮大なナラティブを見ると、極貧者や社会的排除については大いに懸念が見られるが、スーパー金持ちやリベラルエリートについての懸念はない。ヘミッシュ・マクレイのベストセラー『2020年　地球規模経済の時代』〔邦訳・アスキー、1996年〕では、犯罪、ドラッグ、家族崩壊といった社会的な混乱、「主に貧しい社会経済集団に影響するもの」が2020年のアメリカへの脅威だとしているが、今日のナラティブを支配するエリート

図1.3　世界の所得グループ別成長（1980〜2016年）

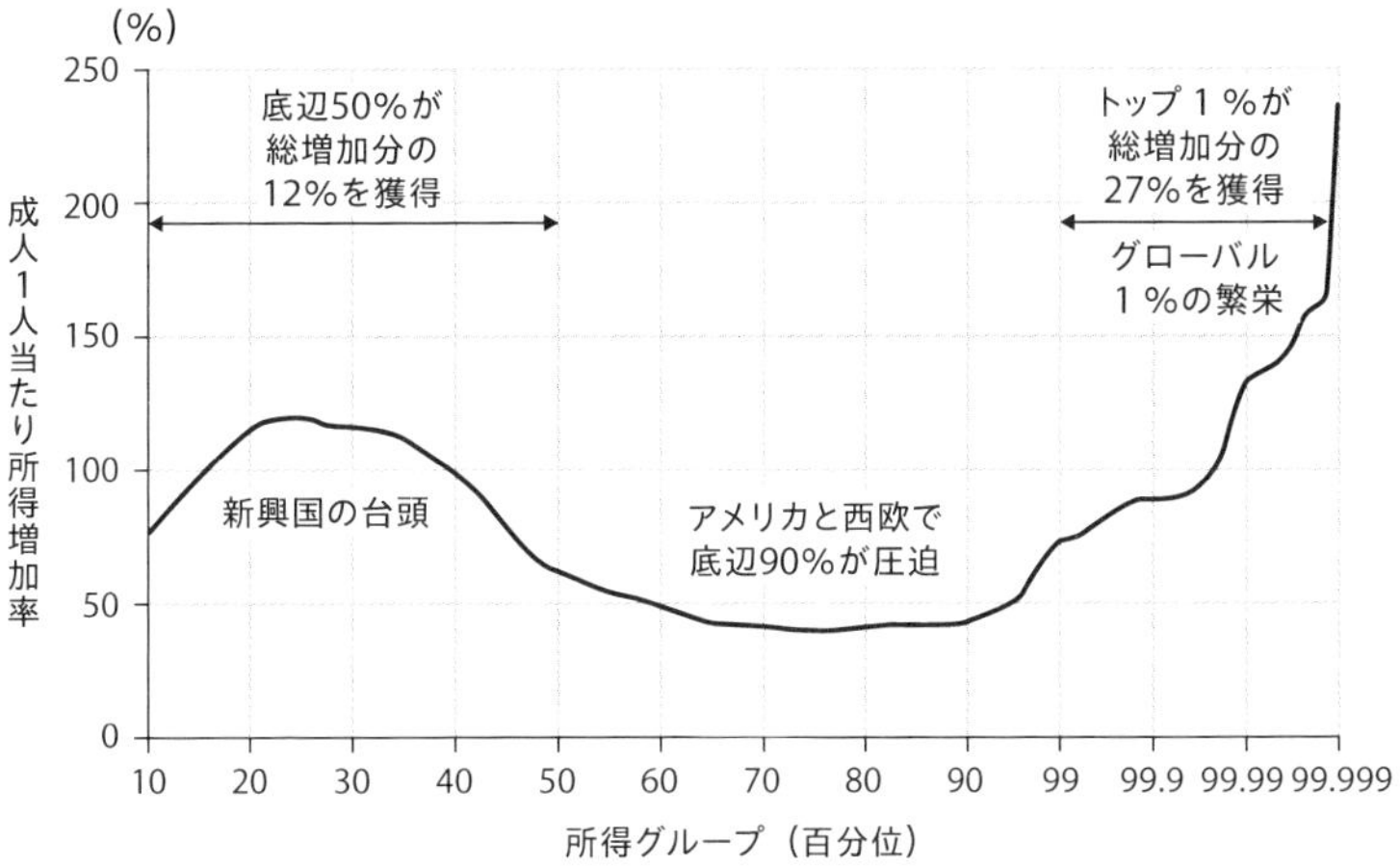

出所：Alvaredo et al. 2020, Figure E4.

と大衆とのギャップについては何も語っていない[8]。

　現代の格差は単なる経済的な現象ではない。２０００年代と２０１０年代には、お馴染みの物質的な格差に加えて、ステータスの格差増大が見られた。リベラルで教育を受けた都市エリートと、あまり恵まれない場所に取り残されたと言われる住民たちだ。例えばイギリスのポスト工業化都市や、アメリカのラストベルト地帯などがそれにあたる。現代格差のこの側面は、お金以外のものに関係している。それはオープン性、教育、土着性、自尊心の差に関係するものだ。地理的な要素が強く、ときどき経済格差とは関係がないこともある。稼ぎが少なく奨学金返済に追われる大卒者の多くは、リベラルエリート扱いされているし、取り残された人々の中には、家や年金を持つ悠々自適の引退者も含まれる。

経済学者エンリコ・モレッティは、この分断の地理的側面を「大分岐」と呼び、アメリカの繁栄した都市と取り残された都市との差がどれほど拡大しているかについて、大卒率から大卒給料、離婚率、死亡率まで各種の証拠を挙げている。[9] イギリスの政治学者ウィル・ジェニングスとジェリー・ストーカーは、2010年代初頭に、彼らが「2つのイギリス」と呼ぶものの間に分裂が生じつつあるのに気がついた。その2つとは、コスモポリタンで外向きのイギリスと、非リベラルでナショナリスト的なイギリスだ。[10] アメリカでの似たような分裂は、2010年代末に支配的な政治的要因となり、それがもたらした票がドナルド・トランプをホワイトハウスに送りこみ、イギリスをEUから離脱させ、世界中でポピュリスト政治家たちのキャリアを確立させた。

この種の格差は生死に関わる問題となりかねない。アン・ケースとアンガス・ディートンはこれを「絶望死」の蔓延と結びつける。これは自殺、麻薬過剰摂取、アルコール依存症による死の波が、1990年代末から白人中年アメリカ人の間に広がり拡大を続けているというものだ。[11] この蔓延などの地位不安の兆候は、所得と資産の格差が横ばいになっても、拡大を続けている。

競争不全

21世紀の経済的不調が持つ次の要素は、市場を機能させる競争力に関係したものだ。経済学者たちが市場の健全性を測るのに使う各種の重要な指標が、長いこと奇妙なふるまいを見せている

図1.4　パフォーマンスのギャップ

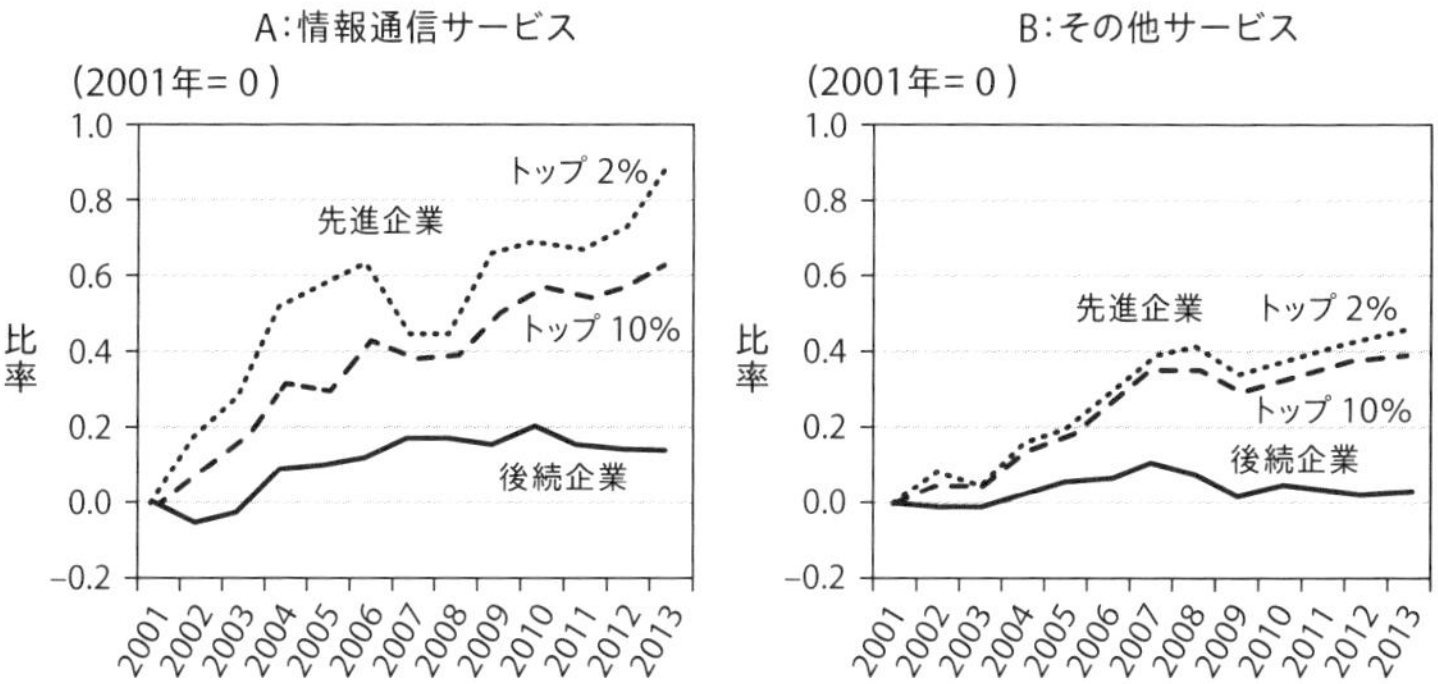

注：いずれのグラフでも，グローバル最先端グループの企業は，産業中分類ごとのTFP最大の企業5％で定義され，その他の企業は後続企業とした
出所：Andrews, Criscuolo, and Gal 2016.

のだ。

まず、最も成功している企業とその他とのギャップが、どうしようもなく拡大を続けている。どの国でも、各種の産業部門において、最も利益の高い生産的な企業とその他企業との差が、過去数十年で劇的に広がっている（図1・4）。情報通信技術（ICT）サービス企業でギャップが広がっているのは、意外ではないかもしれない。だがそのギャップは他の産業でも目立つようになっている。

同時に、非生産的な企業が縮小して生産的な企業が拡大する傾向——経済学者がビジネスダイナミズムと呼ぶ現象——は、ライアン・デッカーらが2000年以来「広がる衰退」と呼ぶものに直面している[12]。また研究によれば、新興企業の起業も減り、高成長企業の起ち上げも大きく減っているという。

図1．5　平均グローバル利ざや（2000～2015年）

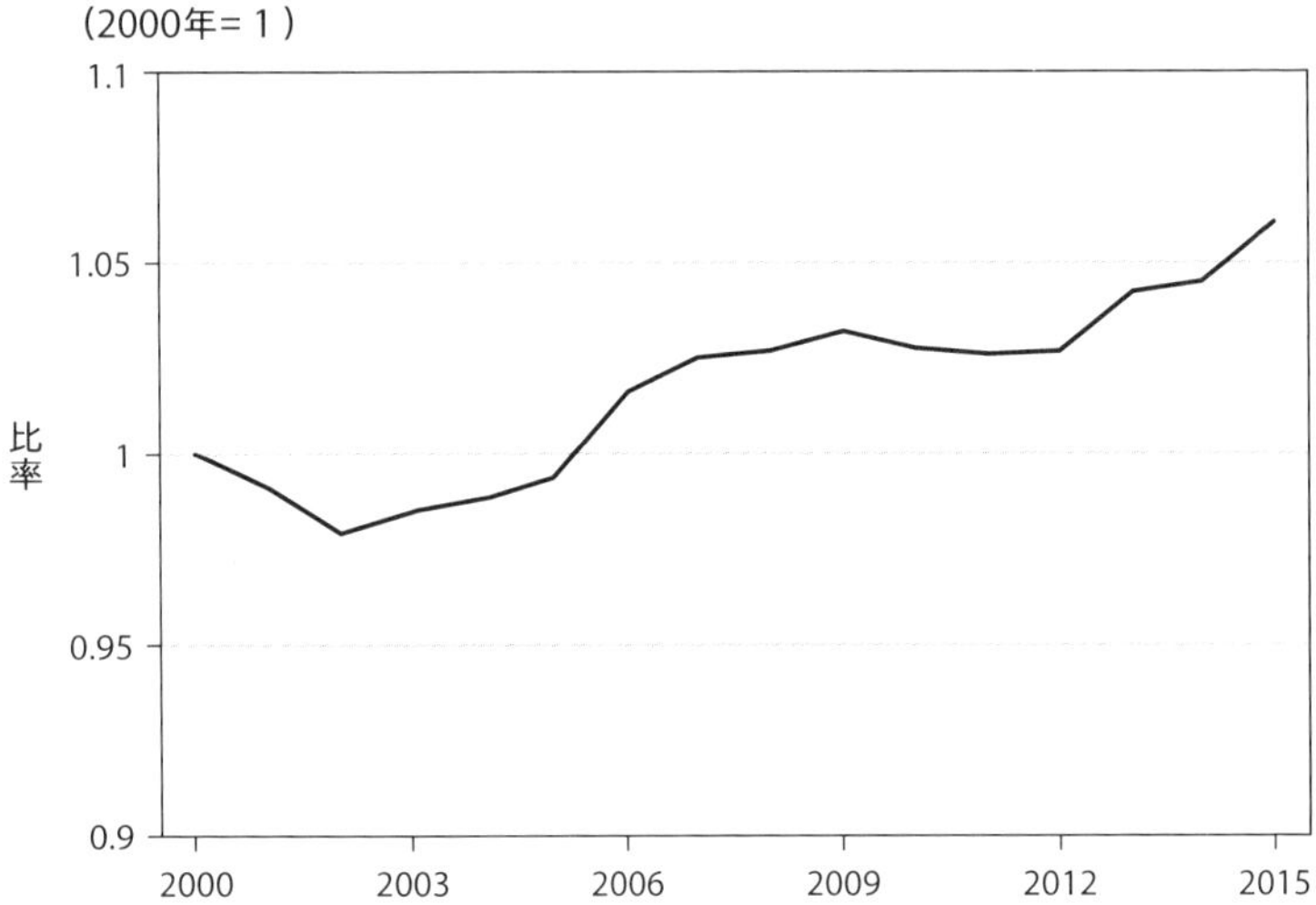

出所：Díez, Fan, and Villegas-Sánchez 2019.

加えて、近年では企業が稼いでいる利ざや、つまり価格と限界費用との差が増大していると経済学者たちは指摘する[13]（図1・5）。この研究は経済学者トマ・フィリポンによる名著『大逆転』（未邦訳）にうまくまとめられている[14]。

個別労働者のレベルでも、ダイナミズム低下がデータに表れている。転職を繰り返すミレニアル世代という俗説とは正反対で、若い労働者たちはじつは旧世代の労働者たちよりも転職率がずっと低い。また仕事を求めて別の都市に引っ越す割合も少ない。経済学者タイラー・コーエンはこの傾向を「変化を先送りしようとこれまでになく頑張る」という「現状満足階級」台頭の症状だとしている[15]。

だがこれは何やらつじつまが合わない

ようだ。平均的な労働者や管理職に、市場の競争性が下がって労働者が現状に満足しているという証拠を見せたら、驚くか信じられないといった反応を見せるはずだ。企業の競争やダイナミズムが低下しているという各種証拠がいくらあっても、ほとんどの企業が置かれたビジネス環境は、新型コロナのパンデミックでビジネス環境が大混乱する以前から、まったく現状に満足していられる状態などではなかったからだ。アメリカ企業についての1981年のアメリカ商務長官マルコム・ボールドリッジの表現を借りるなら、ことさら「太ったまぬけでおめでたい」気分ではなかったのだ[16]。

また労働者たちも仕事や労務環境についてあまり喜んではいない。アマゾン倉庫などの低賃金労働の厳しさとパフォーマンスマネジメントの過酷さは、調査ジャーナリストたちがやたらにネタにしているほどだ。失職者が労働力に再参入するよう奨励するべく設計された条件つき給付制度は、失業でさえ何十年も前に比べると重労働だということを意味している。つまり、失業給付金をもらうには条件があって、その条件をクリアすることがかなり厳しいのだ。

また賃金が高く、高度なスキルを持った労働者の仕事人生が楽になっているかは定かではない。ダニエル・マーコヴィッツ『メリトクラシーの罠』（未邦訳）は、「トップ職ではいまや狂ったような競争が常態となっている」と述べ、それを1950年代の自足しきった企業世界やウィリアム・ホワイト『組織のなかの人間』（1956年）と対比させている。ホワイトは、社長は「冷酷に、憑かれたように成功に突き進む」必要はないと述べているのだ[17]。現在のトップ重役の闘争は、オフィスの入り口どころか、幼稚園時代から始まる。エリートの野心的な一員として、果てしないハードルを次々に飛び越えて、上層階級のケーキ食い競争におけるきわめて競争性の高い仕事のために己を磨いているのだ。そしてその競争に勝ったご褒美は、ますます多くのケーキ、ということになる。同様に、経済学者ピーター・クーンは、アメリカ男性の平均労働時間は下がっているが、トップの稼ぎ手と底辺の稼ぎ手ではむしろ増えているのだと記述している。(18)

脆弱性

新型コロナのパンデミックは、最富裕国ですら自然の力には勝てないことを劇的な形で示した。実際、このパンデミックが引き起こした被害は、経済の複雑性と高度化と結びついている。我々の高密な大都市、複雑な国際サプライチェーン、グローバル経済の空前の相互接続のおかげで、ウイルスは国から国へと飛び火することになった。

こうした相互接続された脆弱性は、ある程度まではグローバル経済における専門特化の自然な結果だ。この脆弱性の別の次元は、我々が直面するショックの一部を抑えるために、政府ができることはないも同然だという感覚だ。ヨーロッパ経済は一般に、経済ショックからの衝撃を和らげるために、というかもっと実務的に言うなら、市民に対して社会保障を提供するために、国家に頼ってきた。そうした保障の一部は福祉国家によるものだから、財政的なものだ。だが重要な点として、そうした保障の一部は金融政策からもたらされる。以前なら、中央銀行はマイナスの

図1.6　先進国における金利

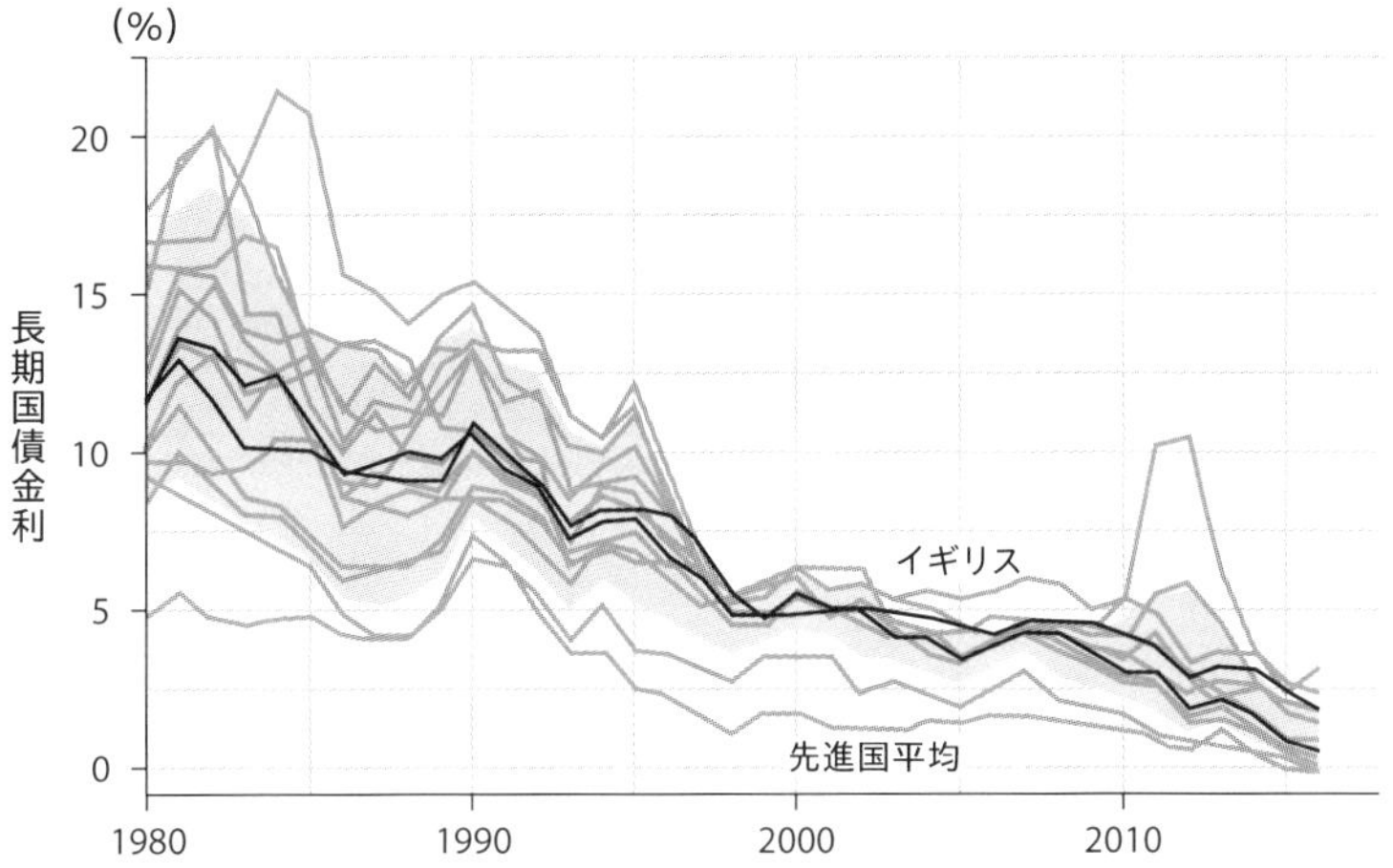

注：灰色の部分は先進経済17カ国の90番百分位から10番百分位を示す．データはJordà, Schularick, and Taylor 2017; https://bankunderground.co.uk/2020/06/03/theres-more-to-house-prices-than-interest-rates/ からの引用

ショックに直面したら、金利カットで経済を安定化できた。それで経済活動に再び火をつけて、成長を回復させるのだ。だが図1・6が示すように、金利は40年近く低下を続けている。金利がゼロにきわめて近いと、中央銀行が提供できるクッションにも限りがあるようだ。

経済学者ジェイソン・ファーマンとローレンス・サマーズは、この政策余地の欠如を強調する。本書の序論で述べたように、彼らの計算だと新型コロナパンデミック以前のアメリカの9回の景気後退において、FRBは金利を平均6・3ポイント切り下げてきた[19]。我々もイギリスについて同様の計算をしている。コロナ以前の5回の不景気では、中央銀行の金利は平均5・5ポイント切り下げられた

――例えば1980年7月から1981年3月までに、17%だったのが12%に切り下げられている。金融緩和では、1カ月当たり0・5ポイントずつの切り下げが11カ月にわたり続いている。本書執筆時点でイギリスの中央銀行金利は0・1%で、つまり現在のイギリスの中央銀行金利は、切り下げ余地が1週間分しかないということだ（金利がゼロになるまで）。

加えて、現代経済が巨大な自然の力に弱いという事例は、コロナだけではない。工業化社会の中心にあるおとぎ話のような魔法は、豊富なエネルギーだ。文明の灯りを絶やさないためには、年に10万テラワット／時以上のエネルギーが必要だ。そしてすさまじい幸運のおかげで、我々はそれだけのエネルギーを生成できる人類史上のほんの一瞬の時代に生きている。だがよいおとぎ話には呪いがつきものだ。そして我々のおとぎ話の場合、その呪いというのは、このエネルギーの8割ほどをつくり出すためには、目に見えず表面的には無害な汚染が生み出され、それがやがては地球に破壊的な被害を引き起こすということだ。

気候変動の現実も陰気だが、それに我々が対応できていないように見えるのも気が滅入る。低炭素エネルギー技術は存在するし、その価格は近年急落している。世界で最も賢い人々が大量に、この問題の解決にキャリアを捧げている。炭素排出を減らす経済学は、おおむね解決済みの問題だ。ほとんどの政府は炭素排出低減と気候変動の影響を緩和するための長期的な政策を持っている。要するに、炭素排出を抑えるのはむずかしい問題ではあるが、経済成長を高める問題に比べると「謎めいた」問題ではない。だがこの問題についての広範な認識とかなりの政治的なエネルギーにもかかわらず、低炭素経済への移行はあまりに緩慢にしか進んでいないようなのだ。ショックが、新型コロナのような強烈で予想外のものだろうと、気候変動のような緩慢なものだろうと、今日の富裕経済は騒乱に異様に脆弱で、なぜか問題を阻止する手を講じられないという信念が大きく広まっている。

正統性欠如

21世紀経済最後のがっかりする特徴は、「インチキくささ」とでも呼ぶべきものだ。この批判は経済学者たちからはあまり聞かないが、素人や他の学術分野の評論家たちからは広く聞かれるもので、みんな今日の経済で起きていることが、本来持つべき、そしてかつて持っていた「リアルさ」を欠いているという信念を共有しているようだ。現代経済が嫌になるほどインチキだという感覚は、現代性に対する保守派の批判に繰り返し登場する主題だ。投資家ピーター・ティールによる「欲しかったのは空飛ぶ車なのに、得られたのは140文字だった」(Twitterのこと。科学やテクノロジーは大きく進歩したといわれるが、じつはそれほどでもなかった、ということ)という嘆きにもそれは見られる。評論家たちは現代の経済活動の相当部分が何かインチキで正統性がなく、詐欺的ですらあるという信念をはっきり述べている。

こうした不満はコロナパンデミックの間にさらに熾烈なものとなった。多くの西側諸国は人工呼吸器や衛生防護具が足りなくなり、しかもそれを急いでつくる手段もないことに気がついた。

どうして富裕経済は、こうした重要なものをつくる能力を失ってしまったのだろうか、と多くの人々は尋ねた。

こうしたインチキさや正統性欠如の感覚は、先ほど述べたオンライン体験でさらに悪化している。インターネットは自由な情報の宝庫にもなれるが、詐欺師や誤解をばらまく連中やインチキ野郎どももあふれているようだ。ある2019年の調査では、子供向けのYouTubeチャンネルで視聴者数第6位のチャンネルが「ライアンの世界」だった。1900万人以上の視聴者を持つこのチャンネルでは、7歳のブロガーであるライアン・カジが子供向けのオモチャやゲームのレビューをする。2018年には2200万ドルの支払いを受けたという[20]。

繰り返すと、21世紀初頭の先進国経済には5つの問題がある。まず、20年にわたりお金は安いし、ほとんどの期間で企業は儲かっているし、技術も豊富なのに低成長が続いている。第2に、金持ちと貧困者との物質的なギャップは開いており、それは社会的な分断と文化的な分断との硬直化を伴っている。第3に、競争の欠如があると感じられているが、その一方で人々の労働生活は、企業のレベルでは無気力さと生産性を奪う停滞が支配的なのに、生活体験では熱にうかされたような疲れ果てる競争に追われるという、パラドックスめいたミックスに支配されているように見える。第4に、経済は脆弱でもろいように見える。金融政策に頼って経済を支える能力も衰えているようだ。我々は持続不能な化石燃料消費に依存しており、その対処法はかなりはっきりわかっているのに、全面的な変化の実現はとてもむずかしい。第5に、経済で起こっていることの相当部分が非正統的で信頼できないという感覚が広まっている。

黄金時代と大分断――大経済失望の2つの物語

この経済的なできごとの不穏な組み合わせに直面して、評論家や学者たちは各種の説明を考案している。

ノーベル経済学賞受賞者ロバート・シラーは近著で、経済学におけるナラティブの重要性について説得力ある主張をしている。[21] エドワード・リーマーも同様だし、ユヴァル・ノア・ハラリや、ジョン・ケイとマーヴィン・キングも書いている。[22] シラーによれば、人は経済の仕組みを理解して表現するときナラティブに頼る。そうしたナラティブは原型的なものとなる。人々が自然に惹かれる、繰り返される物語がいくつかあり、人はそれを認識しようとする。ちょうど人々の目が月の影やクレーターに人の顔を見出すようなものだ。そしてシラーに言わせると、こうした物語には経済的な力がある。それは人々が世界を記述する手段というだけではない。人々の行動を左右するのだ。

実際、経済評論家が先進国の経済の現状について語るときには、いろいろお馴染みのナラティブ要素が登場する。特に原型的な物語が2つ頻出する。それを、失われた黄金時代と大分断と呼ぼう。

失われた黄金時代

最初の人気ある説明は、我々がなにやら過去に比べて劣った時代に住んでいるのだ、と述べる。この結論はデータからかなり明確に出てくる。金融危機以来、あるいはそれ以前から、生産性の伸びはかなり低くなっている。だがこれはまた、安楽さと繁栄が広がっていた「失われた黄金時代」というずっと古い人間物語ともつながる。その黄金時代が、不運や悪行のために労苦と希少性の現代に道を譲ったというわけだ。かつて神々は人間を甘やかしてくれたが、もう甘やかしてもらえなくなった我々は、いまや繁栄の黄金時代回復に苦労している、というわけだ。

現在の生産性低下についての経済的な説明はそれを外部のできごとのせいにする。成長低下についての影響力あるナラティブはタイラー・コーエン（『大停滞』）〔邦訳・NTT出版、2011年〕とロバート・ゴードン（『アメリカ経済　成長の終焉』）〔邦訳・日経BP社、2018年〕のものだが、どちらもこの昔ながらの伝統に収まる。(23) 両者とも、様々な逆風のせいで技術進歩や教育の改善といった人的要因の両方からくる成長が減速したのだ、と論じる。特にゴードンはそれが将来的に再び加速する可能性について悲観的だ。ゴードンは、長期的な経済成長のトレンドを図1・7で描き出している。これは1300年からの最先端経済（イギリスとアメリカ）における成長率を示したものだ。ゴードンに言わせると、20世紀は経済の黄金時代だった。だが時代が変

図1.7　1300年以来の最先端経済における成長率

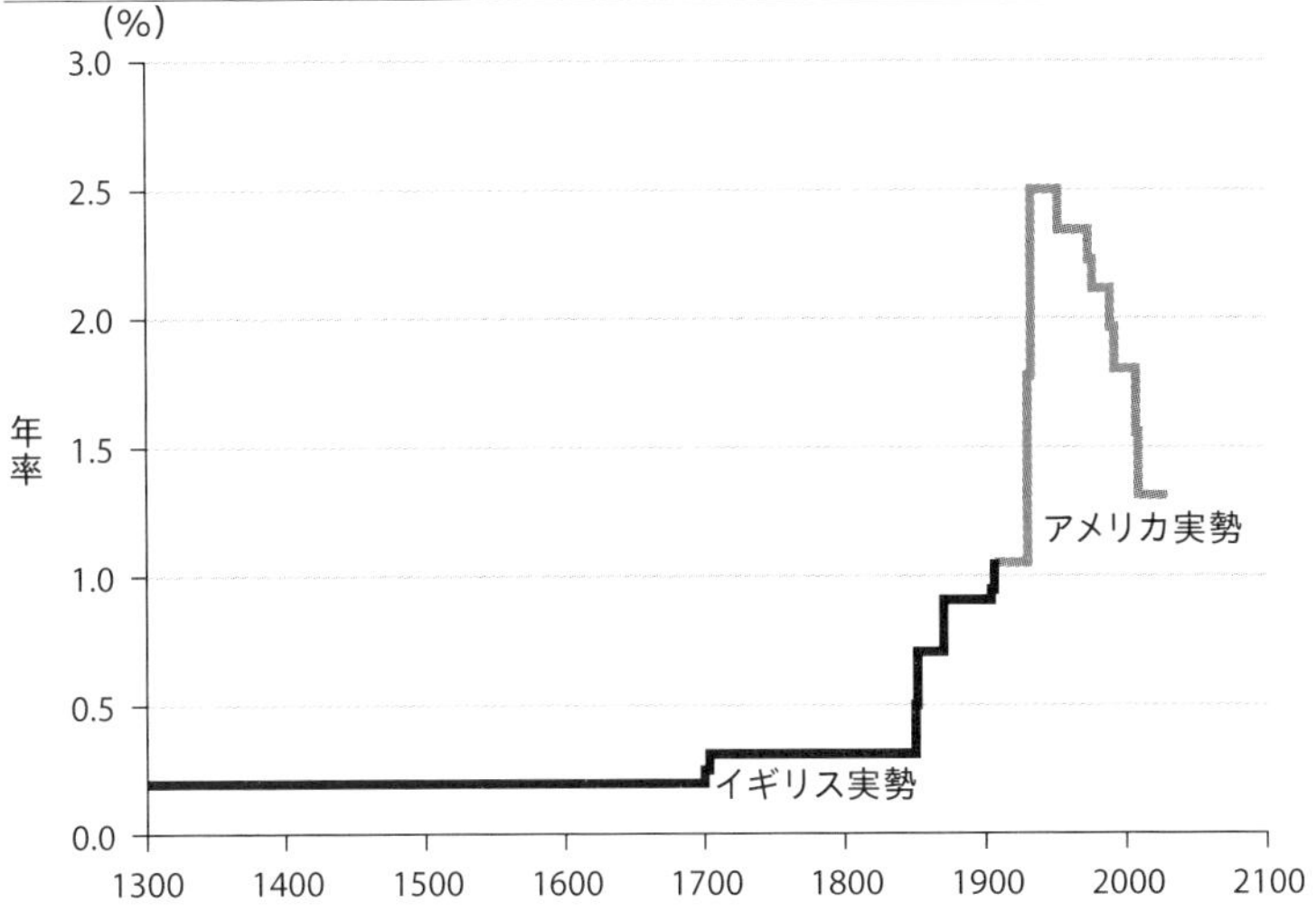

出所：Gordon 2012.

わったので、それを受け入れるしかない。

　経済成長専門家ディートリッヒ・ヴォルラスによる優れた著書『成長しきった経済』〔未邦訳〕は、経済成長がいまや永続的に低下したという主張を詳細に行っている(24)。ヴォルラスによると、成長への直接的な貢献は、労働者が使える物理資本と人的資本の増加だ。例えば農業従事者が収量を増やすにはトラクター（物理資本）を増やすか、教育水準と研修水準の高い労働者（人的資本）を使えばいい。アメリカに注目したヴォルラスは、20世紀後半に中等教育がすさまじく拡大したことを指摘する。１９４０年代には、25歳以上の人口のうち６割は小学校卒業より上の学歴はなく、大卒者は１割に満たなかった。２０１０年になると、小学校止まりの人はたった５％で、大卒者は33%だ。だから70年をかけてアメリカの労働者たちの教育水準は上がった。この人的資本増大はアメリカの経済成長に大幅に貢献した。１人当たりＧＤＰは１９５０年から２０００年にかけて年率２・３%増大したし、人的資本の上昇にその経済的な収益率（教育水準が上がると労働者の生産性がどれだけ上がるか）をかけ算すると、さらに年率０・６%高まる。

だが２０００年までに、この効果は行くところまで行った。誰もが16歳か18歳まで教育を受けたら、もっと多くの人を学校に通わせることで得られる追加の成長刺激余地は減る。具体的には、２０００年から２０１６年にかけて人的資本増加分の成長貢献はマイナス０・10%だった。実際、ヴォルラスは２０００年以降の生産性の伸び率の減速のほとんどは人的資本の成長貢献低下で説明できることを示す。ヴォルラスは、今日の低い成長率についてもう達観すべきだと提言している。多くの点でこれは、豊かな社会で人々が望む選択、例えば少子化や、仕事を求めてあまり引っ越さないといった選択の結果なのだ、というのだ。だがゴードンと同じく彼も、過去の成長率に戻そうとして政治エネルギーを無駄遣いするのは愚かだと示唆している。

失われた黄金時代物語の別バージョンは、現在が低成長の時代だという点には同意するが、成長が回復するという点についてはかなり自信を持つべきだと述べる。いや、以前よりさらに加速するかもしれないという。現在は戦後の黄金時代ではないかもしれないが、新技術がもたらす新たな経済の夜明けは期待できるというのだ。エリック・ブリニョルフソンとアンドリュー・マカフィー『ザ・セカンド・マシン・エイジ』（邦訳・日経ＢＰ社、２０１５年）は、現代が低成長なのは新技術が根づく途中だからだ、と論じる。[25] 経済の畑はいまは何もないようだが、もうちょっと待てば計算力が急増し、それがあらゆる人間活動に適用されて、大豊作がやってくるのだという。このリツーリング仮説によると、低成長の時期は企業や労働者がまったくちがった新技術を活用するための準備期間なのだという。

だがこのナラティブはいくつかの疑問を引き起こす。なぜその待ち時間に生産性の伸び率が低下するのか？　なぜ生産性の伸び率はそのままで、新しい波がそれをまた押し上げることにならないのか？　その答えは、生産性の計測方法にある。自動運転車を考えよう。自動運転車のソフトウェア、ハードウェア、試験には大量のお金が注ぎこまれた。だが本書執筆時点では、自動運転車はまだ広くは使われていない。さて、投入1単位当たりの産出と定義される生産性の計測を考えよう。自動運転車の開発で投入は大きく増えたが、まだその便益となる産出は得られていない。計測ミス仮説によると、この現象はかなり広まっている。ヘルスケアや教育といった多くの産業では、かなりの投入を別の使い方に振り向けているのに、それに対応した産出がまだ発生していないのかもしれない。このミスマッチは、今日じつに多くの技術的な機会があるのに生産性がじつに少ないのを説明できるかもしれない。

大分断

現代の経済議論でお目にかかるもうひとつの昔ながらのナラティブは、富裕でコネを持つエリートと、取り残された大衆との「大分断」という発想だ。エリート層の愚行と道徳的な破綻が、現状の理由なのだという。

失われた黄金時代の物語と同様に、大分断の物語もデータで裏付けられる。富と所得の格差が長年大きいことはずっと見られてきたし、先進国の豊かな地域とそうでない地域の溝はこれまで以上に開いている。だがこのナラティブは、単なる現在のデータの反映に留まらない。むしろ、清貧な大衆は貧困化しているのに、悪徳エリートはむしろ彼らを喰いものにして繁栄しているのだという発想は、それ自体が長く毀誉褒貶の激しい歴史を持っている。

大経済失望の説明の一部では、この2つの原型的なナラティブが合体している。貪欲でコネの多い少数派がゲームのルールを歪め、社会全体を犠牲にして私腹を肥やし、同時に安定した経済成長のために我々が頼ってきた仕組みを破壊した、というのだ。この説明は、急進右派政党が広く支持しているもので、陰謀論と人種差別とも関連することが多い。だがこれは単なるポピュリスト的なお話ではない。その多くの形は左派にもいろいろ存在する。マルクス主義経済学者デヴィッド・ハーヴェイ『新自由主義』〔邦訳・作品社、2007年〕から、ウィル・ハットン『我々の現状』〔未邦訳〕まで多くの本は、1980年以降に規制緩和、民営化、減税という我田引水の旗印を掲げたエリートたちが、資本主義を袋小路に引き込んだのだと論じる[26]。スティーブン・コーエンとブラッドフォード・デロング『アメリカ経済政策入門』〔邦訳・みすず書房、2017年〕は、こうした選択が富裕国では生産性の伸び率を引き下げ、同時に金持ちをさらに豊かにしたのだ、と論じる(27)。

大分断の通俗バージョンは、大企業がロビイングにより競争を逃れようとしたという点に注目する。トマ・フィリポンの有力な本『大逆転』は、アメリカ大企業が政治的影響力とロビイングを使い反トラスト法を骨抜きにして競争から身を守り、顧客、労働者、社会全体を犠牲にして独占利益を享受している、と論じる(28)。多くの批判者にとって、これは強い競争相手のいない巨大企業（検索エンジンのグーグル、オンライン商店のアマゾン）の成長と生産性低下の両方を説明する。まともな競争相手がいなければイノベーションを頑張る必要もあるまい？　他の批判者は特許、著作権などの知的財産権がもたらす法的独占を指摘する。パテントトロールが、まともな企業を訴えることだけを狙って古い特許を買い漁ったり、メディア企業が儲かるコンテンツの著作権を、ちょっとした法の抜け穴を利用して延長したりすると、強力な者たちの悪行が経済の足を引っ張っていると思うのは人情だろう。

人間が惹かれるナラティブは強力だが、危険でもある。実際に起こっていることを単純化したり歪めたりしかねないし、じつにひどい提言を含んでいたりするからだ。さらに歴史家は一部の概念、例えば「封建主義」や「革命」といった概念について、概念的に持っている意味と等価ではないときに、それが過剰に図式化されていると言う。結果として、みんな一般化しすぎてまちがった結論に飛びつく。今日も何か似たようなことが起きているかもしれない。失われた黄金時代や大分断のナラティブがあまりに魅力的なので、本当に起きていることの重要な側面が見失われてしまうのだ。そうした側面を次に検討しよう。

伝統的な説明の疑問点

低成長にたったひとつしか原因がないはずはない。だから、上で述べた説明はおそらく話の全貌を語ってはいないはずだ。

技術成長は終わったのか？

超長期における生産性低下は、ロバート・ゴードンが述べたように、説得力あるものだ（図1・7を見直してほしい）。とはいうものの、経済学者ダン・シシェルは、経済学者も技術研究者も未来予測があまり得意ではないことを指摘している。[29] むずかしさの一端は、技術がどんな用途で使われるかわからないということだ。ジョエル・モキイアは、個人別医薬、遺伝子治療などの技術を通じて健康に与えるＩＣＴの成長への影響は、まだ表面化していないかもしれないという。こうした分野はじつに有望だが、新技術の適用が困難な分野でもあるからだ。[30] 技術はまだ嬉しい驚きをもたらす能力を失ってはいない。２０２０年初頭には、多くの人は新型コロナウイルスのワクチンなんか何年も先の話だと思っていた。ところがふたをあけてみると、ものの数カ月

表1.1　ユーロ圏，イギリス，アメリカでの１人当たり成長の源

国	期間	１人当たりGDP(%)	寄与			メモ
			１人当たり資本サービス(%)	１人当たり人的資本(%)	TFP(%)	１人当たり人的資本(%)
ユーロ圏	1950–2000	3.3	1.3	0.0	2.0	0.0
ユーロ圏	2000–2016	0.7	0.5	0.2	0.0	0.4
イギリス	1950–2000	2.4	1.1	0.2	1.1	0.3
イギリス	2000–2016	1.1	0.4	0.0	0.6	0.1
アメリカ	1950–2000	2.3	0.6	0.5	1.1	0.8
アメリカ	2000–2016	1.0	0.5	−0.1	0.6	−0.2

出所：EU KLEMSとBergeaud, Cette, and Lecat 2015に基づく著者らの計算

で安全で有効なワクチンがいくつも開発されただけではない。もっと一般性のあるコロナウイルスのワクチンへの道も開け、どうやら有効なマラリアワクチンもそこから派生したようだ。

教育の成長はおしまいか？

生産性の伸びの低下をめぐる第2の説明は教育の貢献だ。ヴォルラスの計算の細部についてここで見ておく価値がある。彼の説明では、1人当たり産出成長について、1人当たり入力の増加で説明できるという。表1・1にこの関連データをまとめた。1950〜2000年のアメリカのデータを見ると、アメリカでの1人当たりGDPは年率2・3％増えたことがわかる。物理資本の増大は年率0・6％の貢献をしており、1人当たり平均技能の増大は年率0・5％増えた。その他すべては、全要素生産性（TFP）となっているが、物理資本と人的資本がどれだけ効率的に使われているかという指標と思えばいい。これが1・1％の貢献をしている。各列を見ればわかるとおり、それぞれの要因はだいたい同じくらい

の貢献をしている。一番右の列を見ると、人的資本または1人当たり技能の成長はこの期間で0・8％という健全な増大を示している。これはアメリカにおける高等教育の拡大を反映したものだ。

最後の行は、2000〜2016年についてのアメリカのデータだが、かなりちがう図式を示す。1人当たりGDPの成長率は2・3％から1％に大きく減速した。1人当たり資本サービスの貢献はほぼ変わらず、1人当たり人的資本の貢献は大きく下がったし、さらにTFPの貢献も下がっている。ヴォルラスが示すように、そして一番右の列でもわかるとおり、1人当たり人的資本低下はかなり大きく、1950〜2000年には0・8％だったのが2000〜2016年にはマイナス0・2％だった。こうしたデータをもとにヴォルラスは、アメリカの生産性低下の主要な説明は、単にアメリカで教育年数が頭打ちになったからなのだと論じる(31)。

ヴォルラスの本はアメリカのデータを示す。我々はイギリスとユーロ圏についてのデータも集めた。これも表1・1に含めてある。一番右の列でわかるとおり、ユーロ圏とイギリスでは状況がアメリカとちがう。ユーロ圏では技能の成長は低下しなかった。むしろ加速していて、1950〜2000年では0％だったのが、2000〜2016年では0・4％になった。イギリスでは、技能の増大は確かに同じ期間で0・3％から0・1％に低下したが、アメリカでの増加率低下にはほど遠い。だから教育の低下はアメリカでは重要だったが、ヨーロッパで何が起きているか理解したければほかを探す必要がある。ユーロ圏の技能は加速したからだ。

リツーリング仮説の検討

リツーリング仮説を支持する材料はある程度存在する。リツーリング仮説は、急進的な新技術を最大限に活用する方法を見極めるまでに、低成長の期間がしばらく続くというものだ。デヴィッド・バーン、キャロル・コラード、ダン・シシェルはクラウドコンピューティングサービスを提供する企業がすさまじいハードウェア投資をしているのにそうした投資は公的データに反映されないかもしれないという。公的投資統計のアンケートは、回答者に外部購入を報告するように依頼するが、クラウド企業のハードウェアは社内購入の形で調達されているからだ[32]。こうした統計に出ないクラウドコンピューティング投資は、２００７年から２０１５年にかけてＧＤＰ成長を０・１ポイント押し上げるに十分な規模だという。とはいえ、計測問題は金融危機の以前も以後も存在していたし、このためバーンやシシェルは、ＩＴ価格を補正するとＩＴ集約部門の生産性は上がるが、ＩＴ粗放的な部門の生産性はかえって下がると主張している[33]。

さらにＴＦＰ成長減速はかなり大規模なので、リツーリング仮説でこれを説明しようとするなら、かなり巨大な計測漏れの無形資産投資が必要となる。最近キャロル・コラード、ジョナサン・ハスケル、セシリア・ヨナ＝ラシニオが行った研究[34]では、計測漏れの無形投資は計測されたものより桁違いに多くなければならない。これは考えにくい。

図1.8　原価（COGS）を除いた推定利ざや（アメリカ，Compustat収録企業）

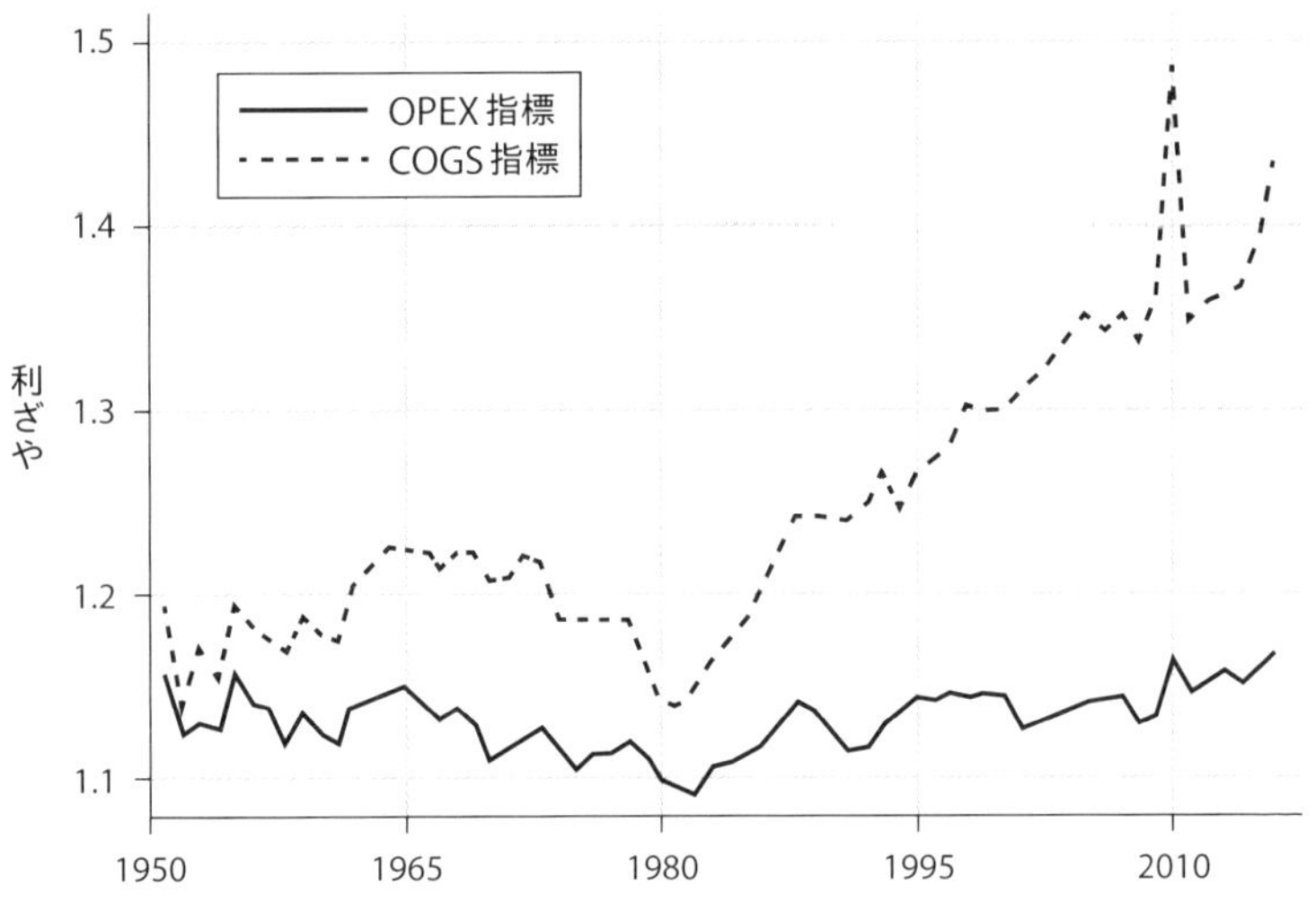

出所：Traina 2018.

利ざや仮説の検討

多くの経済学者たちは、利ざやの上乗せが行われているという主張を強く疑問視している。図1・8はシカゴ大学の経済学者ジェームズ・トレイナの研究から再録したものだが[35]、利ざやをめぐる主張は、企業が価格に利ざやを乗せるときのベースとなる変動費の定義で決定的に変わってしまうことがわかる。右肩上がりの線は、販売財の原価（COGS）に対する価格の上乗せ分を示し、横ばいの線はCOGSに販売費と一般管理費（SGA）を加えたものに対する上乗せ分を示す。もしSGA費用が企業の無形支出を反映しているなら、利ざやの上昇は真の経済的な傾向よりは、かかった費用の計測が不適切なのを反映しただけとなる。同様にチャド・サイヴァーソンは、もし利ざやが広く拡大したのであれば、他の条件が同じなら広範なインフレが生じたはずだと述べる[36]。だが過去10年でインフレは異様に低いままだった。

別の説明――無形資産

我々の説明はちがっている。我々は世界が、ある種類の経済から別種の経済への不完全かつ道半ばで力尽きようとする移行の途中にあるのだと考えている。この生まれつつある経済は、技術、インターネット、ビッグデータ、その他『ワイアード』誌最新号の表紙に出るようなものには皮相的にしか基づいていない。じつはそれは、資本の性質の長期的変化とその経済的な含意に依存している。具体的には、我々は現在の問題が次の理由で生じていると考える。

・資本の性質が変わり企業はますます（ほとんど計測されない）無形資産に投資していること
・この無形資産の成長が過去数十年で低下したこと
・無形資産がもたらした課題を我々がまだ軽減できていないこと。また投資に生じつつある障壁を克服できていないこと無形投資へのシフトとその近年の低下を記述することで話を続けよう。

無形投資へのシフト――復習

過去40年にわたり経済には重要な変化が見られた。無形経済の台頭だ。これについては拙著『無形資産が経済を支配する』で述べた[37]。この議論とデータをすでにご存じならこの部分は飛ばしたほうがいい。そうでないなら、手短にまとめよう。

社会の繁栄に重要な決定要因はその資本ストックだ。これは人々や企業、政府が、持続的な便益をもたらそうとして長期的に投資してきたあらゆるものだ。労働者たちが経済の筋肉なら、資本は関節、靱帯、支持器官に相当する――つまり筋肉が作用するための仕組みで、筋肉の効率性を決めるものだ。1980年代から、世界の資本ストックは着実にシフトしつつある。昔々、企業は主に物理資本に投資した。機械、建物、車両、コンピュータなどだ。今日社会が豊かになるにつれて、ほとんどの企業投資は触れられないものに向かっている。研究開発、ブランド、組織開発、ソフトウェアだ。

アップル社を見てみよう。その時価総額は2018年に1兆ドルほどだった。その有形資産は主に建物、現金などの貯蓄だが、アップルの時価総額のたった9％だ[38]。残りの価値の相当部分は無形資産にある。獲得に費用がかかり、劣化せず会社にとって有益だが、物理的ではないものだ。アップル社の無形資産は研究開発から得た知識、製品デザイン、広く信頼されたブランド、供給

図1.9　アメリカの投資率（1977〜2017年）

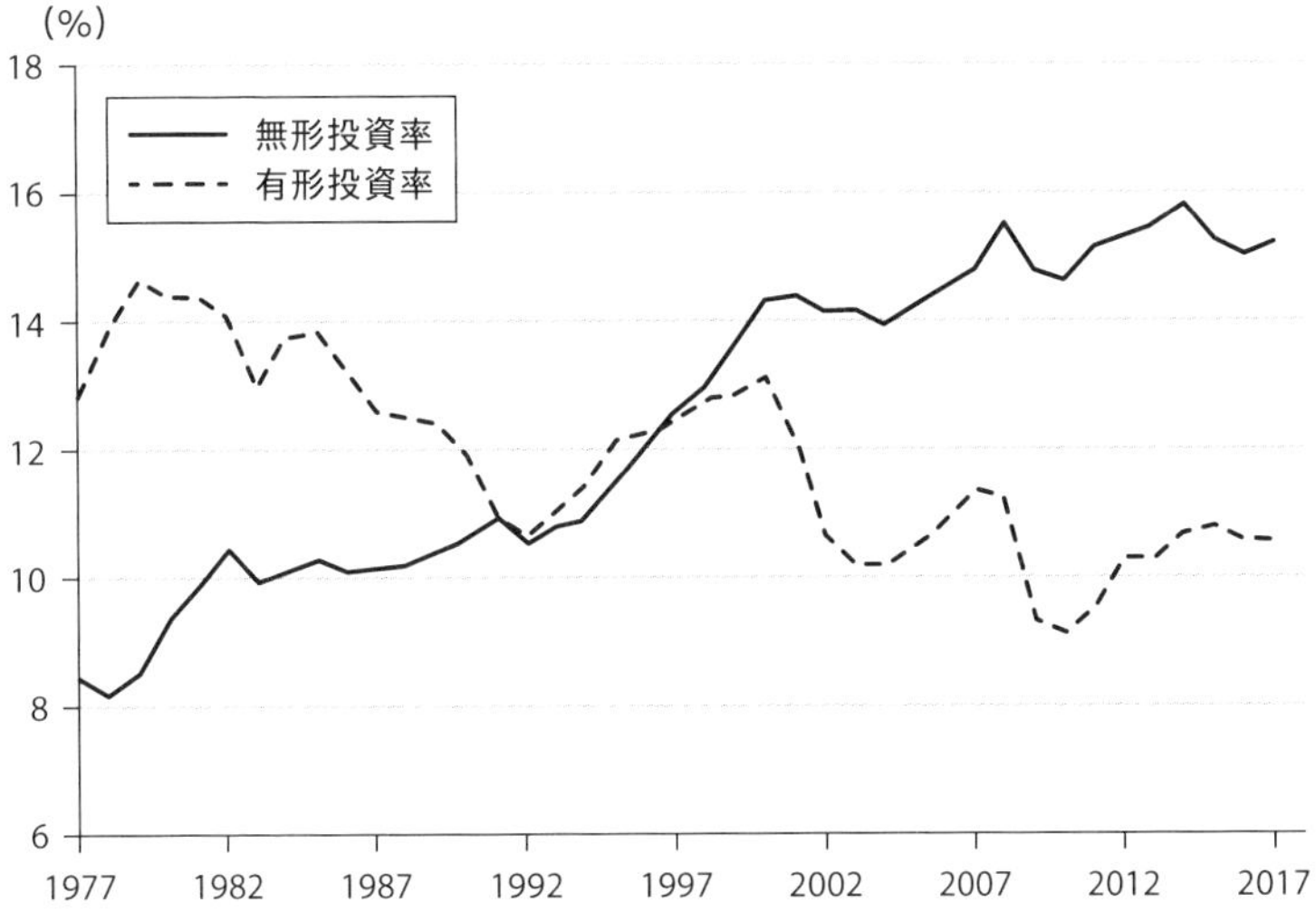

出所：http://www.intaninvest.net/charts-and-tables/

業者との価値ある持続的な関係（物理的なサプライチェーンとアップルエコシステムを支援する開発者たちの両方を含む）、職員の企業内知識や関係、オペレーティングシステムのソフトウェア、その広大なデータリソースなどだ。

この数十年にわたり無形投資はますます世界経済に重要となった。既存データや新しい調査から無形投資を推測し、それを正確に計測しようという長期的な研究プログラムは、それが少なくとも１９８０年代から増大していることを示している。そしてもっと暫定的なアメリカのデータから見る限り、無形資本の蓄積はその数十年前から始まった。２００７〜２００８年世界金融危機の頃には、英米などの諸国は毎年、有形資産より無形資

図1.10　有形投資と無形投資，主要先進国経済

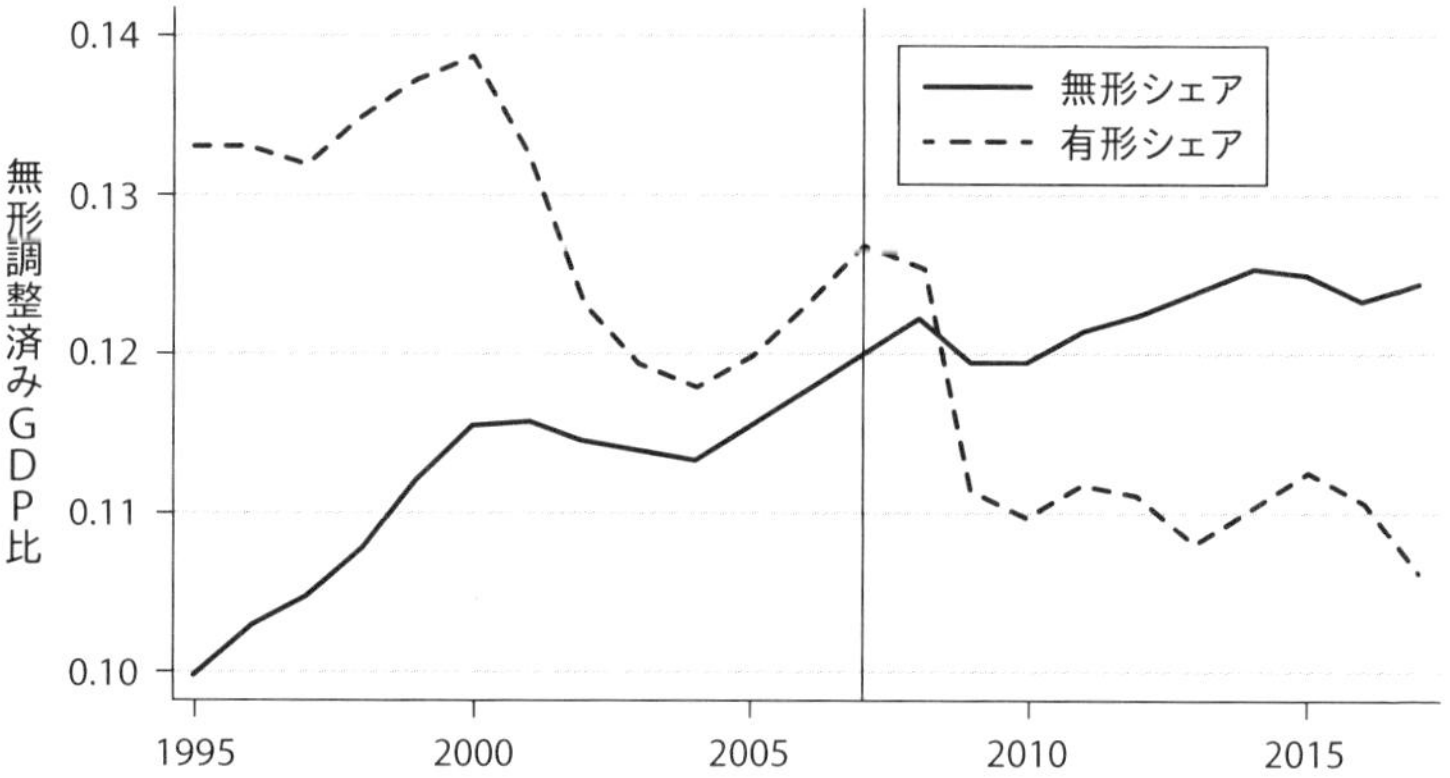

出所：www.intaninvest.netに基づく著者らの計算

産への投資のほうが多かった（図1・9）。

図1・10は主要先進国経済のもっと短期の傾向を示している。この無形資本の着実な増加は単に金持ち世界の現象ではない。近年の中国経済急成長もまた、無形投資の急増を伴っているらしい。

無形投資の減速

さてここで、無形経済台頭における重要ながらほとんど認識されていないひねりがやってくる。図1・10と図1・11の時系列グラフは、無形投資が成長してきたという全般的な傾向を示しているが、もっと重要な別のトレンドを示していない。21世紀最初の10年の終わり頃、対GDP比率でみた無形投資は、それまでは数十年にわたり安定的に増えていたのが、減速し始めたのだ。当初はこの減速が世界金融危機の短期的な影響なのかどうかはっきりしなかった。金融危機は明らかに、多

図1.11　無形投資の実勢とトレンド，欧米（トレンドは1997～2007年）

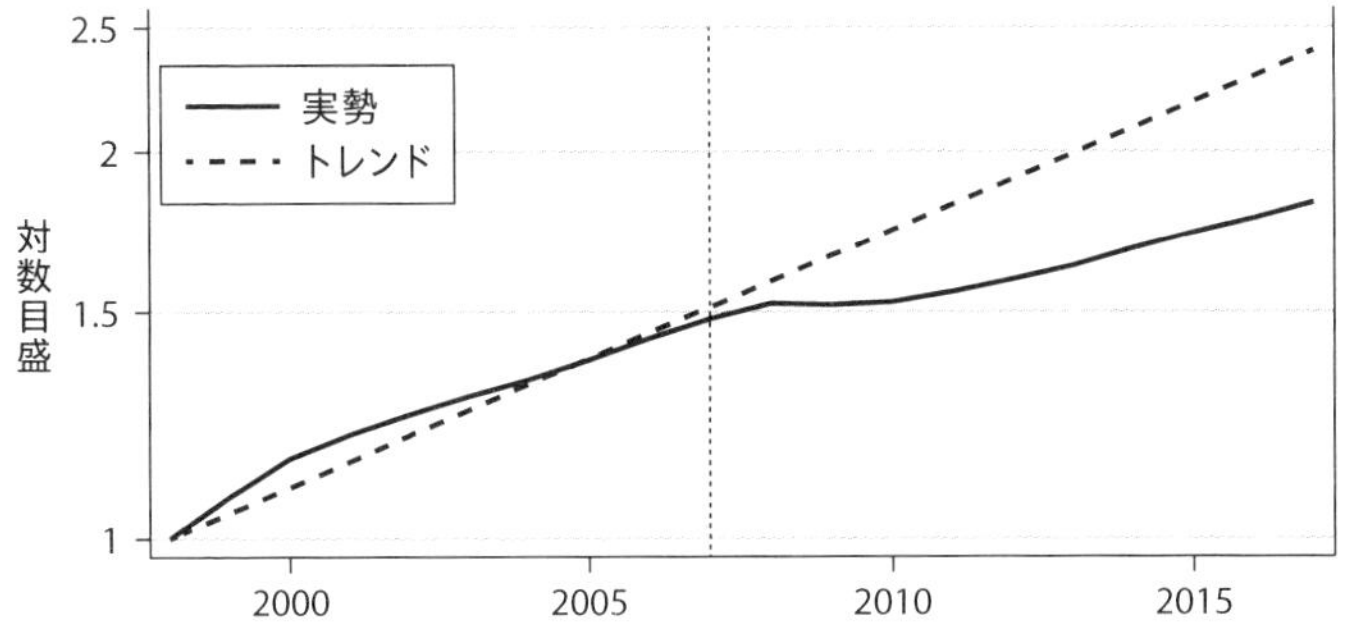

出所：www.intaninvest.netに基づく著者らの計算．大陸ヨーロッパ，イギリス，アメリカが対象

くの点でビジネス投資を引き下げたからだ。信頼できる投資データをつくるには時間がかかるから、２０１６年に『無形資産が経済を支配する』を書いていた頃には、この減速がデータの異常か、一時的なものか、あるいはもっと深刻なものかは、なかなか判断がつかなかった。

　もっと最近のデータが出てくると、この無形投資低下が一時的なものではないのがはっきりしてきた。図１・11は２０１７年までのデータを２００７年以前のトレンドと対比させている。大陸ヨーロッパとアメリカの減速は明らかで、イギリスは少しノイズが多い。この減速はまた、投資を資本サービスに変換しても見られる。図１・12は「無形」資本サービスの増加を、ソフトウェアを含める場合と含めない場合とで示したものだ。２０１０年以降は成長速度が減速しているし、特にソフトウェアを除外したときにこれが顕著だ。この無形投資の減速は、これから見るとおり、それ自体が独自の問題を引き起こす。中でもそれが経済成長と生産性に与える直接的

図1.12　資本サービス成長トレンド

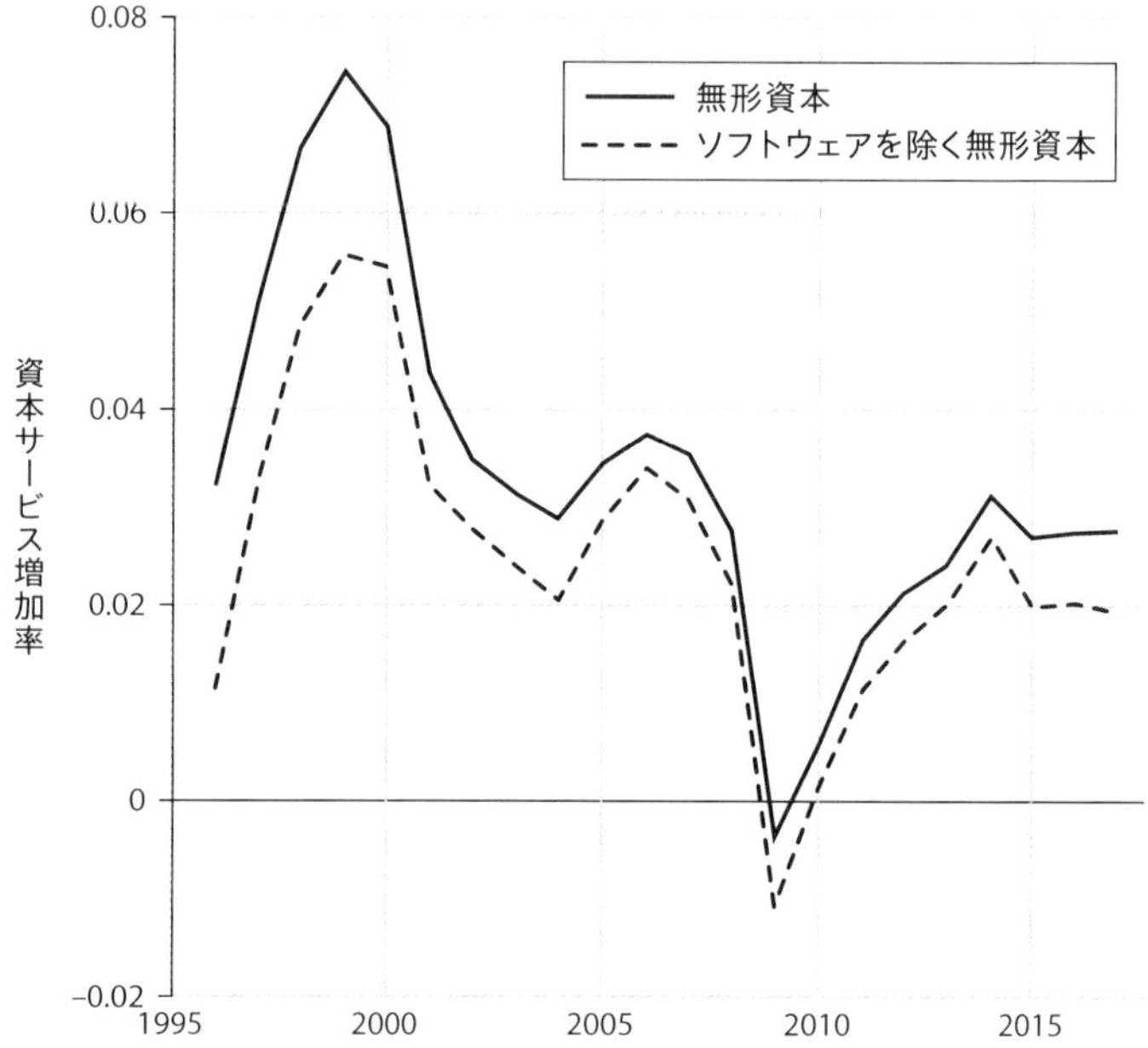

出所：www.intaninvest.netに基づく著者らの計算．主要先進国経済が対象

な影響は特に大きい。

たとえ話で言えば、ブドウの果汁が発酵してワインになりつつある容器を考えてほしい。酵母が果汁の糖分をエタノールに変えると、その溶液のアルコール濃度はますます高くなる。だが序論で述べたように、アルコール濃度が15％を超えるにつれ、酵母が不活性化して発酵プロセスが減速して止まる。この段階には2つの重要な特徴がある。液体はいまやかつての果汁とはちがうふるまいをする。アルコールが含まれるからだ。そしてもはや発酵していないから、熱や二酸化炭素などの副産物を生

み出していない。同様に現在の無形投資の状況は、以前より高い水準にあるが、その増加はずっと鈍化しているのだ。

無形リッチな経済の性質と影響――概観

なぜ無形資産へのシフトが重要なのか、と思うかもしれない。投資は時代とともに自然に変わるのは当然では？　かつては運河に投資し、次に鉄道、そして道路、いまやインターネットに投資している。『無形資産が経済を支配する』では、無形資本へのシフトが重要なのは、無形資本が過去の企業投資の大半を構成した物理資産とはふるまいがちがうからだ、と論じた。

具体的には、無形資産が有形資産と異なる４つの大きな点を指摘した。①無形資産はしばしばきわめてスケーラブルだ（アルゴリズムのような資産は、きわめて大きな企業の至るところで使える）。②無形資産はスピルオーバーを持つ（研究開発などへの企業投資は、その投資の恩恵を受けるのが自分だけとは確信できない）。③無形投資はサンクコストである（つまりその企業が破綻したら債権者にはあまり価値がない）。④無形資産はシナジーを持つ（他の無形資産と組み合わせるとすさまじく価値が高まることが多い）。これらの特徴は、無形リッチな企業や無形資産集約経済のふるまいに様々な影響を与える。

スケーラブルな無形資産を持つ企業は急成長できるし、巨大になれる。これは今日のハイテク巨人を見ればわかる。スピルオーバー効果は、企業がそれに投資しても、その恩恵を活用するのは競合他社になりかねないということだ。これはいまや破綻したスマートフォンメーカーのブラックベリーやノキアが、痛い目を見て学んだ教訓だ。またこれは、政府が投資を補助するべきだという議論を強化する。そして実際、ほとんどの政府は科学研究、研修、教育という形でそれを行う。

無形資産はしばしばサンクコストだという事実は企業ファイナンスにとって課題となる。特に中小企業にとって、負債による資金調達はしばしばその会社の資産を担保に行われることが多い。会社が破綻したときの資産価値が低ければ、銀行にとっては見込み融資客としての魅力が低い――現在の世界ではほとんどの企業にとって負債資金と銀行融資が主要な外部資金源となるので、これは問題となる。

無形資産同士のシナジーの価値は、J・K・ローリングがP・G・ウッドハウスやJ・R・R・トールキンより金持ちになったという事実からもわかる。それは彼女がハリー・ポッターの小説群としてつくり出した価値の高い無形資産が、非常に有効な形で特殊効果や関連商品といった他の無形資産と見事に組み合わせられるからだ。シナジーはまた、それが適切な無形資産を組み合わせた場合にのみ意味を持つから、アイデアやブランドや技能の仲介職が極度に成長し、この種の活動が最も起こりやすいダイナミックな都市が繁栄することにもなる。

こうした無形資産の特徴は２種類の重要な影響を持つ。一方でそれは、場合によっては格差増大や競争力学の弱まりといった課題や問題を直接的につくり出す。こうした問題は我々が無形危機と呼ぶものの第1部を作り出す。その一方で、それは社会が持続的で健全な経済成長を実現するために必要な制度の種類を変える。多くの場合、必要となる制度と現状の制度との間には齟齬がある。この制度的な失敗が、無形危機の第2部となる。

無形リッチな経済とは？　知識、関係性、ポスト工業経済

10年以上前に無形経済について初めて執筆して以来、我々はじつに様々な実業家、ジャーナリスト、投資家、経済学者、政策担当者とそれについて話をしてきた。ひとつ気がついたのは、人々はときにそれが何を指しているかについて、まちがった思い込みをしている、ということだ。特に人々は無形投資を、他の現代的な経済現象、例えば知識経済やポスト工業社会と結びつけたがるようだ。またそれをハイテク部門や、場合によっては何やらディストピア的現代性と結びつけたがる。こうした関連づけは誤解のもとなので、いくつか主要な用語、トレンド、現象をもっと細かく見よう。

知識経済

「知識経済」という用語を提唱したのはフリッツ・マハループで、1962年の本で無形投資を計測すべきだと提案した。これはその後、経営学の大物ピーター・ドラッカーにより広められた。もっと最近では2013年OECDの無形資産に関する報告書がそれを「知識ベースの資

本」と表現している。確かに一部の無形資産は十分に知識と言えるものだ――例えば創薬の研究開発の成果、新しい生産技術、労働者に新規技能を与える研修などだ。そして一部の無形資産は、ソフトウェアやデータベースのように、情報でできていて、知識と完全に同じではなくともかなり似たものだ。

だが他の無形資産は、知識や情報以上のものに関係している。例えばブランドの価値は、その名前の情報内容やロゴだけにあるのではない。それはある種の約束と過去の記憶を連想させるものだという意味で、関係性によるものだ。それは暗黙のうちに、そのブランドの評判を構築した無数の過去の取引を参照し、顧客にある特定の体験や品質を提供すると提示するのだ。アップルブランドの製品が持つ2つの側面は、その精悍なデザインと使いやすさだ。このブランドアイデンティティは、ただの情報ではない。むしろその価値は何百人もの顧客体験と、新製品設計においてアップルが暗黙に示すインセンティブから生じている。ブランドの価値は、それが製品について情緒的なメッセージを伝えるという意味で表現的であり、そのメッセージを顧客はしばしば評価する。「Just do It」〔ナイキ〕、「Coke Is It」〔コカ・コーラ〕、「Because You're worth it」〔ロレアル〕を耳にするとき、聞こえてくるのは通常の意味での知識などではまったくない。それはずっと主観的なものだ。

また、企業内部やサプライチェーンに蓄積された組織資本の価値も主観的だ。マークス&スペンサー（M&S）を考えよう。有名なイギリスの小売り業者だが、その多様なサプライチェーンとの優れた関係について昔から評価が高い。こうした関係は、同社の収益性の重要な理由として広く認知されている。サプライチェーンの各種側面は確かに知識と呼べる——例えばM&Sがある農家群からある数のイチゴをある価格と品質で、ある予定に基づいて買う、といったものだ。だがこの無形資産の価値は、その知識ではなく関係性にある——各参加者がお互いについて抱く期待と、そうした期待が彼らの行動に系統的に与える影響だ。同じことが社内についても言える。ある事業のオペレーションを書き出したり、その経営方法をコード化してスクラム（Scrum）とかシックスシグマ（Six Sigma）などとしてまとめたりはできる。だがその実装は、ただの知識以上のものだ。それはある関係の集合の中でそれが具体化される方法についてなのだ[39]。

無形経済がしばしば「知識経済」として描かれる理由は、経済学者が頭でっかちなので、無形資産の知識面を最も重要だと思ってしまうからかもしれない。だが無形資産を知識経済と同一視するのは誤解を招く簡略化であり、現代経済における関係資本と表出資本の重要性を隠してしまいかねない。

ポスト工業社会

ときに無形経済はポスト工業と表現されることもある。これはフランスの社会学者アラン・トゥレーヌが提唱した用語で、1970年代にダニエル・ベルが普及させた。人々はときにこの表現から、無形資産は主にサービス産業にとって重要なのであり、無形リッチ経済は多くのサービスで構成され、製造業はほとんどないのだと思い込む。

だが、これまた無形資本について考えるうえで誤解を招きやすい。富裕国の製造業を見ると、ほとんどの場合は有形資産だけでなく無形資産にも大量の投資をしている。最先端の製品を生産するため研究開発やデザインに投資し、工場の生産性を高めるために組織開発と研修に投資し、自分の生産に関連するものだけでなく、自分の販売する物理財に付属するソフトウェアやデータにも投資するのだ。

きわめて健全な製造業部門を持つ富裕国を見ると、通常は持続的で突出した無形資産への投資物語が見つかる。コンサルタントのハーマン・サイモンがドイツのミッテルシュタント――ドイツの高収益で競争力の高い中規模製造業企業群――を検討したところ、彼らの収益性の源は、研究開発とイノベーションへの献身、持続的で情報リッチなサプライヤや顧客との関係、優れた労働力の技能と組織を含むことがわかった。これらはすべて無形資産だ(40)。日本、台湾、韓国などのいわゆる発展指向型国家の成功は、研究開発、プロセスデザイン、研修などへの大きな投資が、造船から半導体まで世界的に競争力のある製造業企業の台頭をもたらしたことで初めて可能になった。現代経済を、無形リッチで、ある程度までポスト工業経済と呼ぶのは正しいが、無形投資と栄える産業――工業部門という意味の産業――は代替物ではなく補完物なのだ。

また、人々が無形経済を、ハイテク企業、特にグーグル、アップル、フェイスブック、アマゾンといった、いわゆるハイテクプラットフォーム企業と関係しているものと考えがちなのも見てきた。ある意味で、こうした関連づけは不当とは言えない。こうした巨人企業の価値は、ほとんどが彼らの保有するきわめて価値ある無形資産から生じている。だが無形投資の重要性はハイテク部門に限った話ではない。計測できる範囲で見ても、無形投資は経済のあらゆる部分に見られる。過去10年に巨大なハイテク企業が急成長したのは、その話の重要な一部ではあるが、すべてではない。

また無形投資は研究開発のちょっとした拡張でもない。コロナ禍で最も打撃を受けた産業（小売業、娯楽、ホテル、レストラン）のイノベーションは、研究開発には含まれていない。こうした部門はほとんど研究開発をしないからだ。むしろ彼らは無形資産に投資する。研修、マーケティング、設計、ビジネスプロセスなどだ。そして研究開発をする企業でも、それを大量の他の無形資産と組み合わせて行う。例えば新しい薬品のマーケティングなどだ。実際、研究開発の変化はそれ自体驚異的だ。これはエフライム・ベンメレク、ジャニス・エバリー、ディミトリス・パパニコラウ、ジョシュア・クリーガーが記述したとおりだ(41)。アメリカでは、製薬企業は総研究開発支出の10分の1ほどを出している（1970年代にはこれがわずか3％だった）。さらにこうした企業の研究開発支出の3分の1は、65歳以上の人々に向けられている。

無形資産をめぐる最後の誤解は、それをきわめて商業化された、取引的で、きわめてモダニスト的なものとして見るやり方だ――いわばマルクス主義的な現金のつながりで、形あるものがすべてなくなり、伝統がバカにされて捨てられる場だ。伝統は確かにひっくり返されることもある。

というのもアイデアは破壊的革新を引き起こすこともあるからだ。だが破壊は、無形資本に必ずしも伴うとは限らない。

近代批判者の著作、例えばジェームズ・C・スコットとエルンスト・シューマッハーの著作を見よう。スコットは、アナキスト古典『国家のように見る』〔未邦訳〕で、善意ながら自信過剰の支配者や経営者たちが、伝統的なやり方を引き裂いた事例を示す――プロイセンの伝統的な森林管理、ジャワやタンザニアの伝統的な耕作方法などだ。彼らはそれを、新しい非人間的で「科学的」な仕組みで置き換えたが、それは従来の方法よりはるかに効率性が低くなってしまった。(42)同様にシューマッハー『スモール イズ ビューティフル』〔邦訳・講談社学術文庫、1986年〕は局所性に敏感な「中間的」「適正」な技術のほうが一般に、均質化されたグローバル化製品よりも価値が高いことが多いと述べる。これはそうした製品が見た目ではもっと先進的な場合にすらあてはまる。(43)こうした説明を見ると、無形資産は高等近代主義の道具であり、スコットとシューマッハーが見ているものは何か別のものだと思いたくもなる。だがこの解釈はまちがっている。スコットの事例が示しているものこそ無形リッチな生産手法なのだ。それは詳細で歴史の試練を経たノウハウと関係に根差している――つまり無形に根差しているのだ――だがそれが、権力ある地位の高い人には魅力的だが、意図せずして低質なアイデアや手法（これも無形だ）で置き換えられてしまったという話だ。

こうした無形投資の不十分な定義は、無形投資というのが本当に何なのかを浮き彫りにするのに役立つ。無形集約経済が、それほど無形集約的でない経済とどうちがうのか考えたければ、知識作業や小さな製造業部門や巨大ハイテク企業を考えないほうがいい。むしろ人々の活動が、もっと経済関係に大きく親密に結びついている経済を考えたほうがいい。各種の活動、工場生産からスーパーマーケットの買い物までが情報リッチな経済を考えよう。そして経済活動がもっと意味や関係や情緒的重要性を持っている経済を考えよう。

無形投資の長期的な成長——そして最近の減速

長期的には、無形投資の歴史的な増大は本質的に世界の豊かさ増大と結びついているようだ。無形投資は、あっさり国境を広げたり、森林を伐採したり、もっとたくさんの鉱石を掘ったりできない先進国においては、成長を推進するのに不可欠だ。この意味で無形集約経済への移行は地球の天然資源について懸念する人々にとっては吉報だ。これはアンドリュー・マカフィーが『MORE from LESS』〔邦訳・日経ＢＰ日本経済新聞出版本部、２０２０年〕で論じていることだ。[44]同時に、人々が豊かになって基本的な物質的ニーズが満たされれば、もっと様々な財やサービスを要求するようになるはずだ。そしてそれはしばしば、無形資産が提供できるような表出的、情緒的な価値を持つものになるだろう。[45]

無形集約企業は、お互いに近接することで恩恵を受ける。知識と関係は通常は対面のやりとりのほうがうまくいくからだ。だが我々の都市計画の仕組みは、サンフランシスコやロンドンといった最もダイナミックな都市の内部や周辺に新オフィス空間や新規住宅をつくるのをとんでもなく困難にしている。新型コロナウイルスは多くの人にリモートワークを強制し、一時的にそうした都市計画問題を取り除いたが、これはまた独自の問題を引き起こした。少なくとも一部の知識労働者が仕事に重要だと考える対面の接触を奪ってしまったのだ。混雑した都市も、拙速なリモートワークへの移行も、無形資産への投資をむずかしくして、おそらく長期的な投資を、本来あるべき水準より引き下げる。この問題と、考えられる解決策については第6章で検討する。

ポスト２００８年の減速の理由

これまで見たように、無形投資は２００８年の不況の後で減速し、特にソフトウェア以外では以前のペースに回復していないようだ。なぜだろう？　理由のひとつは、それがＩＣＴなど他の投資形態と補完的であり、ＩＣＴもまた比較的低い水準のままだからだ。だが他にも理由はある。グスタヴォ・アドラーたちは、彼らが標本に選んだ企業では、無形投資は有形投資に比べて、不況前に金融的なエクスポージャーが高かった企業（つまり借金が多かったり、２００８年に返済期限を迎える借入をしていた企業）で低下していることに気づいた[46]。そして無形投資は不況後の5年間で低下したので、これは循環的な下降期に留まらないものだったと示唆される。似たような結果が、ヨーロッパ全土の企業を見たＯＥＣＤからも報告されている[47]。

この知見は、増大する金融的な「摩擦」が無形投資に影響することを示唆している。ただし、どの摩擦が具体的な原因だったかを指摘するのはむずかしい。多くの制度は無形投資支援に向いていない。例えば銀行は通常、担保に向かない資本に対しての融資はしたがらない。だがおそらくこれは今にはじまったことではないから、無形投資が「摩擦」増加によって減速したとすれば、何か別の変化があったはずだ。

ひとつの可能性は、銀行や企業が危機後の不確実性増大により、融資に慎重になったというものだ。金融危機は、それ自体が巨大なショックだが、続いてギリシャのユーロ離脱の可能性（グレグジット）が２０１０年代初頭にやってきて、２０１６年以降にはブレグジット後の長引く問題が顕在化し、アメリカ貿易政策をめぐる騒動も起きて、このすべてが不確実性を高めただろう[48]。重要な点として、無形投資は「サンク」なのでおそらく不確実性増大に大きく影響されただろう（サンク投資は取り戻せない支出だ。マイクロソフト社は、ノキアの携帯電話に使われたウィンドウズモバイルプログラムが停止されると、50億ドルを損金計上しなければならなかった）。不確実性は待つことのオプション価値を高めるので、こうした取り戻せない投資を特に抑制することになる[49]。

別の可能性はシナジーだ。経済学者ジェームズ・ベッセンたちは会計データと無形データの両方を含む（主にアメリカの）企業レベルのデータセットを構築した[50]。その結果は衝撃的だった

――例えば2000年以降には後続企業がトップ企業を追い抜く能力が激減している。こうした激減は、トップ企業の無形投資と強い相関を見せている。特に内製ソフトウェア投資と相関が高い。無形投資にはシナジーがあるので、研究開発や製品デザインに1ドル追加で支出する価値は、後続企業よりもフェイスブックのような企業にとってのほうが高くなる。さらに大企業は、特に無形資産のスピルオーバーから利益を得やすいようだ。彼らはそうしたスピルオーバーを活用して、小規模競合他社のアイデアを真似したり取り入れたりするのに長けている（そうした大規模ハイテク企業のまわりにある真似されやすい領域を、ハイテク業界では「キルゾーン」と呼ぶ――競合他社が絶えず潰される周辺領域のことだ）。すると2000～2009年は、先進企業における無形資産のシナジーが大きくなって、後続企業が投資をしりごみするようになり、その結果、投資が全体的に減速したか、投資が継続されているのに全体的な生産性の伸びが低下したのかもしれない。

まとめ

我々は21世紀になってからと金融危機以降の各国経済の不本意な経済パフォーマンスを検討して、停滞、格差、競争不全、脆弱性、正統性欠如という5つの問題を論じた。伝統的な説明――

失われた黄金時代と大分断――では、すべては説明できないようだ。我々は無形投資への転換とその最近の減速が、こうした困難の説明に役立つと考える。この主題を次章でもっと詳細に展開しよう。

第2章 経済危機は無形危機

本章では、無形資産の持つ根本的な経済的性質が、第1章で見た5つの不首尾を説明するのに役立つと論じる。無形経済では集中が拡大し、企業間のギャップが生じ、利ざやが見かけ上、増大して、潜在的に機能不全の競争が生じ、非正統性の雰囲気が生じる。

我々の定義では、無形危機とは、①空前の高水準となった無形投資、②無形投資の成長率低下、③無形リッチ経済の課題に制度が対応しきれていないこと、という3つの組み合わせで生じる。本章では、21世紀経済が不満足なものに留まり、しかも説明のつきにくい状態になっている事実を、無形危機でどのように説明できるかを検討する。まずは無形資産の基本的な経済的性質から生じる、無形リッチ経済の特徴を描くところからはじめる。それから、そうした特徴が世界の5

つの経済問題の説明にどう役立つかを論じる。

無形経済の特徴

第1章で見たとおり、無形資本は有形資本とはちがったふるまいを見せがちだ。具体的には、無形資本はスケーラブルで、スピルオーバーとシナジーを示し、しばしばサンクコストとなる。こうした経済的な性質が組み合わさると、経済全体に3つの特徴的な性質が生じる。トップとそれ以外とのギャップ、クラスター形成の利点、紛争余地の拡大だ。

トップとそれ以外とのギャップ

価値の高い資産はスケーラブルだから、それを所有する企業はきわめて急速にとても大きくなれて、競合他社を圧倒してしまえる。そして無形資産にはシナジーがあるから、いくつか価値ある無形資産を持つ企業は、群を抜いて強い競争的な立場になれる。さらに無形資産が他の企業にスピルオーバーできる能力は、市場を主導する企業にとって有利となる。これはそうした企業が、小規模または弱い競合他社の無形投資の便益を活用できる場合に生じる（ハイテク産業で「キルゾーン」とよく呼ばれるものだ）。だから無形リッチな経済は「Oリング」的な雰囲気を持つ。

企業間のごくわずかに思えるちがいが、大幅に拡大され、企業間のギャップがきわめて大きくなるのだ[1]。

クラスター形成の利点

経済学者は昔から、人々が集まってアイデアを交換すると繁栄することは知っていた。アルフレッド・マーシャルは1世紀以上前に産業クラスターについて書いたが、この現象は普通の観察者が有史以来ずっと知っていたものだ。今日、ダイナミックな都市に立地する便益（いわゆる集積効果）は高まり、ますます様々な産業で見られるようになった。サンフランシスコのベイエリアを考えてみよう。かつては半導体クラスターだったが、今日ではそれは、非常に弱い関係しかない各種産業のクラスターとなっている。同時に、取り残された場所やそこにつながった人々はますます貧乏くじを引く。残念ながらコロナのおかげで、経済にとって物理的近接性がますます重要になってきたのに、近接性は危険なものになってしまった。

紛争余地の拡大

無形資産はスピルオーバーがあるので、誰が所有者かを証明するのはむずかしい。所有権の証明が比較的簡単な有形資産とはちがう。だから何が誰のものかについての高額な係争、競争、訴訟が増えてきているし、一部のものはそもそも所有の対象になるのかという問題さえ生じている。

これらの論争は、ハイテク分野ではすでに頻繁に起こっている。例えば、Ｕｂｅｒ社はそのパートナーたるドライバーたちに対してどんな義務を負うのか？　ＹｏｕＴｕｂｅは海賊版コンテンツについて、どこまで権利保有者の要請を尊重すべきなのか？　こうした紛争は至るところで見られる。図書館は電子ブックを貸し出せるのか？　農家は自分のトラクターを修理していいのか？〔アメリカでは、農機具メーカーは一般的に自社で提供する修理部品や修理サービスを利用するよう顧客に求め、認定ディーラーのみ修理が可能となっていた。２０２３年1月、アメリカ最大の農業関連圧力団体ＡＦＢＦと農業機器メーカー「ジョン・ディア」は農家の「修理する権利」を認める合意書に署名した〕。

取引と投資を奨励したいなら、契約の履行はよいことだ。だから紛争対象となるリソースの数も当然増えるだろう。単に経済全体の無形投資の増加を反映しているだけだ。特許が増えれば弁理士も増える。実際、紛争は必ずしも悪いものではない。さらにそれは、無形資産の移転、組み合わせ、分離を仕事とする無数の職業を生み出す。文芸エージェント、特許弁護士、マーチャンダイズ管理人、オントロジスト〔データ品質の向上と維持運用を行うデータ管理者〕などだ。

だが紛争余地のすべてが経済に便益をもたらすわけではない。特に2つの形態は問題が大きい。まず、経済の性質が変わり、新しいゲームのルールが形成されつつあるときには、政治的および社会的権力、要は経済ゲームのルールを有利に動かすことができる人々への経済的利益が高まる。第2に、無形投資は平均的な有形投資よりはゼロサムまたはポジション性を持つ可能性が高い。

特に無形資産が知識ベースではなく関係性に基づく場合にこの傾向が高い。例えば、病気治療の新しいアイデアや、飛行機搭乗の新手法は他のアイデアの有用性を引き下げない。だが一部の関係的な無形資産は、他人が保有する無形資産の価値を引き下げるかもしれない。市場規模が固定されている製品の広告キャンペーンは、あるブランドが強化されたら他のブランドが犠牲になる。だから、そのキャンペーンが価値ある資産となるのは、競合他社の資産の価値を引き下げる限りにおいてのこととなる。税金逃れだけを目的として国際子会社を設置するのも無形投資だが、そこで作られる価値は単に納税者からの移転にすぎない。有形資産でこうした特性を持つものはかなり少ないが、ひとつの例は、超高速トレーダーが証券取引でナノ秒単位の短縮により競合他社に勝とうとして光ファイバーケーブルを設置する場合だ。

まとめると、経済の投資の大半はいまや無形投資だが、無形資本の増大は大きく減速している。この資本はきわめてスケーラブルで、スピルオーバーとシナジーを示し、サンクコストとなることが多い。加えて一部の無形投資はゼロサムで、平均的な無形投資の1ドルは、有形投資1ドルよりもゼロサムになりやすい。結果として集積効果が強まり、活発な都市は取り残された町や田舎よりも生産的になる。最高の無形リッチ企業とその後続競合他社とのギャップが広がる。無形資産の所有権はしばしばはっきりしないので、紛争が生じる。そして無形資産は企業倒産時の価値が低く、貸し手や融資を求める企業にとっては課題だ。

無形資産と現状

では第1章で述べた21世紀経済の困った特徴に戻ろう。停滞、格差、競争不全、脆弱性、正統性欠如だ。新しい無形経済の特徴は、そのそれぞれに大きく寄与している。

停滞

無形危機は重要な形で経済減速に寄与している。最初の要因が最も直接的だ。ほとんど認識されていないが、金融危機の頃から無形投資は減速しているのだ。２００７年以前の成長率から期待されるほど企業は無形資産に投資していない。この投資減少は、２つの具体的な形で低成長につながると考えられる。まず、無形投資の低下が激しい国は経済成長率の低下も大きいはずだ。そして確かにデータはこの結論を裏づけている。第2に、その減速は全要素生産性（ＴＦＰ）低下にあらわれるはずだ。ＴＦＰは無形投資のスピルオーバー――産業全体を発展させる技術的ブレークスルー、広く採用される経営手法、まったく新しいカテゴリーを作る新製品設計――があらわれるところなのだ。そして実際、我々が経験している下降は主にＴＦＰによるものだ。図2・1を見ると、無形資本サービス減速が最大だった国は、ＴＦＰの減速も最大だったことがわかる。

図2.1　TFPと無形資本サービス成長

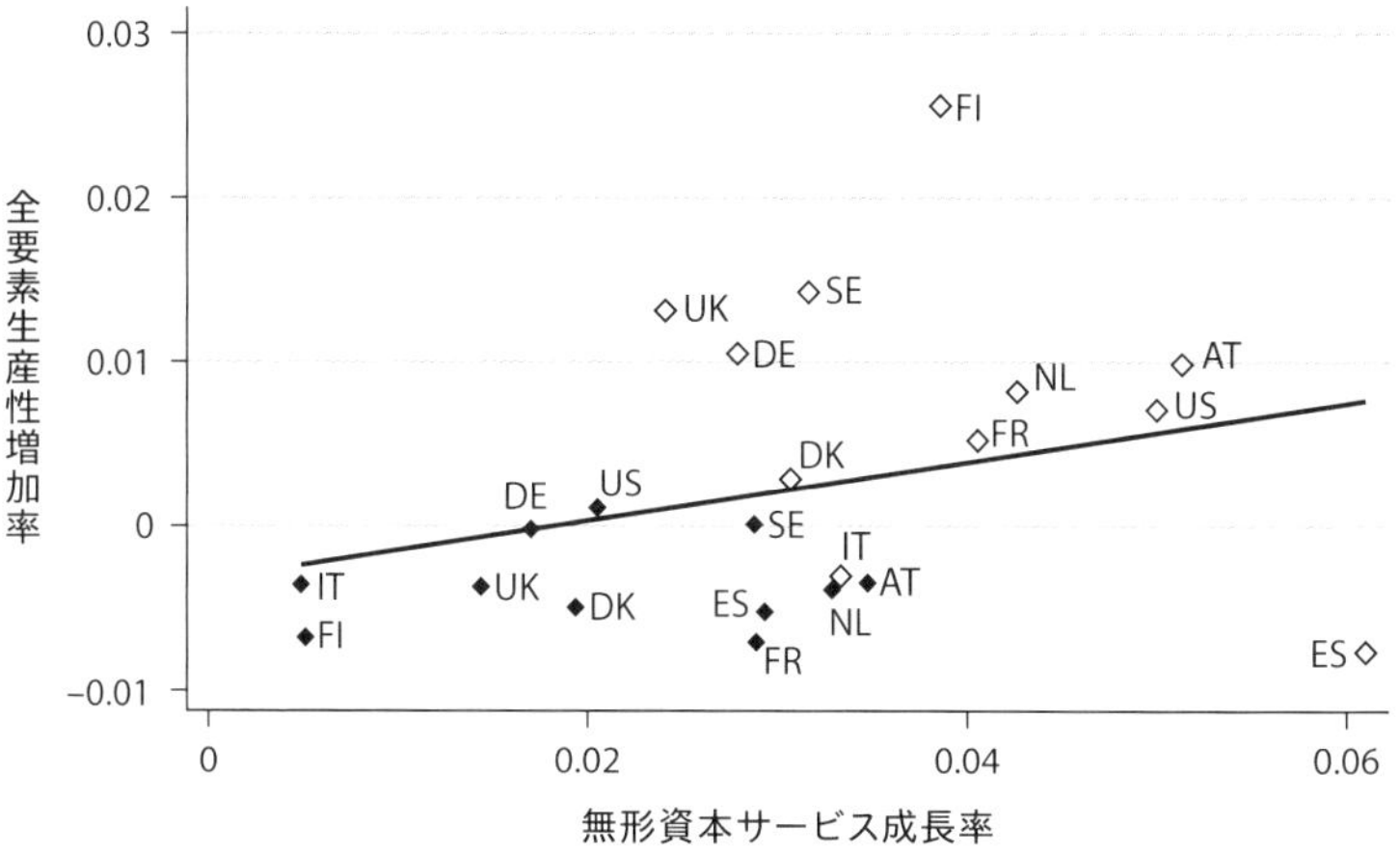

注：白い菱形は1999〜2007年，黒い菱形は2008〜2016年を示す．国は，ATオーストリア，DKデンマーク，FIフィンランド，FRフランス，DEドイツ，ITイタリア，NLオランダ，ESスペイン，SEスウェーデン，UKイギリス，USアメリカ

出所：Corrado et al. 2019.

また二次的な影響もある。これは現代技術の失望と関連したものだ。これまで見たとおり、21世紀の停滞が特異なひとつの点は、約束されたがついに実現しない空飛ぶ車のように、低経済成長と、ハイテク部門へのご大層な希望や予想とが断絶していることだ。経済学者エリック・ブリニョルフソン、ダニエル・ロック、チャド・サイヴァーソンはこの技術失望の状況を無形投資と関連づけている[2]。具体的には、新技術が経済的便益をもたらすためには、それを有用にするために大量の他の無形投資が必要なのだ、と彼らは指摘する。新しいプロセス、新しいビジネス関係、新しい労働者の技能などだ。別の言い方をすれば、無形資産は新技術の場合、特に強いシナジーを発揮する。だから革命的な新技術が開発されている時期だと、無形投資の減速は、生産性の伸びにますます大きな負の影響をもたらすはずだ[3]。

またＴＦＰ成長への影響は、無形投資減速だけでなく、その歴史的な高水準のせいもあるのかもしれない。無形投資のストックの一部は、関係性に基づくものだからゼロサムだというのを思い出そう。つまり、それが所有者にとって価値を持つのは、他人の価値を破壊する限りでしかない、ということだ（例えば租税回避の子会社）。この取引は負のスピルオーバーなので、ＴＦＰ低下としてあらわれるはずだ。もし無形投資の中でゼロサムとなる比率が有形投資より高ければ（考えられることだ）、有形資本より無形資本が多い経済は、思ったよりも低いＴＦＰしか示さない可能性がある。この３つの効果が組み合わさって、まさに我々が目の当たりにしている影響が生み出される。つまり、無形投資が豊富だが成長が鈍い経済だと、ＴＦＰが低くなるのだ。

無形投資による生産性上昇低下の説明は、生産性減速の他の知見とも整合している。これはロバート・ゴードン、タイラー・コーエン、エリック・ブリニョルフソンが述べた技術進歩低下の懸念を説明できる。なぜこの低下が今起きているかという基本的な説明を与えてくれるからだ。これはまた、ディートリッヒ・ヴォルラスが著書『成長しきった経済』で述べたＴＦＰ低下についての２つの説明とも整合している。ヴォルラスは、２０００年から２０１６年のアメリカＴＦＰ下落の相当部分はビジネスダイナミズムの低下（つまり生産的な小企業が成長して既存企業を追い落とす速度が遅い）と、製造業（歴史的にＴＦＰ上昇が高かった）からサービス業（歴史的にTFP上昇が低い）への長期的な移行で説明できる、と指摘する。(4) こうした原因はどちらも無形資産の側面を持つ。低いビジネスダイナミズムは無形資産が煽っているトップと後続とのギャップを悪化させている。さらにサービス産業での生産性の伸びはおそらくもっと無形投資がないと加速しない。これはITの導入や、ヘルスケアと教育というむずかしい部門での改善と並行して必要となる。

競争不全――利潤、集中、生産性ギャップ

21世紀における競争の問題点は、パラドックスめいている。多くの人は企業の競争と、もっと一般的には市場ダイナミズムが大幅に低下したと論じている。この低下は部分的にはトップ企業と後続企業との大きく持続的なギャップの産物だが、説明はそこには留まらない。新興の企業は少なくなり、また中小企業から大企業になる例も減った。だがこの停滞と現状維持の図式は、労働者や管理職の実体験には反映されていない。労働生活はますますランキングされ、評価され、競争的になっているように感じられる。低賃金労働者はますます面倒な業績評価方式にさらされるが、社会的地位の高い労働者たちにとっての人生は、ますます子供時代からはじまるリスクの高い勝ち抜き競争となっている。その競争のため彼らは、教育というバロックな儀式を通じて、高いコストで自分の能力をシグナリングせざるを得なくなる。

この問題は第7章で触れるが、全体として我々は競争が低下したという見方には与《くみ》しない。一

図2.2　アメリカにおける収益率，無形資産の有無

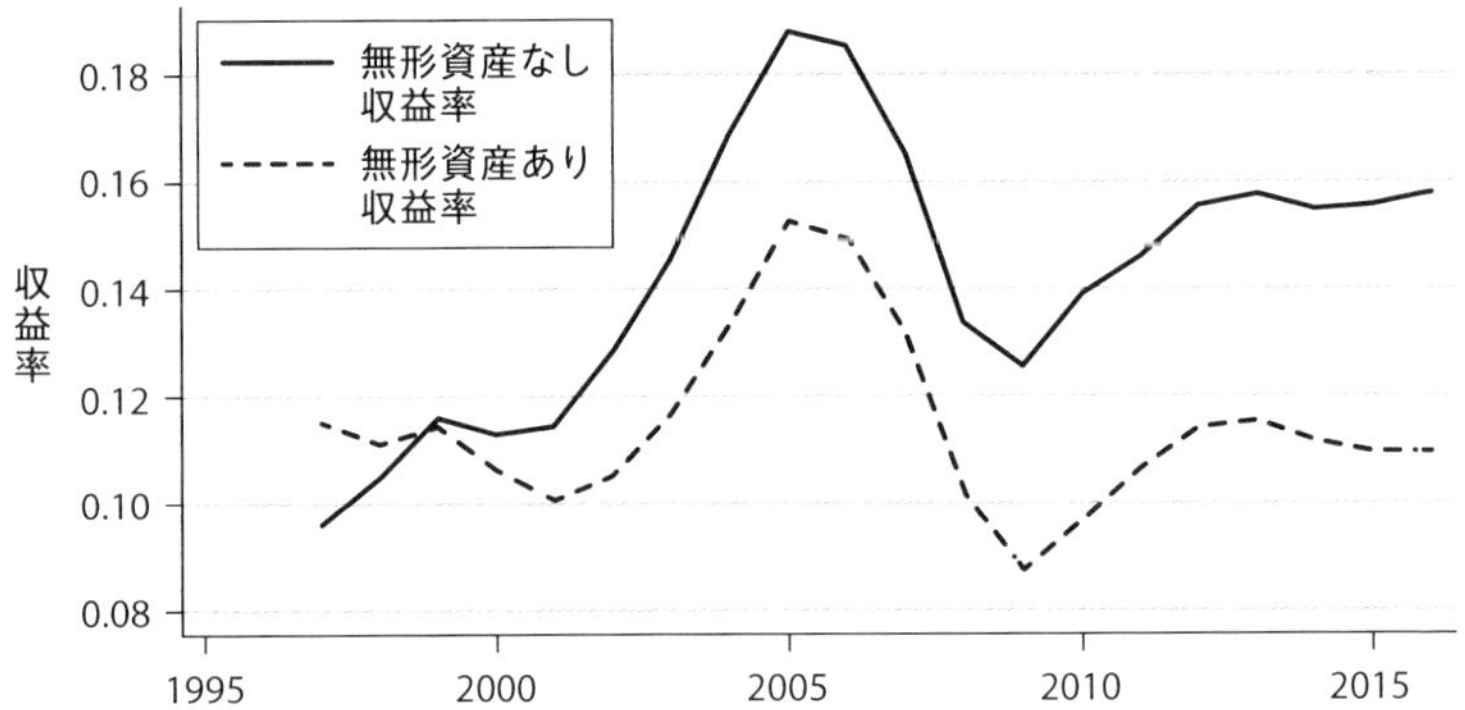

出所：www.intaninvest.net に基づく著者らの計算

部の市場では競合企業の数や、トップと後続企業とのギャップは低下したが、こうした数字は無形集約の世界における競争の指標としてよいものではないかもしれない。企業がスケールアップしてシナジーを利用できると、魅力的な無形資産を持つ企業と魅力のない資産を持つ企業間の小さな差は大きく拡大される。だからトップ企業は後続企業を引き離して無形投資の報酬を獲得できる。だがこれは競争が減っているということではない。競争者の数は減っても、少数のプラットフォーム間の競争はきわめて熾烈なものになるし、利ざやの計算ではそうした無形資産への報酬を計測する必要があるが、これはめったに行われていない。

この主張を支える結果が3つある。まず第1章のジェームズ・トレイナの研究で見たとおり、無形資産まで含めたデータを採用すると、アメリカでは利ざやは増えていない。だが販売費と一般管理費は無形資産以外のものも含む。だからひとつのやり方は、マクロ経

図2.3　集中の進展（トップ8企業のシェア）と無形集約度

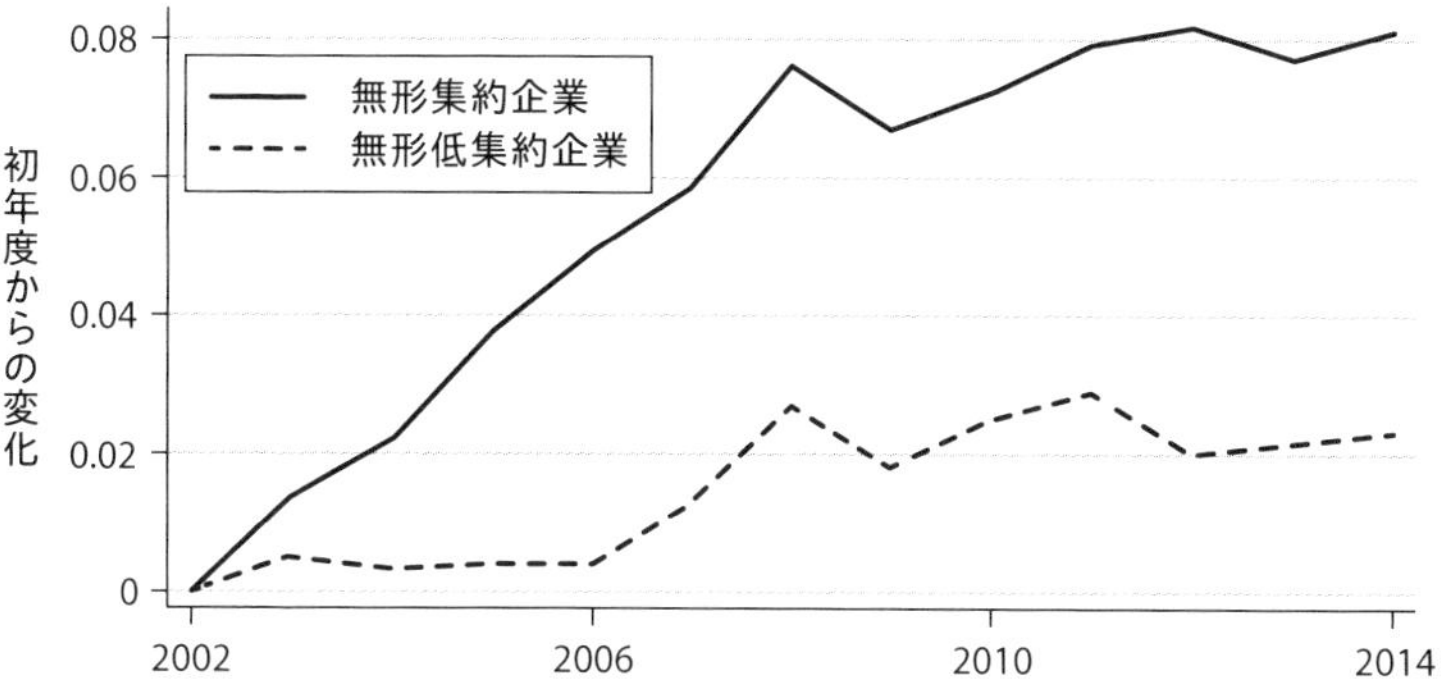

注：含めた国はベルギー，フィンランド，フランス，イタリア，日本，スペイン，スウェーデン，イギリス，アメリカ
出所：Bajgar, Criscuolo, and Timmis 2020.

済の中で無形資産がある場合とない場合とで収益率を計算し、産業レベルの無形資産を、企業レベルではまだ得られない各種のデータを使って計算することだ（図2・2）。無形資産がなければ、収益率はアメリカでは上昇している。無形資産を入れると、収益率は横ばいだ。だからこの指標で言えば、アメリカでの収益率上昇は、無形資産をきちんと計測しなかったことで生じる錯覚だということになる。

第2に、OECDは集中度と無形集約性の関係を調べた。すると集中度の上昇は最も無形集約的な産業で起きていることがわかった[5]（図2・3）。

第3に、キャロル・コラードらは生産性ギャップの増大を調べた[6]。図2・4に見られるとおり、様々な要因について調整しても、無形集約度の高い産業のほうがトップと後続企業との間には生産性のギャップが広がっている。

図2.4　無形集約度別の生産性分散の進展

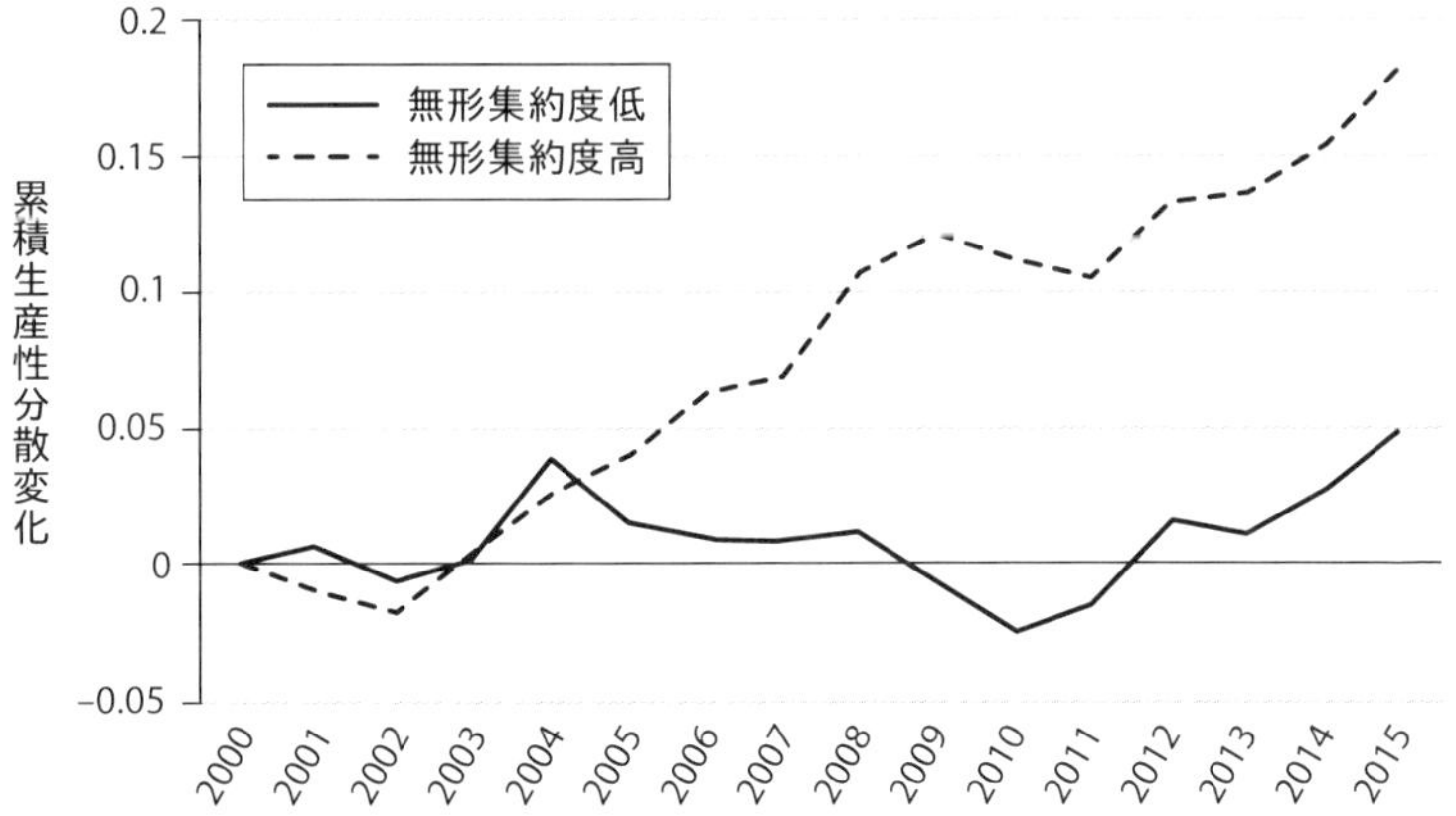

注：グラフは無形集約度の高い産業と低い産業における生産性の分散を見ている．生産性分散に影響する他の要因，例えば総産出，資本と労働投入，資本労働比率などについては調整済み．対象国はオーストリア，ベルギー，デンマーク，フィンランド，フランス，ドイツ，アイルランド，イタリア，オランダ，ポルトガル

出所：Corrado et al. 2021.

最後に、労働生活における競争についてはどんな結論が引き出せるだろうか？ダニエル・マーコヴィッツは著書『メリトクラシーの罠』で、アメリカにおいては育児、教育アクセス、資格証明の「無意味なありがたがり」が、よい仕事と経済的成功の重要なパスポートになっていると論じている。[7] こうしたアクセスはすでに金持ち以外のほとんどの人には手が出ないもので、中産階級は排除される。こうしたパスポートが無形リッチな世界では重要になるだろう。教育（例えば大学学位）という形での無形資産におけるポジション性／ゼロサム投資、労働者序列のためのソフトウェア監視といった無形資産利用、[8]「競争のある」仕事での社会資本（例えばコネ）の価値は、すべてメリトクラシーの罠を強化する（競争について詳しくは第7章参照）。

要するに、無形投資はこれまで観察されてきた利潤や集中に関する多くのトレンドを説明できそうだ。この問題は第7章でもっと詳細に論じる。

格差

第1章では21世紀の格差に3つの特徴があると論じた。まず金持ちと貧困者とのギャップ。これは1980年代と1990年代に激増し、そのまま高止まりしている。次に高所得者と低所得者とのギャップで、これも同じパターンだ。そして尊厳と社会的地位との乖離で、これは実証的には計測しにくいが、過去20年にわたり拡大し続けているようだ。

西側政府は歴史的に、持てる者と持たざる者とのギャップを減らそうとして、累進課税や補助金を通じてかなりの努力をしてきたし、金持ちはますます金持ちになり、貧乏人はますます貧乏になるという発想は、新約聖書のマタイ書にすら登場する。だから格差が増大すると、その原因は政府が再分配をサボっているからだと思ってよさそうだ。だが無形リッチ経済もまた、原因の一部だと考えるべき理由はある。じつは格差増大として観察されるもののかなりの部分は、無形資産によって推進される変化で説明できるのだ。特にトップと後続とのギャップやクラスター形成の影響が大きく作用する。

所得格差を考えよう。所得格差の最近の研究によれば、ここ数十年における所得格差増大の大きな原動力は、最も儲かる企業とその他企業との給料の差だ。この結果はアメリカだけでなく平等主義的なスウェーデンでも見られる。一部の企業がとても儲かり、他の企業があまり儲からないと、高所得者と低所得者とのギャップは広がるようだ。[9]

企業の無形投資もまた、労働者の業績を観察管理しやすくすることで格差を拡大したようだ。経済学者は昔から効率性賃金という概念を検討してきた。雇用者は従業員がサボらないようにするために給料を多めに支払うという考え方のことだ。効率性賃金の理由のひとつは、管理職は労働者がいつも何をしているか細かく見張るのではなく、信頼に基づいて管理を行う、ということだ。やたらに監視するのは望ましくないしとても高くつくからだ。だがソフトウェア、データ分析、新しい経営手法により、綿密な観察がずっとやりやすくなり、このためかつては信用するしかなかった従業員の活動がいまや詳細に観察、比較、評価できるようになった。アマゾンは倉庫の職員が1時間に何個パッケージを送り出せるか、コールセンターの労働者が1時間で何件の通話を処理できるか、顧客サービス担当者が通話から次の通話までにどれだけ時間を使うかを監視できる。その能力は無形資産に根差している——従業員のパフォーマンスを計測してそれに報いるソフトウェアとビジネスプロセスが作用しているのだ。似たような技術や手法はホワイトカラー労働者の格差を高める。例えばルイス・ガリカノとトマス・ハバードは、パフォーマンスと課金時間を監視するシステム改善により、法律事務所が最高の業績をあげる弁護士とその他とを差別化できるようになったことを示している。[10] スター弁護士は報酬が増え、後続者たちは取り残されるかクビになった。無形投資のおかげで、専門サービスの雇用者たちが、賃金が年功序列に基づくことが多い平等主義的な労働文化を、「成果に応じた報酬を得る」という厳しくインセンティブ的な成果主義の職場文化に置き換えられるようになったのだ。

無形投資の台頭は、資産格差にも間接的ながら強力な影響をもたらす。トマ・ピケティの記念碑的な『21世紀の資本』刊行に続いて、ピケティが観察した資産格差増大の相当部分（マット・ロンリーによればほぼすべて）[11]は20世紀から21世紀初頭にかけての、目もくらむような不動産価格上昇からきていることが明らかとなった。こうした増加はすべての場所で見られたわけではない。むしろほとんどの上昇分は、無形資産の重要性の高まりによって一気に進むクラスター化と集積効果が見られるダイナミックな都市で見られたのだ。

社会的地位の格差と無形経済とのつながりはもっと明らかだ。クラスター化が経済的にますます重要になると、活発な都市と取り残された場所との経済的な分断は深まる。これは特に、厳しい都市計画法のおかげで、低賃金労働者が活発な都市における就職機会を活用するのがますます不経済になるせいもある。[12]このつながりは、無形資産の紛争性が持つ意味合いによりさらに強化される。もしますます多くの経済活動が、紛争資産をめぐり交渉して権利主張を行うようなものになるなら、社会資本がずっと重要になり、したがって階級や教育といった社会資本の目じるしも重要性を増すのだ。

脆弱性

現代社会がパンデミックや気候変動といった脅威に弱いのは、無形資産への投資をしないせいだという発想は、直感に反するように思える。ほとんどの人は逆のことを考えるだろう。脆弱性は、無形資産といったふわふわしたものに煩わされすぎて、しっかりした物理的なものを軽視したせいなのだと思うのが普通だ。

新型コロナウイルスのパンデミックが始まったとき、世の中の多くの議論は、それと戦うのに必要な有形資本に注目した。国際的な評論家たちは、中国が武漢に新しいコロナ病院をじつにすばやく建てたのに感心した。西側の人々は、自分たちがあんなにすぐ病院を新設できるか不安になり、ピーク需要に応えられるだけの人工呼吸器や、防護具を生産するための工場が用意できるかを心配した。

だがじつは、こうした物理的な資本の問題は対応可能なものだった。イギリスもアメリカも、自前の緊急病院を建設できたし、ICUが不足する事態は避けられた。じつはコロナ禍の対応で最も優れていたのは、無形資産への強い投資を行ったところだった。つまり実効性ある追跡、トレースや検疫システム（これはソフトウェア、データ、プロセスに依存する）、機能するサプライチェーン（一部の西側諸国で見られた、防護具はあったのに適切な場所にすばやく配送できなかった事態を避ける）、疫学データをすばやく計測、分析、対応する能力だ。一部の富裕国、例えば台湾や韓国はこれを適切にやったが、ずっと貧しいベトナムなどもうまくやった。パンデミックからの脱出には、大量の無形投資も必要だった。病気にかかった人々を追跡、トレース、検疫するソフトウェアやプロセス、有効な薬や治療プロトコルやワクチンを開発するための研究、人々がワクチン接種を受けられるようにするための、ネットワーク、システム、キャンペーンなどだ。

強い無形投資は世界の炭素排出を減らすという長期の課題に応えるためにも必要だ。気候変動との闘いというと、人々はしばしば物理資産に投資する必要性を考える。ソーラーパネルや風力発電所、電気自動車、炭素を吸収貯蔵する装置などだ。こうした有形投資は炭素排出削減に必要ではあるが、それだけでは不十分だ――じつはそこはいちばん簡単な部分なのだ。例えばイギリスは石炭による発電を大幅に減らし、それを再生可能エネルギーや低炭素エネルギーに置き換えた。発電による炭素排出は、1990年にはCO2換算で2・42億トンだったのが、2018年には0・98億トンに下がった[13]。イギリスは共通の送配電系統を持つので、もっとクリーンな電力で汚い電力を置き換えるには、適切なインセンティブを設定したうえで生産能力をつくるだけで済む。グリッドは部分的には物理資本の問題（パイロンと系統接続）だが、無形資本の一部でもある。設置にはシステム、規格、合意への投資が必要だ。アメリカでは、東海岸、西海岸、テキサス州で別系統になっているので、風力発電の導入が相対的に遅れている。共通の送電網がないため、風が吹くテキサス州で発電して、それを再生可能エネルギーの需要が高い西海岸や東海岸に送るのがむずかしいからだ。再生可能エネルギーに投資することで電力供給を脱炭素化するという、野心的でお金のかかる計画に乗りだしたドイツは、原子力発電所を廃止する必要性に足を引っ張られた。問題は物理資本ではなく、社会的な認証と有権者が受け入れ可能とする安全レジームを提供するという問題だ――有形の失敗ではなく無形の失敗なのだ。

発電以外に目を向けると、無形の失敗はもっと見えやすい。エネルギーの専門家たちは、経済の脱炭素化のむずかしい部分は、発電ではなく輸送システムや暖房だという点でおおむね合意する。この移行を行うには物理投資が必要だ。ガス暖房のかわりに空気を熱源とするヒートポンプを設置したり、水素ボイラーを設置したりするのだ。あるいは内燃機関を電気エンジンに置き換えたり、自動車をバスに、道路を自転車レーンに置き換えたりすることになる。だが発電と同じく、物理資本はむずかしくない。暖房と輸送がむずかしい問題なのは、それが複雑だからで、有形資本に投資できるようになるまでに、かなりの無形投資が必要だからだ。輸送には、うまく機能する新しい道路のレイアウト、そうしたレイアウトが建設されるようにするための道路使用者たちの間での合意、人々がガソリンを入れるのと同じくらい簡単に車を充電できるようにするシステムやビジネスモデル、十分な走行距離を持つ電気自動車を作るための電池の研究開発などが必要だろう。暖房の場合、無形投資は住宅を電気暖房や水素暖房用に改修するための設計や計画と、その転換を支援するためのシステムやビジネスモデルということだ。

もし都市をゼロから作っているなら、こうした無形投資問題の多くは緩和される。無形経済の課題をこれほど大きなものにしているのは、旧来のシステムがロックインされているために、新しい技術への乗り換えや入れ替えが困難だからだ。

脆弱性は、保健や気候以外に重要な側面をもうひとつ持つ。過去に悪性の経済「ショック」に対する保証として使ってきた政策手段の一部が、衰退したらしいのだ。特に金融政策が顕著だ。世界の無形リッチ化が進み、結果についての不確実性が増せば、借金のリスクが高まる。同時に、高齢化社会による慎重な行動は「安全」資産への需要を高める――例えば引退後の資金としてだ。貯蓄への需要と、安全性とリスクの高い収益性との間のくさびが拡大すると、安全な長期金利が下がり、中央銀行が金利を引き下げて経済を後押しする余地が減る。第5章では金融政策の脆弱性についてもっと詳しく論じる。

正統性欠如

経済に正統性が欠如していて、それについて心配すべきだという発想は少なくとも3つの側面を持つ。最初のものはロス・ドゥザットが『頽廃した社会』〔未邦訳〕で述べているもので、我々の生産物のあまりに多くが派生的で自己参照的であり、創意工夫の成果というよりは既存のものの再編の産物でしかない、というものだ[14]。2番目は、デヴィッド・グレーバーや富裕国の何千人もの政治家たちが述べる、経済はあまりにインチキばかりで、有益で具体的な結果を生み出さない仕事ばかりになっている、というものだ。世間の考えや政治的な言説では、失われた経済活動で最も惜しまれているのは製造業だ。第3に、現代経済は中身のない浮ついた「これであなたも大儲け」話ばかりで、よくても嘆かわしく、悪いときには詐欺に等しい、という印象がある。例えばジューセロ社は、ウェブ接続ジューサーを作るために10億ドルを調達しようとして失敗したし、セラノス社によるインチキな血液検査帝国は崩壊し、イギリス政府が外注していた建設会社カリリオンはいきなり破綻した。ビジネスは、正直でまじめな仕事の産物ではなく、ジャックと豆の木の魔法の豆のように見えてきている。

我々のクリエイティブな経済がますますリミックスや焼き直しだらけになっているという意見は、ドゥザットによると、根本から人々を動揺させる。というのも、それは根深く腐敗した何かの兆候にちがいないほど厄介な弱点なのだ。だが無形資産のプリズムを通して見れば、リミックスは筋が通っている。今日の経済は空前の無形資産ストックがあり、ハリー・ポッターからブロードウェイの舞台『ハミルトン』、NASCAR（全米自動車競争協会）からナショナルジオグラフィックといった創造的な資産が大量に存在する。こうした資産はときに、ちょうどうまい形で組み合わせると、異様に価値が高まる——それらのシナジーの機能だ。この文脈で言えば、正しい組み合わせを見つけようという多くの試みは、しばしばリミックスや焼き直しという形をとるし、別に驚くべきことではない。無形資産の豊かな社会では当然予想されることだ。

「本当の」仕事が失われたという懸念もまた、無形資産のシナジー活用から得られる大きな価値と関係している。じつはグレーバーが指摘する「ブルシット・ジョブ」の多くはシナジーを活用しようとする試みに関係したものだ。製造業の文脈では、無形資産はちがう説明を提供する。

製造業というと、普通みんな有形資産を考える。工場、工作機械、生産ラインなどだ。だが比較的大きな製造業部門を維持できている富裕国を見ると――ドイツと日本が好例だ――彼らの競争優位は主に無形資産に依存することがわかる。労働者の技能や研修、生産技術の最先端に留まるための研究開発や設計能力、高い単位労働費用を補うための絶え間ないプロセス改善（リーンやシックスシグマ）。製造業部門の失墜と、それが提供する物理的、政治的に望ましい仕事の喪失は、無形資産への投資をしなかった結果なのだ。

無形資産の重要性はまた、魔法の豆要素の説明にも役立つ――つまり大成功か大失敗かのどちらかしかないビジネスばかりになっているように見えるという話だ。ますます多くのビジネス資産がきわめてスケーラブルで、正しい組み合わせが大きなシナジーをもたらせる世界では、各種のビジネスアイデアがカンブリア大爆発的に広まることが予想される（その多くは怪しげで危ういものとなるが）。そして誰かがやがて、うまい組み合わせを見つければ、巨大な収益の可能性が生まれることになるのだ。

まとめ

本章では、無形危機は第1章で述べた問題やパラドックスの説明におあつらえ向きだと論じた。

停滞、格差、競争不全、脆弱性、正統性欠如だ。特に世界の無形資産が増えたという事実を考えると、なぜこうした問題が共存するのかも説明がつく。停滞はめまいのするような技術変化と共存できる。格差の拡大はおおむね止まりはしたが、尊厳の格差上昇と共存する。競争の指標は競争低下を示すが、個人の生活は一段と忙殺されてきている。脆弱性は、見かけ上、通信や旅行の改善と共存する。そして正統性の欠如は、国境を越えた創造性の爆発的増大と共存する。

本書の残りの章では、こうした問題を克服するために必要な制度変化を見る。だがまずは、制度というものを我々がどう考えているかを説明せねばならない。それを次章で行う。

第3章

無形危機——制度の失敗

よい制度は経済成長促進に役立つ。だが灯台の歴史に見るように、よい制度でも経済が変われば悪い制度となる。無形資産の風変わりな性質は、特有の制度的な仕組みを必要とするが、それはほとんどの場合、まだ存在していない。制度的な刷新とイノベーションがないと、無形投資の減速を止めて経済成長を回復させられない。

トスカーナの美しい町シエナでは、アンブロージョ・ロレンツェッティの見事なフレスコ画『シエナとその領土における善き統治の影響』を見られる（図3・1）。イタリアルネサンスの世俗絵画として最初期のひとつであるこの絵は、プッブリコ宮殿の、市を支配する評議会のあった会議場の壁に描かれていた。本書の序論で述べたように、それが主張する基本的な政治的論点は次のとおり——善い統治は経済繁栄の役に立つ。(1)

図3. 1　アンブロージョ・ロレンツェッティ『シエナとその領土における善き統治の影響』シエナ，プッブリコ宮殿

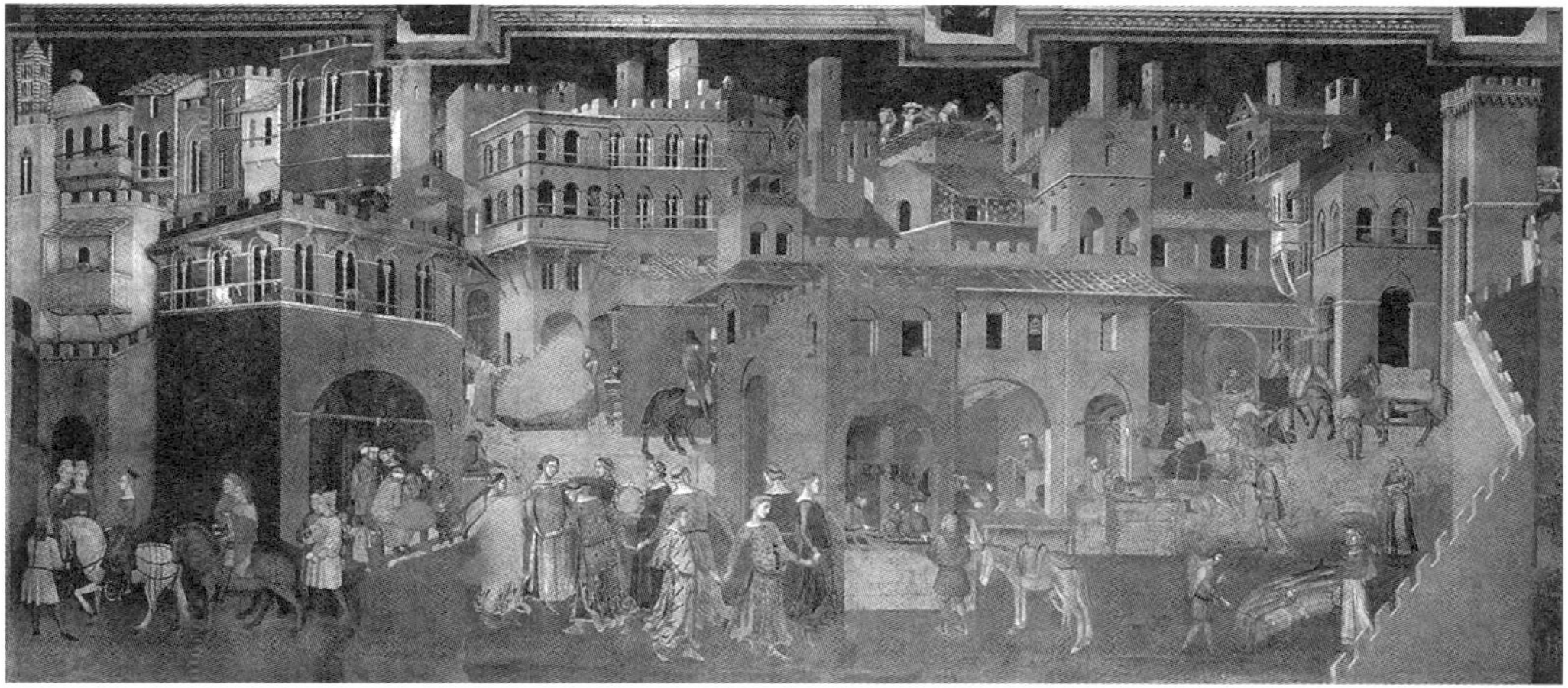

1300年代初頭、シエナなどのイタリア都市は、経済的な観点からすると驚異的なことを成し遂げたように見えた。彼らは西欧の大半が何世紀も囚われてきた、飢餓寸前の罠を逃れはじめたように見えた。現代の基準からすればシエナはまだ極貧だったが、以前よりもその貧しさは緩和されたし、その成長ぶりだけでも歴史的な基準からすれば驚異的だった。だがフレスコ画の絵の具も乾かないうちに、経済的な潮目が変わりはじめた。トスカーナの街を豊かにする手助けをした制度やルールは、出現しつつある新経済の要求には対応できなかったのだ。投資が停滞した。金持ちの町民はますます、お金を地位や虚栄に使うようになった。愚かな土地開発が悲惨な洪水を引き起こした。格差増大で暴動と無秩序が生じた。こうした新しい課題に対処できるようシエナの制度を改善するのはむずかしかった。実際、為政者たちが善き統治と悪しき統治についての高価なフレスコ画を委託しようと考えたこと自体が、当時この問題が議論されていたことを示唆している。

シエナの繁栄を支えた制度は、新しい経済には不十分だったのだ。北イタリアの他の都市と同様に、シエナは停滞し、そして衰退をはじめた。プッブリコ宮殿のフレスコ画は、かつての繁栄の悲しい思い出となっている。

それでも、シエナのフレスコ画は、我々の議論に重要な3つの教訓を提供してくれる。まず、よい制度は経済成長と投資を促進するのに役立つ。第2に、よい制度の定義は経済が変わればだんだん変わる。第3に、制度的な刷新がなければ経済は成長から停滞に向かう。今までのやり方では、これから先はうまくいかない、という格言のとおり。

　ここで制度というのは「壮大な古い組織」という意味ではない。むしろ経済学者が使うようになった意味合いで語っている。経済のゲームにおける、公式、非公式のルール、ということだ。新制度派経済学の開祖のひとり、ダグラス・ノースは制度をもっと厳密に定義した。「人間のやりとりを形成する、人間が考案した制約[2]」。だからこの定義からすると、ハーバード大学は制度ではない（古くて壮大ではあるが）。だが「学会の査読制度」「人文学教育」など大学の各種慣行や規範は制度だ。

制度と経済成長

　主流派経済学の批判者たちはしばしば、経済学者が制度の重要性を見くびっていると糾弾する。この主張によると、経済学者たちはアダム・スミスによる、繁栄には「平和、低い税金、なんとか我慢できるくらいの司法の適用（中略）以外のものはほとんどいらない[3]」という発言をあまりに拙速に受け入れてしまい、現代の市場経済の根底にある規範、ルール、期待という広大で複雑な基盤を見すごしてしまったのだとされる。マルクスとエンゲルスの表現を借りれば、経済学者たちは「人と人とのつながりにおいて、むき出しの利己性と卑しい「現金支払い」以外のものを」無視していると批判されるわけだ。[4]

経済学者たちはこれに対する反論として、新制度学派が何十年も行ってきた研究を指摘する。この学派は、制度と経済パフォーマンスの関係を検討し、歴史、法律、政治学などの分野の視点を、厳密な経済分析と組み合わせてきた。2009年ノーベル経済学賞受賞者のひとり、エリノア・オストロムは沿岸社会が漁業を管理するのに使うルールや規範について書いている。2020年ジョン・ベイツ・クラーク賞を受賞したメリッサ・デルは、植民地時代のペルーにおける強制労働ルールが何世紀もたってから貧困や健康に与えた影響を検討した。制度が経済成長に重要だという発想は、いまや経済学者たちの間では議論の余地のないものとされている。ダロン・アセモグル、サイモン・ジョンソン、ジェームズ・ロビンソン[5]は、一連のきわめて洞察に富んだ本や論文で、よい制度とは「財産権の保障と経済リソースへの比較的平等なアクセスを、社会の幅広い層に対して」提供するものと定義している。アーノルド・クリングとニック・シュルツは10年以上前に無形経済における制度の重要性を指摘し、それを「オペレーティングシステム」と表現している。[6]

よい制度が投資と成長を奨励して、悪い制度がその足を引っ張るという発想は直感的にわかる。結局のところ、法治やよく機能する市場、公共財の提供はすべて制度の組み合わせから生じる。法そのものも、それを施行する法廷の慣行も、人々が法を遵守する形で動くようにうながす規範もそうだ。非経済学者は昔から制度が重要だと知っていたので、「本当に50年も制度派経済学がないと、それを裏付けられなかったのですか？」と尋ねたくもなるだろう。

一方で、一部の経済学者たちは経済成長が制度に依存するという説明を疑問視する。確かに、一般論として制度は重要ですよ、でも何か変わった現象の説明として、あまりにお手軽に持ち出されてしまうから、あまり信用できないんですよね、というわけだ。経済がうまくいっていれば、それはいつもよい制度のおかげで、あまりうまくいっていなければ、制度が悪いから、ということになってしまう。我々は、なぜ制度が成長によいのかをきちんと考えることが有益だと思う。というのもそうすれば、制度がいつ足を引っ張っているかについて、もっとしっかりした議論の基準ができるからだ。そしてその基準を使うことで、なぜ無形経済が既存の制度に負担をかけるのかも説明できる。

制度、社会的やりとり、経済取引――ロードマップ

これから制度についていささか抽象的な思想を提示するので、なぜそんなことをするのかについての概観と、どこに向かおうとしているのかについてのロードマップをお示ししよう。これからのページでは、制度はその時代の産物だと論じる。だからなぜある制度がこの時代ではいいのに、あの時代ではよくないのかを説明しよう。我々は制度が取引のある部分に貢献するが、他の部分はダメにするのだと論じる。だから経済が変わって取引の条件が変わると、一部の制度は前ほど適切ではなくなるのだ。

人類の社会的やりとりの主要な特徴のひとつが交換だ。ときにはお金を求めての、財やサービスの取引となる。こうした交換は経済成長のためになる。実際、経済成長は投資と呼ばれる特殊な交換を必要とする——おおまかにいえば、将来の便益を求めて現在行う交換だ。だから交換プロセスの各種側面を見極める必要がある。もっと具体的には、交換の条件や段階を見極めねばならない。それから、どの制度がそうした条件を支援またはつくり出し、交換を可能にするのかを描き出さねばならない。最後に、無形経済への移行がちがった交換プロセスを必要とし、ひいてはちがった制度を必要とすることを示さねばならない。

この議論をわかりやすくするため、灯台の歴史を例として使う。灯台の学徒（そして本章の終わり頃にはあなたもそんな学徒のひとりだ）はいろいろな形で灯台を検討できる。技術的なアプローチは、灯台の技術的な側面を研究する。例えばその建設方法や照明方法などだ。他のアプローチは、灯台周辺の交換条件を研究するかもしれない。ずばり灯台は何を売るのか？　また、交換を支援する制度も見なくてはならない。その灯台は民間か、公共か、慈善か、規制されているのか？　だが灯台の例を進める前に、まず重要な問題を提起して答えねばならない。制度は何のためにあるのか？

制度は何のためにあるのか？

この質問に答えるには、制度のない社会から始めよう。経済学者ハロルド・デムゼッツが指摘したとおり、ロビンソン・クルーソーは制度のことなど心配せずに済んだ。弁護士も会計士も警官もいなかった。他の誰ともやりとりしないで済んだからだ。クルーソーの世界には交換がなかった。だがこれは例外的な状況だ。制度は取引を構造化する人間が考案した制約だと提案してから、ダグラス・ノースはさらに「歴史を通じて、人間が制度を構築したのは、秩序を作り出して交換の不確実性を減らすためだ」と述べた[7]。

無形投資とそれを減速させている原因に関心があるなら、「交換の不確実性」には留意する必要がある。投資はもちろん交換の一形態で、時間をかけて起こるものだから、他の交換形態よりも不確実性にあいやすい。人々が投資するときには、現在費用をかけて、将来便益を獲得したいと願っている。そして無形投資は、これから見るように、独自の不確実性を生み出す。

ではまず、交換の条件または段階を検討して、それからどの制度がそうした条件を支えるかを見極めよう。

交換の条件または段階

お互いに便益のある交換を交わすには何が必要だろうか？　そうした交換は金銭的なこともあれば、そうでないこともある。パートナーはひとりだったり、多くの人間の集合だったりする（例えば企業が別の企業から買う場合など）。交換には何か鍵となる要素があるのだろうか、それとも交換はあまりに多種多様だから分類不可能なのだろうか？　我々は交換には４ステップあると考える。

ステップ１・情報――交換が相互に有益となる潜在的な相手を見つける

ほとんどの交換の分析は、有益な交換の条件を当たり前のものと見なす。売り手と買い手はすでにマッチングされている。[8]例えばコロナ危機の初期段階では、保健当局は個人用防護具（ＰＰＥ）、人工呼吸器、ワクチンを見つけようと必死だった。根本的に、この対応またはマッチングのプロセスは情報の問題だ。保健機関はＰＰＥがどこにあるかという情報や、誰が人工呼吸器生産を開始できるか、ワクチンがどんな作り方かについての情報が必要だった。

情報の主要な特徴は何だろうか？　まず情報は分散しているかもしれない（ＰＰＥの買い手は、売り手が誰か必ずしも知らない）。市場の相方が誰かを知る方法が必要だ。第２に、情報は不確実で非対称的かもしれない。保健提供者たちはＰＰＥの品質がわからない。もっとひどい場合は、低品質の供給者しか市場にはいないと買い手が思ったら、情報を伝えられずにいるよい供給者を市場は追い出してしまうかもしれない。第３に、情報はそもそも存在しないかもしれない。誰が人工呼吸器を生産しているかわからなかったし、２０２０年初頭には、使えるワクチンがいつ出回るかはっきりしなかった。

ステップ２・集合的行動――交換で便益を得る者全員に貢献させる

ＰＰＥ供給者が見つかったりワクチンが発見されたりすれば、そこから便益を得る人みんなが確実に対価を支払わねばならない。１対１の取引では、このプロセスは何のひねりもない。だが国が支払うときには、交換は集合的なものとなる。例えば一部の人は、ＰＰＥや、もっと広く保健サービスを外国人訪問者に提供したら、他の人にそれが行き渡らなくなると論じた。つまり、支払ってもいないのに便益を受ける人々が発生すると、集合行動問題が起こる。例えば、お隣がこちらの花火を見るとか、何か化学物質がその創造に投資しなかった人によって使われるといった問題だ。ご近所と交渉したり、競合化学企業から知識ライセンス料を取ったりできるかもしれない。解決策はどうあれ、集合行動問題を解決する重要な要素は、受益者を排除したり貢献させたりできるかを見極めることだ。財を組み合わせる必要があるのに、ひとりが取引すべてを止めてしまう場合にも集合行動問題が起きる。多くの土地区画を通る交通リンクを作るときがそうした例だ。

ステップ3・コミットメント——パートナーが交換で裏切らないようにする

交換が長期にわたって行われるときには、当事者たちが将来的な実行を約束できなければ交換は破綻する。3週間後に納品されるPPEへの支払いは、PPEが本当に届くという約束に基づく必要がある。ワクチンの開発は、企業が将来回収できると適切に期待できる大量のリソースのコミットを必要とする。

ステップ4・ゴネ交渉や影響費用の最小化——交換を取り巻くプロセスにあまりリソースを割かない

交換のプロセスは「ゴネ交渉」「影響」費用といったものを含むかもしれない。ポール・ミルグロムとジョン・ロバーツは価格交渉費用として、価格交渉活動そのものの費用、監視費用、強制費用、合意が得られなかったときの費用を含めている。[9] こうしたものには、人々が決定に「影響」を及ぼすために使う費用、例えばロビイストや袖の下などの費用もある。だからこうした費用の一部は取引の情報的な一部だ——例えば契約が履行されたかについてのデータを集めようとするなどだ。そして集合行動問題の一部であるかもしれない——例えば受益者を排除するなどだ。だがこれらは重要だから集合行動とは別に検討しよう。加えて、オリバー・ハートとジョン・ムーアは、交換はしばしば「ゴネ費用」を含むと示唆する。[10] ゴネ費用には、多くの人々が価格交渉で感じる自然な緊張、失望の費用、交換が不公正だと感じたときの怒りの感覚の費用も含まれる。

制度は交換の4側面をどのように支援するか？

交換の4つの主要な特徴を制度と関係づけるには、人類学者たちの研究に目を向けよう。人類学者エレノア・リーコックによると、今日のケベックに住む先住民インヌ（彼女はモンターネと呼んでいる）は1600年代に、土地所有概念を持っていなかった。土地は共通のリソースで誰でも使えた。[11] 狩猟者たちは好きなところで狩りをして、それで家族を養った。外部の人々との交易や交換は、少なくとも今日一般に理解されているような形では、ほとんど起こらなかった。

1700年代になると部族や船乗りなどの外部集団との間で交易が発達しはじめた。これにより、土地の非所有制度が変わった、とリーコックは論じる。部族は土地を家族に配分し、そこでの独占的な狩猟権を与えた。ビーバーの罠は印をつけられ、特定家族に割り振られた。似たようなパターンはラブラドル半島の森林にいる狩人の中でも見られた。家族の狩猟場所が分割された。さらに中心の土地では狩猟は禁じられ、家族が自分たちの割り当て地で不足に直面したときにだけ、共有の土地にアクセスできることになった。家族はローテーションを組んで四半期ごとにちがった土地で狩りをした。アメリカ北西部では、所有権はもっと安定しており、相続制が生まれた。これに対してアメリカ南西部平原の先住民たちは財産権を持たず、土地は万人の共有リソースのままだった。こうした仕組みが変わったのは、ヨーロッパの入植者たちが牛をつれてきたときになってからだった。

ダグラス・ノースは多くの社会の発展を似たような形で描いている。最初は家族内で交換を行うが、他者とはほとんど交換しない。交換が村の外に広がると、匿名性が高くなり、交換を取り巻く活動が増える。こうした活動は安全保障、資金調達、交換が実現しなかったときの救済を含む。これはいくつか重要な制度の発達を示唆するものだ。つまり交換の各種の側面を支援する「人間が考案した制約」だ。

信頼、評判、相互性

広範な取引が起こるまで、交換は主に家族内や、せいぜい近接した部族や村落の間に留まっていた。信頼と相互性は初期の交易を支援した「制度」と考えられる。人類学者たちは、こうしたルールが少数の既知のプレーヤー同士で行われる反復ゲームの安定した結果なのだということについて大量の論文を生み出している。だが過度に美化するべきではない。信頼と相互性は、別に初期の社会が常に親切で優しかったとか、今日の資本主義社会に見られる丁々発止の対極だったとかということではない。信頼確保のプロセスは、その信頼を破る者たちへの処罰を必要とする。

そしてその処罰が厳しいほど、他の条件が同じなら、信頼が維持される可能性も高まる。もっと信頼し合う社会に戻りたいかもしれないが、そうした社会は信頼を濫用する者に対するきわめて厳しい罰則に依存していることが多い。さらに社会が拡大して交易が増えると、交換における参加者をすべて知るのは不可能となる。だから信頼のかわりに何か別のもの、例えば評判や返金保証などで置き換えねばならない。

財産権

交換の性質が変わったらどうなるだろうか？　ハロルド・デムゼッツは人類学者たちが描いた狩猟者たちが直面するインセンティブを検討した。もしどの狩人も土地を所有せず、他人の狩猟を制御できないのであれば、どの個別狩人も動物のストック増加や維持に投資するインセンティブがない、と彼は論じた。だから、過剰に集約的な狩猟が行われ、他の狩人や将来世代に費用を払わせる（経済学者たちが外部性と呼ぶもの、つまりある個人の行動が他の人々に与える影響）可能性がきわめて高いという。毛皮貿易が発達するまで、きわめて広大な地域で狩人人口が希薄であれば、狩りすぎの問題は大したことがなかった。狩人同士のやりとりは最小限だし、土地はその少数の狩人たちを支えられたし、獲物のストックをかなり自然に補充できた。だが毛皮貿易が発達すると、狩人たちの相互作用が目に見えるものとなった。狩人たちは、自分たちのためだけでなく他の人々との取引のために毛皮を求めたからだ。

社会はこうしたやりとりに対処する仕組みを必要とする。この問題を解決するのに大きく貢献する仕組みのひとつが財産権だ。財産権が確立すれば、個別の狩人たちは現在の動物の数と将来の動物の数に関心を持つようになる。原理的にはお互いに交渉して獲物の数などを決められる。こうした取り決めは毛皮取引では特に重要となる。というのも、ビーバーは広い範囲を走り回ったりせず、特定の地域だけに住む傾向が強いからだ。だからある地域を特定の狩人に割り当てたら、その狩人は狩猟機会を管理する強いインセンティブを持つようになる。

では、なぜアメリカ南西平原の先住民たちはヨーロッパ人の入植以前には財産権を持たなかったのか？　デムゼッツは2つの理由を指摘する。まず、財産権はヨーロッパの入植者たちが牛をつれてやってきて初めて発達した。第2に、南西平原にいる動物たちは主に草を食べる動物で、ビーバーのように限られた場所にこもる動物ではない。だから移動する動物たちを狩る者たちにとって、決まった土地区画の明確な財産権を割り当てる価値は、ずっと低かった。

最後にフリードリヒ・ハイエクは、市場の発達のためには財産権が不可欠だと論じた。そうした権利は離散的な情報の問題を解決するのに役立つ。[12]ハイエクは取引を、財やサービスの交換ではなくその利用に関する所有権（例えば再販する権利や他人をその使用から排除する権利）の交換と見なした。だから財産権は、市場を発達できるようにするための鍵となる制度だ。そして市場は、市場価格の情報内容を通じて離散情報問題を解決してくれる。[13]

もちろん財産権は、個人（あなたの家）だろうと集合的（共有財産や特許プール）だろうと、安全で尊重されねばならない。我々はこうした制度的特徴を以下のコミットメントのもとにまとめる。

集合的意思決定の仕組み

財産権は様々な形をとれる。土地は共同所有、私有、国有などがあり得る。これまで見たように、ラブラドル半島の初期の狩猟者たちは、共有地を制度化した。だから交換は集合的な意思決定の仕組みを提供する制度を必要とする。

可能性はたくさんある。ひとつは、単純に信頼と相互性を持つことだ[14]。その真逆にあるのは、国による決定を統制するための政治システムを設計することだ。例えば各種の投票などがこれにあたる。その中間には、資本を好きなように使える大企業がいる。言い換えると、社会は交換を軸にした権威を配分する方法を見つけねばならない。

集合的な意思決定や権威は集合行動問題の役に立つかもしれないが、大量のゴネ交渉や多くの影響活動（ロビイング、官僚制など）が関与するなら非常に費用が高くつきかねない。経済学者が取引費用と呼ぶものの一部だ。こうした費用が高ければ、制度設計はそうした費用を節約するようなものでなければならない[15]。

契約の履行

財産権は確実で尊重されるものでなければいけないから、契約の履行が重要となる。交換が長期にわたるときには、特に激しい問題が生じる。ダロン・アセモグル、サイモン・ジョンソン、ジェームズ・ロビンソンが述べるように「経済的交換が起こるどんな市場状況でも、交換の双方の間に距離がある場合には、コミットメントの問題が生じる」[16]。コミットメントは政府や、もっと広くはどんな権威当局にとってもことさら問題となる。もし法制度が許すなら、民間部門は法的拘束力のある合意に署名することでコミットできる。だが権威当局はその法律を作る存在だ。すると定義からして、彼らは将来のために強制力のある契約に署名できない。このコミットメント欠如はつまり、制度的な解決を必要とする重要な問題となる。制度的な解決策は、コミットメントを可能にする一連の政治制度だ。アセモグルらは、イングランド内戦（１６４２〜１６５１年）と名誉革命（１６８８〜１６８９年）がまさにこうした制度変化をもたらしたと論じる。チューダー王家、特にヘンリー八世は、恣意的に財産を接収して税金を引き上げられる絶対主義王政を構築しようとした。内戦の結果は、王家から議会への権力委譲であり、その変化は名誉革命で確定した。こうした制度変化は、接収がもはや行われないか、少なくとも減るという信用できるコミットメントをつくり出した。アセモグルらは、さらにこの変化を世界貿易拡大や、王の恣意的な接収に直接反対する経済利益を持った、新しい商人階級の台頭へと結びつけている[17]。

コミットメントのおかげで、こうした政治制度は非常に微妙な立場に置かれる。ジンバブエでの白人支配から多数派支配への移行が示すとおりだ。当初の選挙制度は、白人有権者たちに議会の議席の20％を保証していた。だが白人は人口の3％しか占めていなかった。しかし5年以内にその仕組みは変更され、その後の憲法改正で土地の再分配が容認され、ムガベ政権が土地を合法的に、または超法規的な手段を使って再分配できるようになった。契約を履行して集合財を提供するために強い国家が必要だが、国家が強くなりすぎたときには強い社会が必要だ。その両者の間で政治制度はバランスをとらねばならない、とダロン・アセモグルとジェームズ・ロビンソンは論じる——だから彼らの著書は『狭い回廊』と題されている[18]〔邦訳・『自由の命運』早川書房、2020年〕。バリー・ワインゲストも似たような見方を主張している[19]。

これらすべてが示唆しているのは、コミットメントを助ける制度が長期にわたる交換の鍵だということだ。契約の履行と信頼は、当然ながらコミットメントを支援する制度だ。コミットできない政府にとっては、集合行動問題を解決し、影響／ゴネ費用を最小化する制度が鍵となる[20]。

交換の条件とそうした条件を支える制度——まとめ

表3・1は交換に必要な条件と、そうした条件を支える制度をまとめたものだ。1列目には交換に必要な重要条件を示し、それに対して1行目の制度の分類をマッピングした。2列目で示すように、信頼／相互性／評判を支援する制度はすべてチェックが入っている。こうした制度はコミットメント、集合行動、情報、ゴネ費用の支援で交換を助ける。3列目の財産権は、私的だろうと集合的だろうと、集合行動を支援する。これはさっきの狩人の事例が示すとおりだ。そして

表3.1　交換に必要な条件とそれを支える制度の種類

交換に必要な条件	交換に必要な条件を支援できる制度の種類			
	信頼，相互性，評判	財産権（私的，集合的）	集合的意思決定の仕組み（投票，中央集権または分散型権威）	契約の履行
コミットメント	✓			✓
集合行動	✓	✓	✓	
情報（離散，非対称，欠如）	✓（非対称）	✓（離散）	✓（離散）	
影響／ゴネ費用（の不在）	✓			✓

情報も市場を作り上げるのに役立つならあてはまる。4列目の集合的意思決定は集合行動問題と離散的な情報問題に役立つ。例えば投票システムは分散した情報を集めるという意味で、集合的な投票者の願いをまとめる。最後の契約の履行は主にコミットメントを助けるはずだ。また例えば、意見の相違が生じた場合に拘束力のある仲裁や司法へのアクセスが、迅速に、低コストで、公正に行われる場合はゴネ費用の回避にも役立つ。

この表はいくつもの論点を明確にする。まず交換を改善するための横断的な社会制度として信頼（相互性／評判）の重要性が強調される。学者はこの重要性を何度も繰り返し強調し、例えば信頼を最大化しようとする多くの経済的な取り決めを分析してきた。よい例としては家族企業と、民族／宗教集団の仲間同士の取引がある。

第2に、この表は重要な問題を提起する。「よい」制度とは？　表で空いている部分を見ると、信頼以外の制度は交換プロセスのすべての部分をカバーしない。私的財産権を考えよう。すでに見たとおり、狩人が動物を大事にしたり、企業が知的財産に投資したりするインセンティブを向上させるのに役立つ。だがそれだけでは低いゴネ費用を保証してくれるものではない。つまり私的財産権を「もっと増やす」（あるいはもっと強固にする）のが成長にとっての「よい」制度だという発言はすべて不完全だ。そういう権利は、狩猟の範囲や特許から知識のライセンスを得る権利について、交渉費用が高い場合には交換のインセンティブを提供しない。エリック・ポズナーとＥ・グレン・ワイルは、隣接する私有地１００区画を手に入れないと敷設できない鉄道路線という例で似たような問題を指摘する。[21] 私有財産はここでは役に立たない。99区画の所有者たちが賛成しても、１００番目の区画の持ち主がプロジェクト全体を止めてしまえるからだ。この場合、私有権は情報目的ではよい制度だが（土地取引で価格を通じて価値が明らかになる）、集合行動目的にとってはよくない制度となる。[22]

制度が交換のあらゆる条件を支援しないこともあるという指摘は、アセモグル、ジョンソン、ロビンソンによる重要な論点でもある。[23] 彼らが指摘するように、議会制の政府など中央集権化した権威当局は集合行動問題の解決にはよい方法かもしれないが、権威を持つ主体、特に政府はコミットメント問題に直面しかねない。これまで見たとおり、私人は法的拘束力のある契約に署名できるが政府はできない。法を変えることができるからだ。さらに中央集権と権威それ自体はロビイングや影響費用の不在を保証せず、むしろそれを煽ることにもなりかねない。

第３に、交換の根底にある側面が変われば、それまで適切だった制度ももはや適切ではなくなる。例えば信用を考えよう。原始的な社会には他者との接触や交易はほとんどなかった。だが社会が拡大すると、外部の人々と取引するために必要な情報とコミットメント条件がますます重要になった。地元民同士の信用だけでは不十分だ――だから新制度、例えば契約の履行などがその新しい条件を支えるために必要となった。

本章の残りでは、無形経済への移行が交換の根底にある条件の変化の例であり、新しい制度が必要なのだという説明を行う。だがまずは、この点を約束した例で示そう。灯台だ。

今までのやり方では、これから先はうまくいかない――制度と技術変化

これまで見たとおり、制度は交換の条件の一部を支えるが、すべては支えてくれない。根底にある条件が変われば制度も変わらざるを得ない。だから「よい」制度とされるものは永遠の真実ではなく、経済が変われば次第に変わることもある。灯台の歴史はこの論点を示すものだ(24)。

灯台と「正しい」制度

灯台は経済学者たちにとって思い出深いものだ。経済学を学んで1年目の生徒が教わる最初の授業のひとつでは、公共財のわかりやすい例として灯台が使われる。そしてそれは、交換の概念

を使って教えられる。経済学入門講義の話はこんな具合だ。昔々、灯台は水夫たちに岩の存在を告げるという重要なサービスを提供しておりました。このサービスは価値の高いものでしたが、その運営の費用に貢献してもしなくても、誰でも使えてしまうという非排除性を持っておりました[25]。要するに、灯台は交換が集合行動問題の解決を必要とする条件の、古典的な例だというわけだ。灯台は公共財を提供するので、課税により資金を得ている政府がそれを提供することが多い。昔々は、制度が不十分だったために灯台が少なすぎたのです、そこでよい制度がやってきて公共財問題を解決し、灯台がたくさんできましたとさ、とお話は続く[26]。

一見すると、灯台の歴史は経済学入門講義の、制度的イノベーションという話の見事な例だ。イギリス南西部にあるコーンウォールのリザード灯台を考えよう。これは英仏海峡に長く突き出す危険な岩がちの半島を照らす灯台だ。実際、この沿岸部はあまりに危険なので「海の墓場」の異名をとるほどだ。地元の地主サー・ジョン・キルグリューは1619年に灯台を建てる許可を得たが、自発的な寄付を募ることしかできなかった。誰も寄付しなかったから、新しく造った灯台は竣工後数年で壊された。1751年にそこに地元の地主が新しい灯台を建て、それが今も残っている。この灯台は石炭火力の火鉢を使っていたが、灯台としては非力すぎると思われており、1811年と1874年に新しい照明が設置された。その頃にはこの灯台は私有ではなくなっていた[27]。私有財産という制度は、交換（この場合には灯台の提供）を文字どおり2世紀にわたって邪魔して、やがて正しい制度である公共所有が発達しましたとさ、というのがお話だ。

広く見れば、不適切な制度という説明は適切なものだ。だが細部を見ると、何がいけなかったのかがわかりやすくなる。交換が行われるためには、灯台サービスの提供の2つの側面が支援されねばならない。まず、照明の提供は水夫への情報の供給だ。これは灯台の絶対的な特徴だ。それは必ずあって、認識可能で、信用できるものでなければならない。他の成功した情報財すべてと同じだ。第2に、灯台は近くを通っても支払いをしない船を排除できなければ、集合行動問題となり得る。だが排除性は経済学入門講義が匂わせるほどには、この市場の「自然な」特徴ではない。じつはそれは、灯台の具体的な場所と使われる技術で決まる。技術に関して言えば、デヴィッド・ヴァン・ザントが指摘するように、前近代の船が無線とモバイル決済システムを持っていたら、近くを通る船が灯台に無線で連絡して、料金を支払ったら灯台守が灯りをつけるというシステムも可能だ[28]。

携帯電話を持つ古代水夫という話は法外に思えるかもしれないが、実際の灯台の発展を見ると技術変化が灯台の仕組みを変え、それを維持するのに必要な制度にも影響したことがわかる。情報的な特徴は永続的だが、集合行動の特徴が（技術変化と同様に）もっと重要になった。

１５６６年に海事慈善団体トリニティハウスは、その灯台に対して特許の初期バージョンを勅許された。つまり政府へのライセンス費用を支払えば、灯台をつくってそのライセンス料を払った後で残ったものはすべて懐に入れていい、というお許しだ。だがトリニティハウスは国による独占権を得られたが、灯台の私的な提供も続いた。代ごとの王様たちが、そうした独占権を認知しなかったからだ。[29] 公的な灯台と私的な灯台は１８３０年代まで共存していた。だが排除性が問題なら、私有灯台はなぜ生き延びられたのか？　例えばエディーストーン灯台ははるか沖合に１６９９年に私的に建てられた。ではなぜ灯台がその後は公有化されたのか？　そしてなぜフランスと、次いでアメリカは完全に公有の仕組みとなったのか？

その理由は、排除性と、それに対する適切な制度が、技術の変化によって変わったからだ。技術の変化は適切な照明の発明だった。１８００年代の初頭には、灯台はロウソクやオイルランプに鏡を組み合わせていた。その鏡も反射する光の半分くらいを吸収してしまい、到達範囲は８～10キロほどしかなかった。ブレークスルーは１８１９年にフランスのオーギュスタン・フレネルが、光を単一の光束に集中するプリズム群を発明したことだった。光の到達距離が50キロ近くに延びただけでなく、フレネルの装置は回転もできたから、海岸からの距離に応じて明滅する信号を送り出せた。フレネルはまた、それぞれの灯台にちがう点灯パターンを割り当てることで航海を助けた。１８２５年にフランスは、もともと13台しかなかった灯台を、この新技術を使って公共事業省の予算で51カ所の灯台ネットワークに拡大した。この事業は１８５４年に完成した。

イギリスでの状況はまったくちがっていた。１８３６年には灯台は56カ所あり、うち14は私有だった。だがどれひとつとして新しい屈折光学技術を使っていなかった。イギリスは１８２１年にフランスに代表を送り、１８２２年にこの技術のデモを見学していたにもかかわらずだ。１８５４年には、フランスは海岸線20キロごとに新技術の灯台を持っていたのに、イギリスは22キロごとで、しかもその灯台の半分は古い反射装置を使っていた。アメリカは税を財源とする建設計画を実施し、１８５１年にイギリスの２倍の灯台を持つようになった。そのほとんどがフレネルレンズを使っていた。

ここでの重要な点は、公的・私的所有権を含む制度は、交換の根底にある側面の重要度を変える技術変化に適応しなくてはならないということだ。灯台といっても、港口灯台と沿岸灯台とを区別する必要がある。港口灯台では、排除性は問題にはならないが、沿岸灯台では巨大な問題だ。フレネルレンズ発明前の照明技術はあまりにお粗末で、沿岸灯台といえるものは港口灯台だけだった。こちらは、サービスに対して課金できた。そこを通過する船は港に向かう船だけだから、灯台の資金は港湾使用料から出せるのだ。実際、地元の水先案内人は自分たちの案内に役立つ灯台建設を促進した。だから私有灯台は地元での課金から資金を得られたのだ。例えばエディーストーン灯台ははるか沖合にあっても、そこを通る船のほとんどはプリマス港に向かうところだった。リザード灯台など一般的な沿岸航海のための灯台は、ずっと厳しい排除性問題に直面した。だから彼らは地元の課金からお金を出してもらうことができなかった[30]。

フレネルレンズが発明されると、沿岸灯台の有効性もはるかに高まった。この新技術があって初めて、排除性が交換の一側面となり、したがって新しい制度が必要となった。だから沿岸灯台は一般税収から公的に資金を得る必要が出てきた[31]。古い技術レジームで適切だった制度、つまり地元の資金調達は、新しいものには不適切だったので、国の予算を制度化するための集合行動が必要だった。新技術が採用されるためには、こうした制度的な仕組みが変わらねばならなかった。イギリスでは変化が遅かったので、灯台への投資が少なかった。

制度の性質

灯台の例は本書でこれからの議論に重要となる、制度が持つ4つの興味深い性質を浮き彫りにしている。制度は、ある経済的な状況に固有のものである。これは灯台を維持する理想的な制度が灯台の技術とともに変わったのと同じだ。制度は惰性を持つ。つまり状況が変わってからも続くということだ。これはイギリスの灯台制度のようなものだ。そして制度は本質的に予測不可能だ。どんなルールや規範の集合が最もうまく機能するかは、必ずしも明確とは限らない。これは特に新技術やビジネスの新手法を扱っているときには顕著だ。そしてそれは政治に左右される。最適でない制度を温存することに既存利益を持つ人々の連合がしばしば勝利する。

個別性

経済学者が研究する制度はきわめて広いものもある。現代経済成長の起源をめぐる研究はしばしば「限られた統治[32]」「イノベーションの文化[33]」「改善の心構え[34]」といったマクロな制度に注目する。こうした制度は様々な文化や時代を超えて重要なものとなる。財産権の強さと強制可能性は、中世ヨーロッパの水車や、19世紀アメリカ西部の農地開発、現在の南米での住宅投資に関係している。[35] 一般に、研究によれば財産権とそれを強制する能力は投資を増やす。中世の領主は、王に接収されかねない地域では、水車を作る費用を負担しようとしなかった。西側の牧場主は鉄条網の発明で土地を囲い込むのが安上がりになると、土地への投資を増やした。そして今日の人々は、国の法律で家を合法的に持ったり所有権を証明したりするのがむずかしいと、持ち家への投資を控えがちだ。

だが制度はフラクタルだ。マクロ制度は一般に、もっと小さく個別的な制度で構成されており、そうした制度もまた下位の制度で構成されている。さらに細かく見るにつれて、定性的な多様性も高まるし、制度同士相互に依存し合い、周辺のもっと広い文脈に依存するようになる。リチャード・ネルソンは1994年に、新技術がしばしば独自の制度的要件を持つと指摘したときに、この論点を強力に打ち出した。[36] 例えば無線の導入は周波数帯や内容を規制する制度に依存した。自動車の台頭は道路の安全や燃料供給、土地利用などを律する各種の制度に依存した。電力の商業化は、電気技師が訓練されて知識を交換する方法から電力の生産と送電の技術規格などの制度に依存した。この古いアイデアは、技術とガバナンスの整合性という概念に注目する技術政策論争の中で見直されるようになってきた。技術とガバナンスの整合性とは、汎用技術ごとに相性のいい個別のガバナンス形態がある、という考えだ。

制度をまちがった粒度で見ると、経済の何がおかしいかについての診断もまちがえる。エリノア・オストロムが述べたように「制度のアナリストはその特定のパズルに取り組むときに意味のある適切な分析レベルを見つけるという大きな課題に直面する」[37]。この警告は、経済の生産様式が変わるときには制度的ニーズも変わるという可能性を忘れてはいけないと示唆するものだ。ケベックのインヌと灯台はこれを示す事例となっている。

惰性

制度はまた惰性を示す。賞味期限がすぎても残りつづけ、経済パフォーマンスの足を引っ張る。古典的な例はＱＷＥＲＴＹキーボード配列で、もともとはよく使われるキーを離して配置することで、機械式タイプライターで起こる印字部のからまりを減らすためのものだった。一部の専門家は、キーのレイアウトを変えるとタイプ速度が速まるという[38]。だからＱＷＥＲＴＹを捨てれば、もっとタイピングが速くなって、一般的な作業が少し速くなり楽になる。だがタイプライターがもはや珍しいものになり、キーのからまりはもう記憶の彼方になってしまっても、ＱＷＥＲＴＹは残っている。それは消費者がそれを期待するからだ。技術研究者はＱＷＥＲＴＹ配列のようなものをスキューモーフィズムと呼ぶ。いまや陳腐化して不要になった技術的な制約や特徴を反映しているのに、未だに使われ続けるデザイン上の特徴のことだ。例えばジーンズのリベットや、コンピュータのフロッピーディスクの「保存」アイコンなどだ。キーボードの配列ほどつまらないし明らかに恣意的なものですら身動きが取れなくなるなら、深く根づいた、文化的にも賞賛される規範となればなおさらだろう。

経済学者アヴナー・グライフは、制度が変わるときと変わらないときの理論を作り上げ、なぜ制度がしつこく続くかという理由をいくつか指摘した[39]。例えば調整の困難（集合行動問題）、人々が環境変化に無関心、人々と社会が習慣や決まり切った作業にしがみつくから、といったものだ。この発想はイギリス文化ではおなじみのものだ。ソースティン・ヴェブレンやコレリ・バーネットのような学者は、イギリスの相対的な経済衰退の各種側面を分析して、古くさい制度がしつこく残っているせいだとしている。エリート教育や技術訓練の仕組み、資本市場の構造や企業ガバナンスなどがいけないという。場合によっては、慎重な学術研究によってこうした主張が疑問視されることもある。例えばデヴィッド・エジャトンの戦後イギリス史研究では、同国の制度は批判者たちがなんとなく思っているよりも技術屋産業にはるかに親和的だったと指摘される[40]。結果が悪いというだけで、その制度を古くさいと思ってしまい、だからそれが原因にちがいないと思い込んでしまうというリスクはある。

また、悪い制度が経済成長にとって克服しがたい障壁だというのも正しくない。イギリス産業革命の歴史は、企業や発明家が古くさい制度を迂回したり逆手に取ったりして、新しい商業的な機会を活用したという歴史だ。議会で法律を可決させたり、企業を興したり、鉄道を作ったり、金融市場ではなく地元名士から資金調達をしたり、という具合だ。新しい経済機会があって、制度が追いつけずにいる場合には、一種のブリコラージュが可能なことも多い。だがこれはよい制度よりは高くつく。産業革命（19世紀）の栄光の日々におけるイギリスの経済成長は、年率0・3％ほどだったのを忘れないようにしよう――アメリカやドイツよりは低い。これらの国は、イギリスのギャンブルから学んで、最初からよい制度を導入できたからだ。要するに、経済変化の時代に制度の状況を調べるときには、残り物やスキューモーフィズムや遺物にお目にかかっても驚いてはいけないのだ。

予測不可能性

情報がないか欠けるかしているとき、交換は予想外の結果をもたらす。リチャード・ネルソンは、制度は進化の産物であり、設計するものではないと主張する。個別の政策やルールは設計できるが、ルール、法、規範が組み合わさって実効性ある制度ができると、それは創発的な性質を持つようになり、予測しにくい。だから新しい制度の創設は失敗だらけのプロセスで、正しいものをつくるのはむずかしいのだ。

現在のベンチャーキャピタル（VC）の発達は好例だ。機能するVC部門とそれに伴う規範や慣行は、制度の一例だ。それは明らかにシリコンバレー、ひいては世界の発達を左右している。(41)経済的な観点からすると、VCは短期間にきわめて価値が高くなる可能性を持つ若い企業にリスク資本を提供するという話だ。一部の時代と一部の場所――例えば20世紀後半のカリフォルニア州北部やマサチューセッツ州では、その広範な戦略は絶対まちがいないものだったはずだ。必要な制度はすでに存在していたからだ。だがシリコンバレーでVCの規範となったものは、発達するまでに時間がかかった。まずはパートナーシップの形成で、有限パートナーが資本を提供する。少数の、きわめて詳細なデューデリジェンスを行う。少数株主となって取締役会の議席をもらう。少数の「ホームラン」に賭ける。パートナーにインセンティブを提供する。ボストンを拠点とするアメリカンリサーチ&デベロップメント社は上場企業だった（これで絶え間ない財務問題が生じた）。そしてダメな投資を切り捨てる技を身につけていなかった。同社が破綻し、10年以上の実験が続いてから、やっと現代的なモデルが考案され、採用された。よい制度がどんなものかを事前に知るのは、とにかくむずかしいのだ。

この問題は、制度的な惰性と個別性の影響まで考慮するとさらに拍車がかかる。制度をうまくつくるのがむずかしく、いったんできたものはなかなか消えず、個別性が強くて技術ごとに適切なものがちがうなら、遺物となる制度のリスクは高まる。

ライト兄弟の特許戦争を考えよう。これは知的財産の歴史における悲しいエピソードだ。1906年に航空時代の夜明けがはじまり、ライト兄弟は飛行機の飛行制御手法について特許を与えられた。この特許の範囲はきわめて広く、ライト兄弟のたわみ翼手法だけでなく、あらゆる飛行制御を含んでいた。(42) この特許のおかげでライト航空会社はエルロンを使う競合他社すべてを訴えて、すさまじいライセンス料をふっかけることができた。このため、黎明期の航空産業への投資が妨げられた。これはアメリカで特に顕著だった（そしてじつは、たわみ翼技術はきわめて貧相な技術で、今日使われているエルロンに置き換わった）[43]。おかげでアメリカ政府が第一次世界大戦に参入したとき、配備できるだけのアメリカ製航空機をまったく調達できないという深刻な問題が生じた。アメリカ政府が介入して、ライト航空と競合他社は製造業者航空機協会を設立し、お互いの特許を安く使えるようにした。

ここでの広い制度的な文脈は、アメリカの知的財産法だ。だがライト兄弟に異様なほど広い特許を承認した特許局の個別の決定は、航空産業内にちがった制度群——一種の制度的な局所気候——をつくり出し、それがきわめてひどい経済的な影響を持つようになった。１９０６年に航空機はわくわくするニッチで、明確に支配的な技術は存在しなかった。広い特許を与えるという決断の長期的な影響を計算できたとしても、特許審査官がその重要性に気がついていたとは考えにくい。だがその決断がつくり出した制度力学は10年以上も続き、世界戦争という極端な存在意義が登場するまで、政府はそこに介入して事態を変えようとはしなかった[44]。

制度は複雑だし、その影響はしばしば入り組んでいて分析しにくいから、その効果は制度設計に関わった人々には通常はわからない。だから政府など、新しい制度の基盤をつくるルールや慣行を設計する役割を持つ存在が、もともと困難な作業にあまり投資しないのも無理はない。だが、そのまちがいや妥協が温存されて、将来に被害を与えることもある。

政治性

悪い制度が続くのは個別性、予測不可能性、惰性のためだけではない。既得権益のせいで続くこともある。

少数の人々が言わば世間から身代金を取るという発想は、政治レトリックの定番だ。政治学者マンサー・オルソンは、これがなぜ、どういうときに起きやすいかを説明する枠組みを提供した。(45)制度を変えたり失敗した制度を温存したりするには政治行動が必要だ。そうした行動には費用がかかる。その費用は金銭的なものと社会的なものとの双方を含む。そうした費用のひとつは協調的行動の費用だ——例えばストライキを組織したり、カルテルを形成して秘密を保持したりする費用だ。ある制度が少数の人に利益をもたらすが、多数の人に広く薄い形で少額の費用をかける場合、その少数の集団にとっては、協調コストが低く、メンバーそれぞれの便益は高い。だから派閥や徒党のほうが、巨大で分散した集団よりも野合して結束するのが得意だということになる。全体として見れば大きな集団のほうが大きな影響を受ける場合でも、その少数集団のほうが力を持ってしまう。サイレントマジョリティがサイレントなのには理由があるのだ。

オルソンはまた、歴史を通じてずっと、生じる影響がわかりにくい場合には小集団のほうが特に有利だと指摘する。所得税率と所得税の例外条項がその好例となる。所得税率は通常は累進型で、金持ちのほうが税率が高くなるが、所得税の例外は通常は金持ち集団にとってずっと有利だ。金持ちの少数派は、きわめて高い給料に対する所得税を減らすようロビイングしたいと思っているが、この問題はあまりに明確すぎるので、税率を下げようとしてもみんなに見透かされてしまい、なかなか実現できない。だがだれも知らない控除や抜け穴を求めてのロビイングは、ずっとこっそりやれる。そしてその最終的な結果――金持ちの支払う税金を減らして他のみんなの負担を増やす――は同じなのだ。

さらに、既存制度で得をする人々は、その制度を支持し続ける可能性が高い。経済史家バス・ファン・バヴェルはこの発想を『見えざる手』〔未邦訳〕で展開し、「経済的な力の持ち主は、経済的支配やさらには政治的支配を集約して、正式な合法的な力も手に入れ、それを使って自分に得となる市場制度を維持したり、市場における自分の支配的な立場を集約するような新しい制度を開発したりする」と述べる。[46] ファン・バヴェルは、豊かにはなったけれど、もっと高い経済水準で効果的に動くための制度を開発できなかった経済について、赤裸々な事例をいろいろ挙げる。アッバース朝イラク、中世末期の北イタリア、17世紀黄金時代以後のオランダなどだ。いずれの場合も、制度を形成する力を持った人々のインセンティブは、生産的な投資や経済のさらなる成長に適していなかったのだ。

制度の遅れは中国の衰退でも大きな役割を果たした。多くの人々は紀元１０００年には中国が世界で最も豊かな国だったと聞いて驚く。１３００年には中国全体としては他国に取り残されたが、中国の先進的な地域は18世紀まで、先進ヨーロッパ諸国と同じくらいかそれ以上に豊かだった。学者たちは中国の経済的成功を、アジアの中央集権的で専制主義的な制度のせいにしてきたが、そうした制度があまりに強すぎた（したがって適切だった）か、あるいはあまりに弱すぎた（だから海賊行為を防ぐために財産権を強制したりするような公共財を提供できなかった）かは議論が分かれる。(47)

ここでの教訓は、陳腐化した制度を変えるのは既得権益者の力のせいで、政治的にかなり苦労するということだ。そしてその問題が明確でないと、その作業はなおさら面倒になる。

こうした制度の4つの特徴——その個別性、惰性、予測不可能性、政治性——は状況次第で組み合わさって、経済が技術変化を経験するときに問題を引き起こしかねない。制度の個別性はつまり、かつての技術の状況で平等かつ持続的な成長を促進するのに役立った制度も、今日ではさほどうまく機能しないかもしれないということだ。惰性があるということは、そうした古い制度が、役に立たなくなっても残り続けるということだ。予測不可能性のせいで、新技術に対応すべく制度をつくろうという善意の活動は失敗しかねない。これは特にそうした新技術の初期段階で顕著となる。そして制度の政治性は、既得利権を持つ小集団が、全体としては社会に有害な制度を守るのがとてもうまい、ということだ。

無形経済が制度に求めるもの

制度の4つの特徴をめぐる議論で、第1章で述べた無形集約経済へのシフトの話に戻ってくる。これまで見たとおり、狩猟採集民から灯台建設者まで、制度は経済的状況の変化とともに変わる必要がある。灯台供給における技術変化は灯台についての根底にあるニーズを情報問題から集合行動問題に変え、新しい制度の必要性を生んだ。同様に、無形資本の見慣れない経済的性質——スピルオーバー、シナジー、サンクコスト、スケーリング——と、それにますます依存する経済は、交換の根底にある条件を変え、新しい制度的な要件を生み出した。

無形資産はスピルオーバーを持つので、集合行動問題の解決がさらに重要となる。スピルオーバーは、財産権に関連した制度に新しい要求をもたらす。ビーバーの保護に便益があっても、そうしたビーバーが隣の狩猟場に移動してしまうなら、個別の狩人たちは動物の保護に不十分な投資しかしない。同じ理由から、利潤最大化を目指す企業は、便益が他の企業にスピルオーバーするなら、無形資産にはあまり投資しないだろう。

制度の重要な役割は、こうした効果を軽減することだ。ときにはその軽減は知的財産権、例えば特許や著作権を通じて起こる。これはスピルオーバーに対し、私有財産権という人工的な法的制限を設ける。ときにはそれは、直接的な公共補助を通じて起こる。例えば企業の研究について政府が資金提供や税控除を行う場合だ。これは公的な財産権だ。他の仕組みはもっと複雑だ。例えば学術研究は公的な補助だけでなく、複雑な規範、ルール、非金銭的なインセンティブ、例えば査読制度や引用参照の慣行から、Hインデックス〔論文の被引用数に基づいて算出される、研究者の評価指標のひとつ〕やノーベル賞まで様々なものに依存している。しばしば、無形スピルオーバーを管理する制度の源は、政府よりはむしろ市民社会だ。例えば地元の商工会議所や業界団体が基準をつくったり、見習い制度や研修制度をつくったりする場合だ。だから経済で無形が増えると、財産権などの制度に負荷をかける。そうした制度はスピルオーバーまで規制し続けようとするからだ。

無形資産のシナジーはどうだろう？　無形資産がシナジーを実現するためには組み合わせねばならない。[48]だが何を組み合わせればいいのか？　シナジーは経済の中の情報要求を高める。一般に、マッチングや組み合わせの活動は、それを組み合わせるためのプラットフォームが必要であり、潜在的なパートナーとなる無形資産をそのプラットフォームに引き寄せる仕組みが必要だ。企業の科学研究所はプラットフォームだ。またその企業が他の企業を買収するのは、他の無形資産をプラットフォーム上に持ってくる仕組みにもなる。別のプラットフォームは都市で、人々が集まったアイデアを交換するようインスパイアする仕組みは場所や制度かもしれない。また他のプラットフォームとしては、検索エンジンやエンターテイメントプロバイダが考えられる。

プラットフォームは、シナジーやスピルオーバーを支援するので、その台頭は都市の経済的重

表3.2　交換と制度の種類

交換に必要な条件	信頼,相互性,評判	財産権（私的,集合的）	集合的意思決定の仕組み（投票，中央集権または分散型権威）	契約の履行	交換の条件を必要とする無形資産の性質
	交換に必要な条件を支援できる制度の種類				
コミットメント	✓			✓	サンク性
集合行動	✓	✓	✓		スピルオーバー
情報（離散,非対称，欠如）	✓（非対称）	✓（離散）	✓（離散）		シナジー
影響／ゴネ費用（の不在）	✓			✓	スケーラビリティ

要性を高め、そこからの含意として無形リッチな経済は、都市の建設と管理を司る制度への依存が大きくなる――特に土地利用と都市計画システムだ。また無形資産の組み合わせが大事なのと同時に、影響費用やゴネ費用も重要になるのを認識すべきだ。こうした費用は、特許を取り巻く訴訟や混乱としてあらわれるが、もっと建設的には特許プールやオープンソース・ソフトウェアを取り巻く社会規範や信頼がそうした費用を抑えて、集合行動問題を解決する。

無形投資のサンク性はコミットメントと事業資金調達という制度に追加の負荷をかける。ほとんどの外部事業資金調達は借金の形をとる。すると特に中小企業にとっては企業の資産を担保に取られ、かなりの制度的なロックインを引き起こす。主に無形資産を持つ企業が増えてくれば、事業資金調達に制度的なイノベーションが必要となる。サンク性は不適切な財産権の結果として生じる部分もある。例えば、特許の取引があれば知識への投資は回復する。

最後の無形投資のスケーラビリティは、経済を勝者総取りの方向に変える。これは勝者を有利にする規制レジームをつくるために、ロビイングや影響活動に労力を注ぐインセンティブを高める。

表３・２の一番右の列は表３・１をもとに、それぞれの無形資産の性質が、交換の各種条件への要求を強めて各種の制度タイプに負荷をかける様子を示したものだ。これを見ると、無形経済においては交換の一部（すべてではない）を支援する制度が重要になることがわかる。例えばスピルオーバーが起こりそうなら、集合行動の問題が大きくなる。だが集合行動を助けるために私有財産権を強化しても、知的財産（ＩＰ）を組み合わせるゴネ費用が高すぎれば、ＩＰ投資は生じないかもしれない。不完全な集合的意思決定、例えば都市を制約してシナジーやスピルオーバーを下げる、機能不全の都市計画システムは、無形経済にとって高くつくものとなる。無形投資への公的支援はスピルオーバーには有効かもしれないが、投資の種類が不十分ならシナジー促進には役立たないかもしれない。

なぜ減速が？

以下の章では、今日の経済制度が無形投資を十分に支援できていないことを検討する。だが、いまみておくべき全般的な問題がひとつある。もし現在の制度が無形になじまないなら、なぜ無形資本のフローはこれまでのように発達したのだろうか。数十年にわたり増え続けてGDPの12～15％ずつになり、そして停滞したのか？

考えられる説明は2種類ある。まず、現在の制度は経済の一部の部門での無形投資を支援するくらいにはうまく機能したが、もっと広い移行を支援するほどではない、というもの。例えばエクイティファイナンスの重要性を考えよう。これは第5章でもっと詳しく議論する。根底にある問題のひとつは、世界のほとんどの金融機関は負債資金を提供するためのものだということだ。無形資本のサンク性のおかげで、これは無形リッチな企業にはあまり向いていない。確かに、VC部門という形で、小さいが重要なエクイティファイナンス機関は生まれた。おかげで無形投資が異様に重要な少数の経済部門、特にソフトウェアとバイオ技術は支援される。だが企業の大半にとって、資金調達の制度はいまだに負債を重視する方向に偏っている。

第2の説明は、一部の例では無形資本ストック増大のため、既存の制度が無形投資を促進する有効性が下がったというものだ。ひとつの例は知的財産ルールだ。これは第4章で論じる。知的財産ルールは無形資産のスピルオーバー問題軽減に役立つが、無形資産がますます重要になると特許紛争の費用が増えて、権利所有者が政府にロビイングしてルールを変えさせるようレントシーキングを行うインセンティブが高まる。

まとめ

制度、つまり人間が考案したやりとりのルールは、コミットメント、集合行動、情報といった交換の特定の側面を支援する。だがそうした側面は次第に重要度が変わるし、それに伴い制度も変わらねばならない。だから無形資産の台頭で、交換の各種側面も変わらねばならず、それに伴いその個別構成要素を支援する制度も変わるべきだ。無形経済が必要とする制度は、ゴネ費用を節約してスピルオーバーやシナジーが引き起こす集合行動と情報問題の解決に役立ち、サンクコストから発生するコミットメント問題も解決してくれるものなのだ。

本書の残りの章ではこうした問題を検討し、考えられる解決策をさらに深掘りする。都市は公的・私的所有権のつながりと、スピルオーバーやシナジーを近接性が解決するための、集合的意思決定の場だが、渋滞や混雑という集合行動が引き起こす問題も大量にある。科学政策は集合行動問題を解決しようとするが、情報も必要だし、影響活動への抵抗もいる。競争政策と金融政策は、あらゆる個人が恩恵を受ける、しっかりした通貨と競争市場という集合行動問題を支援しようとするが、その恩恵は各個人が個別に実施するためリソースを割くほど大きくはないのだ。

第2部

我々の変化した経済を直すには

第4章

「学問と有益な技芸の進歩」——公共投資と知的財産の改革

各国政府は何十億ドルも毎年使って無形スピルオーバーの問題を解決しようとし、研究や教育に資金を出したり知的財産（ＩＰ）を保護したりする。だがそうしたニーズへの要求はますます高まっているのに、そのための仕組みはしばしば場当たり的か機能不全だ。それを修理するには、2つのパラドックスを解消して、大きな政治的ハードルを克服しなくてはならない。

政府の責任の相当部分は、無形資産に関連するあるひとつの問題を解消することだ。それは無形資産がスピルオーバーを利するという問題だ。公立学校や大学に通ったり、本やビデオゲームや音楽にお金を払ったり、携帯電話からステロイドまで無数の技術を使ったりなど、これまで公的資金による発明を使った製品の恩恵を受けた人は、スピルオーバー警察という形の政府と関係したことになる。

スピルオーバーへの対処が政府の仕事だという発想は広く認められている。理論的な観点からは、すでに半世紀以上も経済学者の間で確立されてきたし、[1] 政策立案者の間ではそのさらに前から常識だった。大規模な公共資金研究や公共教育の国家的な仕組みなどは、20世紀前半の富裕国で当然のものとなったし、IP法はさらに長い歴史を持つ。

政府は大学などの非政府組織と並んで、教育や研修、R&Dや芸術・クリエイティブなコンテンツに出資したり補助金を出したりする。また自分自身のために無形投資を行い、そうした無形資産の一部は広く重要なスピルオーバーを持つ（2つの例を挙げると、19世紀におけるアメリカ政府工廠の部品互換性を目的とした製造システムと、弾道ミサイルに使う半導体開発だ）。政府はまた、知的財産権（IPR）の仕組みを運営する。特許、著作権、商標などだ。

政府とスピルオーバー

スピルオーバーがストレートな形で機能するなら、無形投資を増やして生産性と成長を改善するための2つの明確な手法がある。具体的には、特許や著作権といった財産権を強化・明確化すべきだ。また、研究開発、教育などの無形資産への公共投資も増やす必要がある。残念ながら、これはそう簡単ではない。２つの大きなパラドックスのため、無形投資増加とＩＰＲ強化を困難で非生産的にさえしてしまう。加えて、こうした問題を克服するための政策を設けるには、大きな制度的ハードルがある。

第１のパラドックス：ｉＰｈｏｎｅとキャリーバッグ――量vs質

技術政策をめぐる論争をみていると、２つの起源物語が驚くほどしょっちゅう登場するはずだ。ｉＰｈｏｎｅとキャリーバッグだ。その開発の背後にある物語は、イノベーションのプロセスと、そこでの国の役割を描き出す。

ｉＰｈｏｎｅの物語は、マリアナ・マッツカートの影響力ある本『企業家としての国家』[2]〔邦訳・薬事日報社、２０１５年〕に登場するもので、こんな具合だ。みなさん、ｉＰｈｏｎｅを民間部門の勝利と思っていますね、でも全然そんなものじゃないんですよ。じつはその構成部品のすべて、タッチスクリーンの画面からチップセットのアーキテクチャ、ダウンロードするウェブページや音楽ファイルの符号化に使うプロトコルまで、その起源は巨額の政府投資にあるのです。国家なしにはｉＰｈｏｎｅもなし。これは無形投資がスピルオーバーを持ち、公的資金なしには過少にしか提供されないという鮮明な説明だ。イギリスの元科学担当大臣で保守派政治家デヴィッド・ウィレッツによると、この説明は多くの右派が、イノベーションは民間部門のお話に還元されるべきでないと説得するにあたり影響力が強かったという[3]。

キャリーバッグの話は種類がちがう。パイロットのロバート・プラスは、スーツケースに車輪をつけようと思いついた。そうすることで彼は手荷物を完全に変えた。ここでの論点は、こんな明らかに有用でいまやどこにでもある発明品が、2つの既存製品の単純な組み合わせだ、ということだ。科学ライターのマット・リドレーの表現では「ローラボードは、ずっと昔に発明されてもよかったように感じられる[4]」。キャリーバッグの例を持ち出す人々は通常、イノベーションのちがった側面を指摘するためにそれを使う。アイデアの特定の組み合わせが本当に重要なのだ、という点だ。そうした人々は、ときにはこの発想を使って、もっと過激で多様な思考を呼びかける。またときにはそれを使い、起業家精神の拡大や市場の拡大を訴える。

キャリーバッグの話は、無形資産のシナジーについての物語を語るのにも使える。既存の技術の適切な組み合わせを見つけることで、プラスは新しく価値ある技術をつくり出した。あらゆる発明がローラボードのようであれば、本当に重要なのは研究開発への総投資ではなく、そこから導き出せるきわめて固有の組み合わせなのだ。このイノベーション観は、1950年代と1960年代に経済学者の古い論争を反映したものだ。新古典派とケインズ派の経済学者たちは、資本の性質をめぐって大西洋をまたいだ壮大な論争を展開していたが、オーストリア学派の異端経済学者ルートヴィヒ・ラッハマンが、資本の仕組みについて独自の理論を提示した[5]。彼は、資産というのが基本的には異質性を持つから、それを総和して資本ストックを見極めようとする試みはすべて、見当はずれだと論じた。重要なのはむしろ、企業や起業家たちが資本をどのように組み合わせようとするか、ということであり、鍵となる経済問題はそうした組み合わせについての知識欠如（「未知の未知」）なのだ（ルートヴィヒ・フォン・ミーゼスからフリードリヒ・ハイエク、ラッハマン、イスラエル・カーズナーまで続く主題だ）。オーストリア学派支持者たちは、政策は投資の最大化にばかり注目するのではなく、そうした価値ある、新しい資本の組み合わせを見つけるように起業家たちを鼓舞することに注目すべきだ、という[6]。

資本の異質性と、組み合わせ知識の欠如は、今日でも経済学者たちにとって問題だ。我々のＧＤＰの計測は、資本がその費用や市場価値に基づいて有効に計測し積み上げられるという発想に基づいている。これは異質な資本が出てくるとやっかいだ。ｉＰａｄとボーイングの旅客機をどうやって足す？　さらに無形資産は有形資産よりなおさら異質性が高い。多くの有形資産は、車両から工作機械まで多くが量産されていて、中古市場で売買できる。これは無形資産にはあまりあてはまらない。特にイノベーションに関わるものはそうだ。それらが正しく組み合わされたときに大きなシナジーを示すということは、無形リッチな経済は、有形資産が大半を占める経済に比べて、ラッハマンやその後続者たちが表現した世界に似てくるということだ。だから今日本当に重要なのは、正しい無形資産を得てそれを正しい形で組み合わせることなのかもしれない。

こうした目標は、「量」vs「質」という形で性格づけられる。公的補助金を通じてスピルオーバー問題を解決するのは、無形投資の不足という量的な問題に応えたものだ。だが無形資産がしばしば異質性を持ち、正しい投資の組み合わせが本当に重要なのであれば、直面するのは質の問題だ。

交換を支援する制度は、質の問題の解決には邪魔になりかねない。スピルオーバーの集合行動問題を解決するには、研究開発資金を中央集権化された機関に委ねることだ。だが無形プロジェクトが組み合わせ／シナジーを必要とするなら、中央集権的機関が提供できないかもしれない情報が必要となる。同様に、そうした中央集権的機関は、影響活動を誘発することになるかもしれない。例えば科学者たちが自分のお気に入りのプロジェクトが選ばれるよう仕組む、などだ。一部の批判者は、いったん政府がプロジェクトを支援したら、それが失敗しかけていても政治的な理由で支援は継続され、新しくもっとよいプロジェクトが市場に入ってくるのを邪魔することさえあり得るという。もし政府がそんな行動をとらないと約束したら事態は改善するが、これはなかなか実現困難な目標だ。

量vs質？

政策担当者たちは伝統的に、質と量をどちらも実現しようとしてきた。政府は大学や政府研究所での公的R&Dに資金を出してR&Dの量を増やそうとし、起業家に税制優遇をしたりリスク資本に補助金を出したりして、アイデアのもっと賢い組み合わせを奨励しようとする。だがこの2つの目標が対立してしまうと、問題が生じる。特に、補助金で無形投資の量を増やそうとする政策が、その質を系統的に下げることになったら問題だ。この場合、一部の無形投資では公共投資に対して収穫逓減が見られるだろうし、まちがった無形資産が生み出されているという証拠も出てくるだろう。

こうした両方の問題については、公共無形投資の2つの重要な分野で状況証拠くらいは見られる。技術と科学の研究、および中等教育より上の教育や研修だ。どちらの場合にも、ほとんどの政府は無形資産のために大金を補助したりその資産を直接供給したりする。さらに、全体的で無差別な資本投資が経済的に重要だという広範な信念がある。政府は、自国が対GDP比でどれだけ研究開発費を出しているか細かく見ているし、それを増やすための目標も持っている。また高等教育を受ける若者の数も見ている。さらに教育となると、これまでは質が量に勝ると考えていた人々はまちがっていた。クローディア・ゴールディンとローレンス・カッツの記念碑的な研究『教育と技術の競争』〔未邦訳〕は、19世紀から20世紀初期のアメリカが、ヨーロッパ諸国に比べて就学年齢教育に巨額の投資を行い、結果として生産性便益を獲得したことを示している。ヨーロッパの当時の観察者たちは、将来農夫や単純労働者になる連中に読み書きを教えてどうするのか、と不思議がっていたのだった。[7]

いずれの場合も、「量的」アプローチが今日、問題を起こしているのでは、という証拠がある。ますます多くの文献は、科学技術研究の生産性が低下していると示唆している。ここではR&DとGDP成長率の関係といった、複雑な因果関係の話をしているのではなく、R&D投資とその成果との関係というもっとストレートなものを見ている。[8] こうした減速の定量的証拠と並んで、公的資金提供システムがブレークスルー的な研究をむずかしくするという印象論の報告はたくさんある。[9]

似たような証拠が中等教育以上の教育についても見られる。大卒者が非大卒者に比べて享受する給与の上乗せ分は、着実に縮んでいるようだし、ますます多くの大卒者は大学学位など必要ない仕事しか得られない。２０１８年のイギリス政府が行った高等教育のレビューが述べるように「イングランドと北部アイルランドの大卒者の34％は学位が必要ない職に就いており、これはアイルランドとチェコ共和国を除くあらゆるヨーロッパ諸国よりも高い水準である」。[10] そして多くの大学学位は、個人を将来の仕事に向けて適切に訓練していないという発想は、政治家、企業のリーダー、世論リーダーたちが広く口にするものだ。この考えは、アメリカやイギリスなどの国における教育システムは、具体的な技術技能をうまく提供できていないという信念と手を携えており、これは雇用者にとっては大きな問題となる。

こうした問題は、３つの個別の仕組みにより後押しされているようだ。公的投資の分配のルールは本質的に不完全だということ、技術変化に伴いルールを更新するのがむずかしいこと、公的資金提供システムは利益団体に取り込まれやすい弱さがあるということだ。

公共投資分配の欠陥ルール

最初の仕組みは、目標やルールが持つ倒錯的な影響だ。政府は決まりごとの生き物だ。彼らがR&Dの税制優遇を設けたり、学術研究に資金を出したり、大学教育に補助金を出したりするときには、政府の職員が大規模に適用できるくらい簡単なルールを元にしなくてはならない。だから、ルールの意図と、実際のルール自体との間には必ず齟齬が生じる。例えば政府の意図は、社会にとって最大の便益をもたらす最も有望な科学研究プロジェクトに資金提供することかもしれない。だが研究の社会的便益は事前に計測するのがきわめて困難だから、実際には政府は他の物を計測する。例えば研究者の補助金申請の品質とか、研究者の論文実績、彼らが勤める機関の善し悪しなど、「期待社会便益」の近似となる各種の他の変数だ。だがいずれも、せいぜいが不完全な代理指標でしかないのだ。

１９７０年代に心理学者ドナルド・キャンベルと経済学者チャールズ・グッドハートは、定量化されたインセンティブは常に歪んだ結果をもたらすと主張する、それぞれの名前をとった法則を考案した[11]。つまり、ある指標を目標にしたらその指標が腐敗する、ということだ。キャンベルの法則とグッドハートの法則は確かに、公的研究資金の分野では利いているらしい。いわゆる「計測の潮流」、つまり富裕国の研究者や研究資金がますます高度なパフォーマンス管理と評価プロセスの対象になるのは、決して単によい面ばかりとは思われていない。とんでもなく非効率なやり方や学閥の専横はある程度なくしたが、一方で大量のブレークスルー的な業績を押さえつける結果となり、プロジェクトの提案書やコンプライアンスばかりにやたらに時間が割かれる結果となっている。

技術進歩に伴いルールを変える

無形資産を補助するためのルールは、不完全だし、ときにはひたすら倒錯していることもある。それは投資の実施方法についての古くさいモデルに基づいていたり、重要な種類の投資を見すごしていたりするからだ。２つの例を考えてみよう。研究におけるソフトウェアツールやデータの重要性増大と、再現性危機と呼ばれるものだ。

ここ数十年の計算力の爆発的な向上で、データ集約研究のリターンが高まったという点は広く合意されている。[12] 多くの研究は新しいデータ集合の作成と分析を中心にしており、そのための新しいツール開発も同時に進められる。例えばＯｐｅｎＳＡＦＥＬＹを考えよう。これはイギリスの患者の全国保険サービス電子健康記録からのデータを、医療研究者が安全かつ匿名化して研究できるようにするデータプラットフォームだ。このおかげで、きわめて大きなデータセットを使い、緊急性の高い新型コロナ関連研究ができる。[13] このプロジェクトリーダーのひとりベン・ゴルダカーはしばしば、伝統的な研究資金提供機関にこうしたデータセットやツール開発に資金をつけるよう説得するのがむずかしいこと、そしてそれを、伝統的な学術出版とならんで正統な研究成果として認知してもらうのがむずかしいことを書いている。研究資金提供者の態度は変わりはじめているが、そのプロセスは緩慢だし、資金提供者の官僚的な性質がその足を引っ張っている。

科学で広く認識されているもうひとつの問題は再現性危機だ。[14] これまで信頼できると思われていた各種の研究結果が、じつは不確実だったというものだ。そうした成果の元になる実験を研究者たちが再現しようとすると、同じ結果が得られず、元の発見はせいぜいがまぐれ、最悪なら詐欺の結果だったのではと示唆されるのだ。「プライミング」という心理学的現象——例えば老人についての単語や映像をたくさん見せられた人々は、無意識のうちに「老いた」ふるまいをするようになる、といった話——は、実在しないか、心理学者たちが思っていたよりもずっと弱いらしい。再現性危機は、昔から尊重されてきた知見が本当に再現できるかを調べる系統的な試みを生み出した。[15] こうした再現の試みにはしばしば、ジョン・アーノルドなどの慈善家が出資している。再現活動はきわめて価値ある活動となり、人類の知識ベースを大幅に広げられる可能性がある。だがここでも、伝統的な研究資金提供者はそれを支援するのを嫌がるし、学術機関も再現研究を、研究者にとってステータスの高い活動とは見なしていない。

一部の評論家は、科学資金提供者は新しいデータ集合やツール構築と再現実験にはるかに多くのお金をまわすべきだと論じている。[16] だが資金提供組織の変化は遅いし、しばしば研究実施方法の技術変化に対応するインセンティブが弱く、そのためこうしたシフトを実現するのは困難となっている。

利権による捕獲

制度捕獲と利害対立も一役買っている。一部の学術研究者は、自分たちの研究から有益なスピルオーバーが生まれるかどうか、政府機関ほどは興味がない。大学はふつう、学生を教育する見返りとして学費を受けとる強い利権を持っているが、その学生たちにとって後の人生で有益なことを実際に学ばせるインセンティブはずっと弱い。政府はときに、もっとルールや指標を導入することでこの問題を解決しようとする。それが役に立つこともある――だが、すると話はキャンベルの法則やグッドハートの法則に逆戻りだ。

第2のパラドックス：ブラックベリーと「ブラード・ラインズ」――IPをめぐるジレンマ

政府が無形スピルオーバーの問題を軽減しようとする別の方法は、IPRだ。特に特許や著作権を通じたものだ。ここでもまたジレンマがある。

IPRの背後にある基本的な発想はストレートなものだ。競争相手がアイデアをコストなしにすばやくコピーできてしまったら、企業がそうしたものを発明する手間暇をかける金銭的なインセンティブは減る。言い換えると、政府はスピルオーバー問題を解決するために、発明者たちに彼らのつくり出した無形資産について一時的な独占を与え、他の人々がスピルオーバーを利用するのを禁止するのだ。

だが特許や著作権の問題については、しっかりした記述の文献がある。iPhone発明前までは最も人気あるスマートフォンだったブラックベリーを考えよう。2000年にブラックベリーを所有するRIMやその他の携帯電話企業はNTPに訴えられた。この小企業の主要な事業は、無線系の特許をいくつか所有して、それに違反したといって携帯電話会社を訴えることだった。NTPの主張はどう見ても無理があるものだったが、6年にわたる高価な訴訟の挙げ句、RIMは和解金6億1250万ドルを払う結果となった。この事例は古典的なパテントトロールの例だ——特許を使ってイノベーターからお金を強請《ゆす》り、そもそもイノベーションに投資しようというインセンティブにプラスの効果はまったくもたらさない。研究者ジェームズ・ベッセンとマイケル・ミュラーの推計では[17]特許訴訟は1990年代末の総R&D費用の14%を占めており、本当に驚くほどの無駄だ。特許戦争はスマートフォン産業の不可欠な一部となったのはまちがいない。経済学者のミケーレ・ボルドリンとデヴィッド・レヴァインは、マイクロソフト社やアップル社が大量の特許を使って、グーグルによるスマートフォン市場参入の足を引っ張った様子を描き、グーグルが2011年にモトローラ・モビリティ社を125億ドルで買収したのは、その特許ポートフォリオを買うためだったと主張した——特許技術を直接使うためではなく、アップル社やマイクロソフト社への対抗訴訟の根拠として使うためだ[18]。

別の観点としてはロビン・シックとファレル・ウィリアムスによる2013年のポップソング「ブラード・ラインズ」を考えてほしい。「ブラード・ラインズ」は、歌詞とプロモーションビデオも女性蔑視的だと広く非難されたが、IPの面からも議論となった。リリースの2年後、あるカリフォルニア州の陪審員は、シックとウィリアムスがマーヴィン・ゲイの1977年の「黒い夜」をコピーしたとして、著作権侵害で740万ドルの損害賠償を命じたのだ。この事件で変わっていたのは、「ブラード・ラインズ」がある程度はゲイの歌へのパスティーシュまたはオマージュなのはまったく疑問の余地がなかったということだ。だがそれは、ウィリアムスとしては剽窃にならないと確信できる形で書かれていた（シックは、ヴァイコディン〔麻薬性鎮痛薬。アメリカでは娯楽目的で使用される〕と酒で意識が飛びすぎていて、歌を書いたのもほとんど覚えていないという）。陪審員たちは——陪審員たちがときどきやることだが——ミュージシャンたちの音楽著作権法理解のゴールポストを動かして、実質的に大幅に厳しく、もっと不確実なものにしてしまったのだった。有力なソングライターのジャスティン・トランターの表現では、最近の目立つ剽窃裁判は「まちがいなく人々をいろんなセッションで尻込みさせている。つまり「ああクソッ、これってちょっとアレに似て聞こえないかな」……どうかしてるよ。オレの知っているレーベルはいまやリリースする曲すべてについて音楽学者たちを雇ってる」[19]。

こうした物語はIPRの大きな問題をいくつか示している。まず、企業がゼロサムの法的もめごとに手間暇かけるよう奨励してしまう。プラスサムのイノベーションにお金を使うのではなく、例えばパテントトロールや鑑識音楽学者を雇うのにお金をかけるのだ。第2に、それは法学者マイケル・ヘラー[20]が「グリッドロック」と呼ぶものをつくり出す。古いアイデアが障害物となってしまうという事態だ。イノベーションはちがったアイデアを混ぜ合わせるものだから、ゲイの遺産管理団体による「ブラード・ラインズ」訴訟のような嫌な不意打ちをつくり出し、あるいは単純にあまりに面倒すぎて交渉できないような許可のごった煮をつくり出したりする。このごった煮は、何十ものサンプリングで構成される歌をつくろうとする、現代のパブリック・エネミーたちをおそらく打ち倒してしまうだろう。

ＩＰ反対者は、特許の便益は誇張されているという。ボルドリンとレヴァインは、特許が存在しなくても先行者優位性があるから、イノベーションに投資する企業にとって十分な報酬になるという。例えば、アップルの競合他社がｉＰｈｏｎｅに似た製品をつくるには1年かかり、その間にアップル社は新世代のスマートフォン市場に対する独占的な支配力を享受できたという。彼らはさらに、特許のもともとの動機――具体的には、それがイノベーションを「公開」という意味でのパテントにして、他の人々がそこから学べるようにすること――がもはや有効ではないという。というのもほとんどの特許は、その根底にある技術がどういう仕組みで動くかについて真の開示を提供しないような形で書かれているからだ。

そうはいったものの、ＩＰＲを丸ごとなくすべきだという極端な主張が正しいかどうかは、そもそも実証されていないどころか、有害かもしれない。ゾリーナ・カーンなどの経済学者は、特許制度の歴史について詳細に記述しているが、特許はアメリカ経済に本質的な貢献をしていると主張する。[21]ブロンウィン・ホール、クリスチャン・ヘルマース、マーク・ロジャース、ヴァニア・セナによる研究論文のレビューは、企業は自分たちのイノベーションを保護するために特許、

図4.1　タバロック曲線

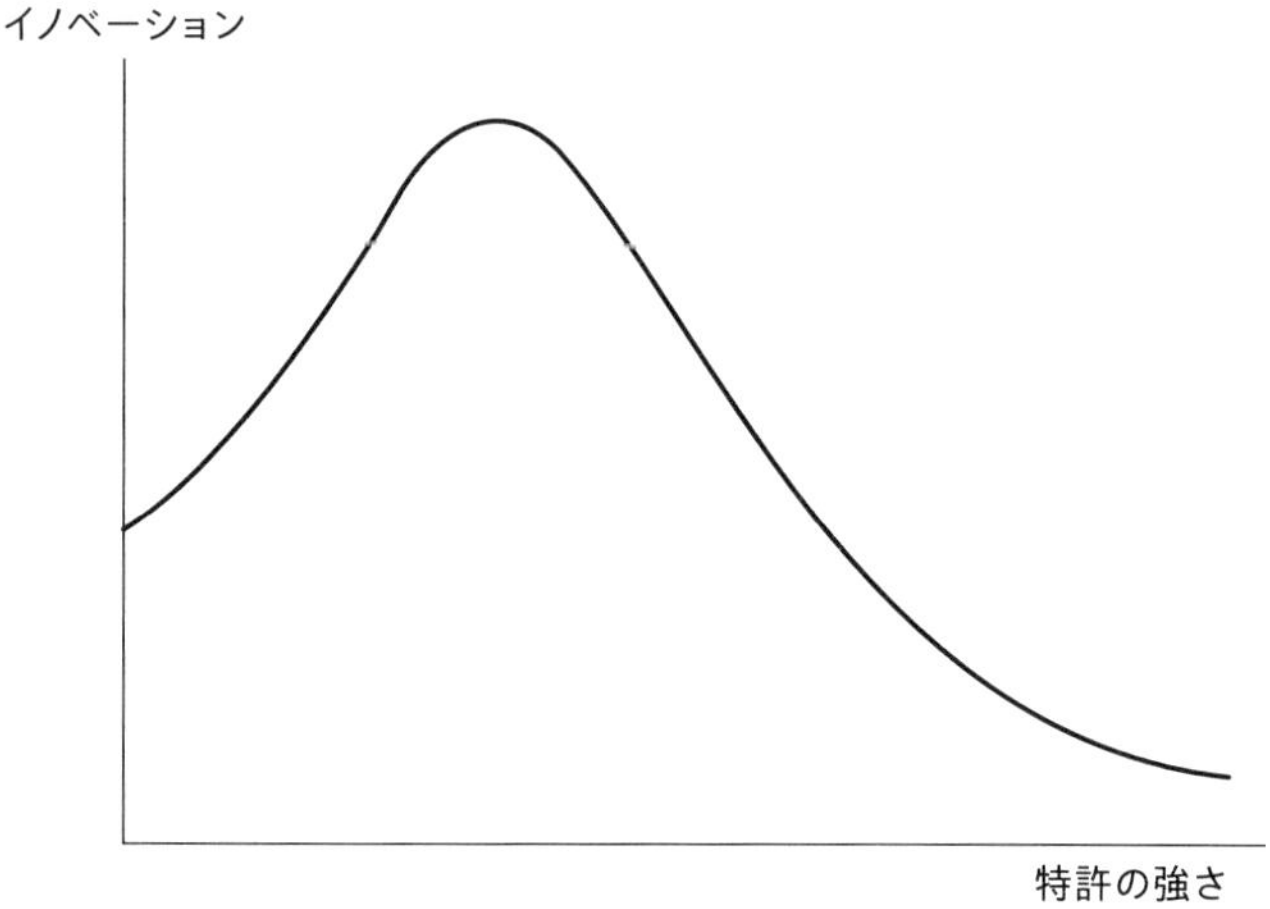

出所：Tabarrok 2013.

他のＩＰＲ、事業上の秘密や他の権利の複雑な組み合わせを使うという。だから特許廃止論者たちは、自分が十分に理解していない形で機能するものをなくそうとするという、チェスタートンのフェンス（「なぜフェンスが建てられたのかわかるまで、決してフェンスを取りはずしてはならない」。イギリスの推理作家クラブの初代会長を務めたＧ・Ｋ・チェスタートンの唱えた考え方）の誤謬を犯しているかもしれないという[22]。そして複製費用が安い一部の活動——例えば創薬や出版——はＩＰＲがなければ激変するし、それもよいほうにではないという。経済学者アレックス・タバロックはそのトレードオフをタバロック曲線（図４・１）にまとめた。Ｙ軸はイノベーションで、Ｘ軸は特許の強さだ。曲線は逆Ｕ字になる。特許がなければイノベーションは比較的少ない。特許がやたらに強くなると、それはさらに減る。だがその両極端の間では曲線は上がる。IPRなしとあまりに厳しいものとの間には、幸せな中間地帯があるのだ。

ここで本当に起きているのは、公的資金による無形投資の議論で先ほど提示したものと似ていると考える。曲線の基本的な形は、無形投資のスピルオーバーとシナジーのトレードオフに動かされている。スピルオーバーが豊富で大きければ、強いIPRは有益だ。好例が出版産業だ。著作権がなければ、最新の『ハンガー・ゲーム』『ハリー・ポッター』の小説を発表翌日にコピーして著作権料なしで売るのは簡単だ（ファイル共有はすでに大量のコピーを無料で提供している）。ベストセラーを書く報酬は減る。だが無形資産の間のシナジーが支配的な影響を持つなら、きわめて制約的なIPルールは大きく足を引っ張る。これはボルドリンとレヴァインのスマートフォン産業の描写に似た世界となる。あるいはリドレーのキャリーバッグの世界と同様だ。これは新製品が歴史的なイノベーションを大量に使う必要がある世界となる。この世界では、イノベーター候補たちは他の関連イノベーション所有者たちの権利主張に使用料を支払うため大金を使うか、そもそもイノベーションなどしないかの選択を迫られる。

この議論はイノベーションに関連する無形だけでなく訓練や教育にも拡大できる。研修におけるIP保護に相当するのは、研修の資金を出した企業に労働者を縛るルールだ。こうしたルールは非競合条項（競合他社への転職を禁じる雇用契約条項）、会社貸付の返済免除、未研修労働者の採用禁止（例えば職業ライセンス）などといった形をとる。こうした仕組みのマイナス効果は大量に記述されている。職業ライセンスについては、経済学者モリス・クライナーなどは、歯医者や住宅ローン仲介業などの制限が多いアメリカの州では、価格は上がるが品質は上がらないことを実証している[23]。

それ以上に、IPルールは公的無形投資を提供するシステムと同じ3つのリスクに直面する。グッドハートの法則が発動するのは、イノベーターたちがイノベーションそのものより、IPルールを出し抜くことばかりに専念するときだ。初期のヒップホップアーティストたちが、音楽著作権保有者から受けた攻撃を見ると、ある目的に合わせて基本的につくられたIPレジームが技術変化とともにずっと有効性を失うという例がわかる（この場合は、サンプリングの物理的な技術ではなく、音楽スタイル自体の「美的技術」だ）。そしてもちろん、IPの分野はロビイングや特別利権まみれだというのは誰もが認めるところだ（著者のひとりがイノベーション政策についてアドバイザーを務めていた頃、ロビイングを仕掛けてきた最も気持ちのいい技能の高い――そしておそらくは最も高価な――ロビイストたちは、まちがいなくIPR所有者のために働いていた）。

IPRと中央集権化

まとめると、無形投資の公的資金提供とIPRの範囲をめぐる議論は、2つの現象に根差している。無形のスピルオーバー（そしてそれが無形投資をためらわせる効果を政府がどうやって軽減できるか）と、無形のシナジー（そして政府ができるだけ多くのシナジーをつくり出す条件をどこまでつくり出せるか）、ということだ。もし無形資本がかなり同質性が高くスピルオーバー効果がとても強いと思うなら、強いＩＰ権を重視して、無形に対する公的補助の強化を支持しよう。これは無形補助の量的理論だ。もし無形資本がきわめて異質性が強く、ずばり正しい組み合わせを得る便益がきわめて高いと思うなら、無形投資の総量を犠牲にしても、もっと穏健なＩＰレジームを支持し、起業家精神にあふれた実験を奨励するシステムを重視すべきだ。これが質的理論だ。

もっとよいシステムの設計

スピルオーバーに対する補償とシナジー促進との間にトレードオフがあるという発想は、ＩＰと無形補助の仕組みを改革しようとする多くのありがちな政策提案を理解するのに役立つ。例えば、エドマンド・フェルプス『なぜ近代は繁栄したのか』〔邦訳・みすず書房、２０１６年〕やマット・リドレー『人類とイノベーション』〔邦訳・NewsPicksパブリッシング、２０２１年〕で述べられている主張は、シナジー問題は大きく、スピルオーバー問題は比較的小さいという発想に基づいている。[24] マリアナ・マッツカート『企業家としての国家』の中心的な主張は、政府がＲ＆Ｄ

などのイノベーション投資に資金を出すのはスピルオーバー問題が最も重要だという発想に基づくものだ[25]。だから大きな価値あるブレークスルーの可能性を得るためには、大量のイノベーション投資が必要となる。

『企業家としての国家』のもうひとつ重要な発想は「ミッション指向」の投資だ。政府はグリーン技術やヘルスケアといった特定分野の研究開発に集中する[26]。こうした投資の試みは公的補助の品質問題を解決しようとするものだ。理屈の上では、そこそこよい政府計画があれば公的資金を最も価値ある研究分野に集中できる。リドレーのような品質論者たちはこれに反論して、品質の問題は単に社会的に便益ある目標を選ぶということだけでなく、広範な起業家精神あふれる実験を可能にするということなのだと指摘する。無形投資の優れた組み合わせを見つけるのは、あるひとつの組織だけで正解を出すには複雑すぎるからだ。

こうした二律背反は、高等教育資金をめぐる論争についても見られる。イギリスなど多くの富裕国では、政府の政策は昔から、大卒者が増えるのは基本的によいことで彼らの教育という形の無形投資は補助する価値がある、という発想に基づいていた。補助金の根拠は一部はスピルオーバーであり、一部は若者たちが資本制約を受けているという信念だ。世界中で50年にわたる大学拡大が行われたのは、無形資産の量的理論のあらわれだ。もちろんこの拡大に対する批判は広がっている。ピーター・ティールがティール・フェローシップを設け、賢い子供たちが大学に進学しないことを条件にした資金を出しているのはその例だし、またイギリスの２０１８年高等教育レビューにも批判が見られる。この批判によると、大学教育のかなりの部分は生徒にも、雇用者にも、社会にも役に立たない。リベラルアーツ系の学位はあまりに一般的すぎるし、大学資金提供システムの性質は、大学や学生たちが本当に役立つことを教えたり学んだりするインセンティブとしてきわめて弱い。批判者たちによれば、むしろ必要なのは、教育の量を減らして質を改善することだ。ハード科学の学位を増やし、高品質な見習いや技術研修プログラムを増やすのだ（ここには生徒たちが学ぶ技能と、それを雇用しようとする企業の資産との間に高いシナジーがある）。この種の教育はもちろん質的理論の働きによるものだ。

ＩＰレジームや公的資金を取り巻く３つの問題への対応として、お馴染みの改革案はいろいろ登場している。その問題とは、不完全なルール問題、レントシーキング問題、システムが確実に技術変化に対応しにくいという問題だ。もっと裁量余地のある資金提供機関、例えばアメリカの空想的な国防高等研究計画局（ＤＡＲＰＡ）のようなものの提案は山ほどある。イギリスは２０１９年に独自のものを発表したし、アメリカでは類似だがもっと大規模なものが２０２０年に議会に提案された[27]。こうした計画は、資金審査職員に先鋭的なプロジェクトを選ぶ大きな裁量権を与えるが、ますます指標ベースで官僚化された研究資金提供システムの圧政を逃れる試みと見られる。そうしたシステムはときに学会の利権に捕獲されていると糾弾されているからだ。

同様に、ボルドリンとレヴァインが提案した特許制度改善の提案もまた、ルールをイノベーションの性質に適した形にしようとする――例えば反トラスト、貿易、研究、特許の政策間でもっと連携を密にして、部門によって特許の期間を調整し、特許を与えるときには技術的な証拠だけでなく経済的な材料も考慮するといったものだ。タイラー・コーエンとベン・サウスウッドによる医薬品の特許と規制改革提案は、その仕組みに医薬品の発見と試験における発達を反映させろという。例えばコンピュータモデルの役割変化、医薬品承認における代用エンドポイント〔臨床試験における治験薬の有効性や安全性をはかるための評価項目をエンドポイントといい、代用エンドポイントは、治療行為に対する評価を短期間で行うための評価項目をいう〕の役割、既存および伝統的な医薬品の新しい利用法を発見するときの医師主導実験の役割などだ(28)。

似たような主張は、政府が補助する無形資産のリスト拡大についても言える。教育と科学研究の資金提供は、20世紀初頭から政府活動として適切と思われてきた。スピルオーバーを持つ他の無形投資はそれほど受け入れられていない。例えばオープンソース・ソフトウェアを考えてみよう。ナディア・エグバル『道と橋』〔未邦訳〕によれば、ほとんどの技術プロジェクトは、ボランティアが設計維持するフリーソフトに依存している(29)。この費用を分かち合おうとする試みが見られはじめている——例えばコードのリポジトリーGithubが2019年に開始した「スポンサー」イニシアチブでは、大企業にオープンソースの費用を拠出するよう説得している。論理的に考えて次の一歩は、公的な研究資金を使ってオープンソース・ソフトウェアの費用をサポートすることだ。オープンデータ運動は、政府が重要な問題についてもっとデータを作って公開するよう求めるもので、増えてはきているが、まだかなり新しい動きだ。医学研究者でもある科学ライターのベン・ゴールドエイカーは、研究への出資者たちは論文発表につながる研究だけでなく、データツールへの資金提供もうまく行ってほしいと論じる。[30] ダン・デイヴィスによれば、公共サービス放送はしばしばラジオ・テレビ業界を広く養成するという、あまり認知されていない役割を果たしているが、そうした放送局が商業局の提供しない高尚な内容だけしか提供を認められないと、その役割も弱まりかねない。[31]

提言

こうした提言をまとめて、どこの先進国の経済政策担当者にでもピンとくるはずの形にしてみよう。

まず、IPRは慎重な形で弱めるべきだ。その範囲が拡大された領域ではそれを戻そう――例えばソフトウェアや普通のビジネスプロセスの特許を廃止し、一部の産業では特許期間を短縮し、根底にある技術を機能させる中核部分の適切な開示を要件として、一部の社会的に望ましい抗生物質のような発明に対する賞や特許買取を導入する。[32] 世界がコロナワクチン開発に突進していた頃、経済学者ジョシュア・ガンズはコミットメント問題解決のために賞金を使うよう提案した。ここでのコミットメント問題とは、コロナワクチンを見事開発しても、政府がそのワクチンを市場価格以下で接収してしまうというリスクが生じるということだ。これは2021年には大論争となった問題だ。[33] こうした重要なイノベーションを買い取るという事前のコミットメントは、政府から見れば最適かもしれない。ワクチンは人命を救うだけでなく、経済の他の部分も救うからだ。だが政府は、ワクチン会社がサンクコスト分について報われるようなコミットメント方法を考えねばならない。

とはいえ、ワクチン開発の経験を政府のイノベーション政策全般に適用しないほうがいい。賞は、イノベーションの特定が簡単ならば機能する。例えばチャールズ・リンドバーグはニューヨークからパリまで無着陸で飛んでオルティーグ賞を受賞したし、3人を上空100キロまで到達させた賞金1000万ドルのアンサリX賞の勝者たちは、2週間以内に2回成功した。ワクチンの受賞要件は特定しやすい（例えばある有効性水準）かもしれないが、あらゆるイノベーションがそんなに簡単に定義できるわけではない。実際、普通の賞金ではなく使えるコロナワクチンを買うという事前のコミットメントが必要だったのは、イノベーションはワクチンの製法と適切な製造プロセスの両方を必要としていたからだ。

第2に、基礎研究や教育以外に他の無形投資についても公的な資金提供を増やすべきだ。これはうまく設計された職業訓練（国営放送や国有芸術組織が直接提供する訓練も含む）、オープンなビッグデータやオープンソース・ソフトウェアプロジェクトへの投資増大、産業開発の増大（例えば研究開発の税制優遇や、イギリスのカタパルトセンターのような公的研究所への資金提供）だ。

最後に指標の洪水と分野の利権による研究資金捕獲に対処するためには、一部の研究開発の公的資金提供者に、先鋭的で挑戦的なプロジェクトを支援する裁量を与えるべきだ。これは、そうした役割を果たせる優れた人材をリクルートできるかどうかで塩梅すべきだ。

政治的問題２つ

こうした提言はどれも特に異論が多いものではないし、ほとんどの政府は少なくとも口先ではそれを支持する。左派寄りの政府なら、政府が課題を決めるグリーンニューディールのようなものを強調したがるし、右派寄りの政府ならＤＡＲＰＡ型研究と起業家精神を重視するだろう。だが左派のアレクサンドリア・オカシオ＝コルテスやジョン・マクドネルと、他方では右派のピーター・ティールやドミニク・カミングスとの間には、ちがいよりも類似点のほうが大きい。これは10年前にはあり得なかった。だがおおまかな政策ミックスをまとめるのは、最もむずかしい課題ではない。そうした政策を実施し、しかも大規模にうまくやるためには、政府はいくつか重要な政治的問題と対決せねばならず、既得権益のいくつかに挑まねばならない。

具体的な問題は２つある。最初の問題は、システムの能力拡大と、ロビイングやレントシーキングからの保護との緊張関係だ。第２の問題は、リソースやステータスを評判の悪いエリートに移転することになるはずの政策について、政治的な理解を得ることだ。

最初の問題を考えよう。確かに公的な補助のレジームとＩＰ問題は対立関係にある。一方では、そうしたレジームには外部からの影響にきちんと抵抗してほしい。その一方で、個別の技術ニーズや技術変化にはしっかり目を向けて、どうしても不完全になるルールの圧政には負けないでほしい。この緊張関係は難題となる。我々が懸念するこの種のロビイングに抵抗するための古典的な方法は、組織が硬直したルールで自分をしばることだからだ。経済学者ポール・ミルグロムとジョン・ロバーツは、1988年に組織が影響活動に抵抗するには、裁量を制約するルールを決めればいい話を述べた重要な論文を発表した。オデュッセウスが帆柱に体を縛り付けたようなものだ[34]。古典的な例は中央銀行の独立性だ。何十年にもわたり、政府は短期的な政治圧力に対応して金利を変動させてきた。だがこうした変動は中期的な経済成長を引き下げる。金利設定を独立の中央銀行の手に任せて単純なルールを使わせるのは、誘惑をなくしてロビイングから身を守る手法だった。そして実際、こうした戦術は無形投資を扱う各種の政府機関に見られる。イギリスでは、政府はホールデン原則への準拠を謳う。研究資金の選択は政治家ではなくその分野の専門家が決める、というものだ。イギリスの知的財産局は、政府本体とは距離を置いた機関として、通常の政府部局とは離れたテクノクラート的な権限を持っている。

だがこのアプローチには大きな欠陥がある。政府とは切り離されたルール依存の機関は、高品質な無形投資よりもルールのかけひきを奨励するグッドハートの法則の罠に陥りやすい。いったん政府がある任務を別の独立組織に切り離して介入しづらくすれば、それはまさに技術変化でルールの変更が必要となったときにも方針変更が困難ということだ。そして政治的な独立性は脆い戦略になりかねない。ルールががっちりしていれば、確かにロビイングは困難になる。だがルールや仕組みに裁量の余地があれば、非政治的な団体は政府自体よりも外圧に弱くなりかねない。というのも非政治的な組織は定義からして政治力が小さいからだ。

また政府は、政治力を特定の問題や立場にコミットさせることで、ロビイングや影響活動に抵抗する。政府が何かを優先事項にしてリソース――お金、分析能力、意思決定者の注目や時間、人気が落ちてもかまわないという決意、支援の政治的な連携を構築する能力――をそこに振り向けると、通常はかなりの影響活動やロビイングに抵抗できる。普通の経験主義からしても、何かが政府の政治的な優先事項なら、金持ちや熱心な圧力団体をかなりうまくあしらえる。ブレグジットはまさにその好例かもしれない。

このすべてから見て、政府はタバロック曲線を自分に有利なように動かせる。スピルオーバー問題を解決する政策の便益を実現しつつ、できるだけ多くのシナジーを温存できるのだ。だがそのためには、研究開発、教育、ソフトウェア、データなどの無形投資に資金を出すにあたり、国の能力への投資が必要となる。国の能力の一部はリソース獲得問題だ――技術面の技能を持つ職員を雇い、分析能力を構築し、そうした能力を使って無形投資を行い、うまく運営されたＩＰレジームを実施するのだ。だがこれは政治資本を注ぎこむということでもある。こうした機能は、ロビイングや捕獲を寄せつけず、公的資金への要求をサポートするための政治的な支持が必要なのだ。

ここから第２の政治的な挑戦が出てくる。正統性だ。もし政府が納税者のお金をもっと無形に投資し、国の能力に本気で投資をして、政治資本を使ってシステムを不当な影響から守りたいなら、政府は政治的に帳尻を合わせる方法を見つける必要がある。残念ながら、こうした投資のどれひとつとして、ポピュリズムとステータス格差の時代にあっては擁護しやすいものではない。無形投資を生み出し管理する組織はしばしば、侮蔑的に大都市エリートと呼ばれる人々に運営されている。こうした集団は科学者、大学の学者、弁理士、テクノクラートたちで構成され、みんな活発な大都市で働いている。これは、ほとんどの政党が喜ばせたがっている人口的、地理的な有権者たちではない。それどころか近年では、世界中の多くの政党はこうした集団をこれ見よがしにいじめて見せることで成功してきた。さらに問題となっている争点は、ほとんどの場合は大衆が重視する心に迫る訴えでもないし、日々の生活に関わる政治でもない。病院、国防、貧困、不正は有権者の感情に訴える。特許政策はそうはいかない。

考えられる解決策はいくつかある。限られた数の政府にしかできない選択肢だが、無形投資を外部からの脅威に対する対応として提示する手はある。政治学者マーク・ザカリー・テイラーは、強い外部脅威の均衡に直面した国（険悪か敵対的な近隣国、比較的少ない国内の緊張）はイノベーション（研究開発など無形投資への投資の関数）の最も強い実績を持ってきたという[35]。テイラーの「急速イノベーター」の一覧に含まれるのは日本、イスラエル、台湾、韓国、シンガポール、フィンランドで、そのほとんどは国内の一体性と明確な外国の脅威とを組み合わせている。テイラーは、外部の脅威を持ち出すことで、イノベーション投資反対論への克服がしやすくなったと論じる。確かにこうした国々は、研究開発を奨励する強い有能な機関を持っていると思われている。イスラエルのイノベーション庁、フィンランドのＴＥＫＥＳ（イノベーションへの出資機関）、台湾のＩＴＲＩ（工業技術研究院）、日本の通商産業省／経済産業省だ。だが彼らの成功は単に豊富な国の投資の結果ではない。こうした国々は同時に、大量の成功した起業家精神の条件をつくり出し、無形の量だけでなく質も実現した。ボブ・ジョンストンは、日本の技術的な起業家精神の重要性を『チップに賭けた男たち』〔邦訳・講談社、１９９８年〕で雄弁に描いている。[36]こうした国々の一部は、各種の世界教育ランキングでも好成績をあげており、これまた無形投資のうまさと関連づけられるものだ。残念ながら、ほとんどの国はこのアプローチができない。険悪な近隣国が近くにあるという幸運がなかったり、国内的な一体性がないという不運を抱えていたりする国々は他の方法を試すしかない。

ひとつ考えられるアプローチは、政治資本を他で買って、それを無形投資向けの国家能力増強に使うことだ。２０１９年末には、イギリス政府の主任戦略顧問でブレグジット設計者のひとりドミニク・カミングスが、ワッツアップ（WhatsApp）でのプロフィール標語として「まずはブレグジット、続いてＡＲＰＡ」を使っていたと報じられた。ブレグジットは、その是非についてはいろいろ言われているが——イギリスの２０１９年総選挙とあいまって、支配与党はじつに曖昧な「ブレグジットをやりとげる」の旗印のもとに戦った——政府の力を大幅に増やし（２００５年以来最大の議会多数派を実現した）、カミングスにＤＡＲＰＡをモデルとした青天井の資金提供機関を設立する機会が与えられた。カミングスのブログ投稿を見ると、彼にとってのブレグジットの意義は、システムを潰して国家の力を構築する余地を、特に研究資金提供の分野などで実現することだったらしい。

政治家にとって別の選択肢は、無形投資がもっと政治的に響くようなナラティブを編み出すことだ。政府が公的無形投資を行った、小さいが重要な例としては、２０１０年代初頭のイギリスにおけるオープンデータ運動がある。イギリス政府は、それまで閉ざされていたじつに大量のデータセットを無料で公開した。その動きを支援するためにオープンデータ研究所を設立した。これは公的資金による独立機関で、オープンデータ分野における国家の能力を明らかに高めた（例えばデータをオープンにするためのガイダンスや技術支援を行うなど）。その創設者はワールドワイドウェブを発明したティム・バーナーズ゠リーと計算機科学者ナイジェル・シャドボルトだ。この運動は、政治的支援を得ていなければずっと難航していたはずだ。その政治的な支援をもたらしたのは特に、上級のイギリス内閣府大臣フランシス・モードだ。この支援の一部は、有益ながら単純化した政治的ナラティブの作成とつながっていた。オープンデータは「アームチェア監査人の大群」（特定の問題に関心を持って決算書を読む一般市民を指す）が政府支出やその有効性を監視できるようにする、という発想だ。この発想は小さな国家を目指す保守派にとっては、特に公共支出削減の時期にあってはかなりの政治的正統性を持つ発想だった。アームチェア監査人という物語は、まったくの作り話ではないが、過度の単純化に近い話ではある。だが実務的にみると、政治的支援を勝ち取るにあたり有益な役割を果たした。これがなければオープンデータなど、多くの保守派政治家たちには目先の変わった浪費にしか思えなかったはずだからだ。よい政策を正当化するための、情緒的でイデオロギー的に正しい方法を見つけるというのは、政治家や政策実業家たちの重要な仕事だし、政府内では特にそれが顕著だ。

まとめ

公共部門のイノベーション支援には大量のトレードオフがつきまとう。アイデアからのスピルオーバーは、集合行動問題を引き起こすので、中央集権的な調整の必要性が示唆される。だがアイデアを組み合わせる必要があるなら、中央集権化は市場調整システムがもたらす、分散型の組み合わせプロセスを阻害しかねない。さらに中央集権的な行動は、無駄の多い影響活動を引き起こし、民間投資家たちが自分たちの好きに費用を注ぎこむのを黙認できない中央集権的機関を引き起こしかねない。経済と政治改革はこのプロセスを支援してくれる。具体的には、ＩＰ保護を少し減らして、もっと競争を増やし、政治的資本をもたらすのだ。

第5章

金融アーキテクチャ――無形リッチ経済における財務と金融政策

無形経済は借入をむずかしく高リスクにする。また自然利子率を引き下げるので金融政策も締めつける。年金基金や保険会社がイノベーティブな会社に資金を提供し、財政政策が経済の安定化へのコミットメントを提供して、金融政策の余地を減らすような改革が必要だ。

チャールズ・ディケンズ、ジョン・メイナード・ケインズ、ウォール街占拠運動の共通点はなんだろうか？　みんな銀行家や投資家たちが、いわゆる実体経済のニーズに応えるのがヘタだと思っているのだ。この見方はあまりに一般的なので、ただの決まり文句だと言う人もいるだろう。だが最近の事業投資や企業ファイナンスのデータを見ると、何か新しいことが起きているのがわかる。近年、事業投資は次第に変わってきていて、確立された企業ファイナンスの形態がますます不適切になりつつあるのだ。

こうした変化は各種の問題を引き起こしている。まず直接的な影響としては事業投資の低下を引き起こしているようだ。そしてこれが持つ二次的な意味合いは、さらに困ったものだと我々は考える。事業投資の資金を調達する困難のおかげで、いまや機会平等が制約され、イノベーションが減り、潜在的に危うい金融イノベーションが奨励され、銀行システムのリスクが高まっている。全体としての結果は、金融危機に弱い低成長経済だ。

私たちは先進経済を洗練された賢い場だと考えるが、個人レベルではその正反対が正しいことが多い。自然状態の狩猟採集民は賢く、知識が豊富で、絶えず警戒を怠ってはいけないが、現代生活はルールや仕組みだらけだから、人々が重要な仕事を考えなしに、いい加減に、果てはバカな形で行えるようにしてしまう――それでもすべては動き続ける。アルフレッド・ノース・ホワイトヘッドが言ったように「文明は考えることなしに実行できる重要な操作の数を増やすことで進歩する」(1)。システムが賢いのは、あなたが賢くなくても済むようにするためなのだ。

これは金融システムではまちがいなく事実だ。批判者にとっては、高等金融の世界は必要以上に小賢しく思える。金融関連で人気の本の題名を見てみよう。大惨事のヘッジファンド崩壊は『天才たちの誤算』(2)〔邦訳・日本経済新聞出版、2001年〕。エネルギー会社をインチキなデリバティブ活動にしてしまった連中は『その部屋で一番頭がいい連中』(3)〔未邦訳〕。だが金融システムの最も強力な特徴の多くは、天才を不要にする仕組みなのだというのは事実だ。負債ファイナンスは、複雑な事業上の判断を単純なものにする（「この借り手は返済できるかな？」）。企業の会計は、単純で標準化され、そこそこ正直な形で、部外者がその事業の財務健全性を調べられるようにしてくれる。インデックスファンドやバリュー投資などの単純な投資戦略は、素人でも高給取りのファンドマネージャーより高い投資収益性を実現できるようにしてくれる。株主価値経営は、株主への収益を最大化するように企業経営をするという経営の流行だが、善かれ悪しかれ企業ガバナンスという複雑な作業を単純化してくれる。インフレ目標は中央銀行の成功を判断する明確で単純なルールを提供してくれる。残念ながら、こうした便利な単純化手法は、無形集約型企業への資金提供ではうまく機能しない。

本章では、各種の財務や金融政策の特性を見て、それが無形リッチ経済では崩壊すること、それが引き起こす問題、変化への障害と、考えられる解決策を検討する。

負債ファイナンス――担保の圧政

企業の大半にとって、外部資金調達は負債ファイナンス――通常は銀行融資だ。[4] 負債ファイナンスが広まっている理由はいろいろある。ほとんどの国の税制は、エクイティより負債を優遇する。負債の利払いは税控除可能な費用として扱われるからだ。エクイティの費用は控除できない。近年では、企業経営者が資本構造を最適化するインセンティブは高まった。株主価値運動、物言う投資家の台頭、レバレッジドバイアウトファンドの成長で、経営者たちは負債ファイナンスの利点を無視できなくなっている。負債ファイナンスの制度や規範のほうが、エクイティファイナンスよりも豊富だ。銀行は融資を提供し、融資審査官を雇い、融資信用度を計測するためにさまざまなツールを使う。企業は融資を求める。エクイティファイナンスとなると、話はまったくちがう。最大級の企業は公開株式市場にアクセスできる。最も野心的な中小企業のごく一部は、ベンチャーキャピタル（VC）にアクセスできる。だがほとんどの場合、企業は外部エクイティを求めるのに慣れておらず、ほとんどの企業にはそれを提供してくれる制度もない。

負債ファイナンスの最大の利点は単純だということかもしれない。作家で投資アナリストのダン・デイヴィスが指摘したように、エクイティ投資家は出資を決めるときにはいろいろ考えねばならないことがある。[5]「本当によい結果になったらこれはいくらくらいの価値があるかな」、「ここから他にどんなプロジェクトが出てくるかな」、「アップサイドとダウンサイドの共有で、経営にどんな影響があるかな？」、「自分の持ち株を安売りしすぎているだろうか？」。負債投資家にとって、唯一考える必要があるのは「こいつはこのお金に見合う価値があるか」、そして借り手のほうは「こいつを返済できるだろうか」というだけだ。負債ファイナンスが便利なのは、借り手と貸し手の認知的な負担を減らすからだ。[6]

無形資産、負債、担保

負債ファイナンスは無形集約企業にとって根本的な問題をつくり出す。負債ファイナンスでは、債権者が債務者の資産の支配権を持ち、債務者がその財務的な義務を果たせないときにはその権利を行使する必要が生じる。だが無形資産はサンクコストである場合が多い――債務者の事業が破綻したときには、ほとんど何の価値もない。無形資産の比率が高い企業は、貸し手にとっては他の条件が同じなら融資先として魅力が低い。

スティーブン・チェケッティとキム・ショーエンホルツはこの論点を力強く述べる。「無形投資の資金調達は「担保の圧政」の克服を必要とする」[7]。また彼らは、無形資産集約的なソフトウエア部門でのアメリカ企業は、負債が帳簿上のエクイティの10％ほどだが、有形集約的なレストラン部門の企業は負債の簿価比率が95％近いという。

もちろん無形集約的な企業や無形資産自体ですら、決して負債で資金調達できないわけではない。大規模な商業融資を行う主体は、絶対に担保融資しかしないこともない[8]。経済学者チェン・リアンとユエラン・マー[9]は、アメリカの非金融上場企業のうち、負債の80％はキャッシュフロー関連の条項に主に基づいていると分析している。最もありがちな条項は、売上負債比率の上限と、売上利払い比率（インタレスト・カバレッジ）の上限だ。

だが担保ではなくキャッシュフローに対して借入を行う特権は、大型で確立した企業だけにしか提供されないのが通例だ。リアンとマーの標本のうち中小企業は、いまも圧倒的に担保に基づいて借りている。融資の61％は資産に基づくものだった。さらにこうした研究は上場企業を調べており、これはそもそもが規模の大きい企業だ。中小企業となると、話はちがう。2015年にイングランド銀行は、イギリスの主要銀行の中小企業（売上5億ポンド未満、除く不動産）向け融資の調査を行った。この調査によれば、融資の9割以上は何らかの担保に対して行われていた。6割以上のエクスポージャーは、不動産または証券（工場、設備、車両などへの支払い受け取り権を含む）が担保になっていた。

こうした融資慣行は、無形資産に依存して有形資産があまりない企業には問題をつくり出す。ジョヴァンニ・デラリチア、ダリダ・カディルジャノワ、カメリア・ミノーヤ、レフ・ラトノフスキーは1977〜2010年におけるアメリカの市中銀行融資の包括データで、その内訳を検討した。この時期は、彼らが標本としたアメリカ企業の持つ有形資産に対する無形資産の比率が、40％以下から100％超にまで上がった期間だ。[10] 彼らによると、商業・工業（C&I）融資に向けられた銀行融資全体の割合は、この時期に大幅に下がった（1977年にはC&I融資はアメリカ市中銀行バランスシートの22％だったが、それが2010年には15％に下がった）。これに対して不動産融資は激増した（銀行バランスシートの35％から75％に上がった）。示唆的なことだが、最も融資が下がったのは、無形資産が伸びた分野だった。これはつまり、無形経済への移行は市中銀行のバランスシートを不動産融資に大きく偏らせたということだ。

最近の他の研究もこの結論を支持するようだ。ある研究では無形資本の多い日本企業は、負債ファイナンスよりはエクイティの資金調達を選ぶ率が高いという[11]。あるアメリカの研究は、無形資産は有形資産に比べて25％少ない負債ファイナンスしか支えておらず、しかも無形資産が支えている負債は通常は無担保または転換負債で、担保融資ではなかったという[12]。こうしたデータは、無形集約企業の資金需要と、資本市場や金融機関がそうした需要に応える能力との間にますますギャップが開いているということを示す。また金融システムの安定性を改善しようという規制は、無形投資問題を悪化させるという副作用を持っていたということなのかもしれない。ユーロ圏銀行の単一監督メカニズム（ＳＳＭ）の創設による影響を調べたある研究では、ＳＳＭ監督下の銀行からの借入を行っている企業は、無形投資を減らして、有形投資と現金保有を増やしたという[13]。

エクイティファイナンスの制度的な供給源は、必ずしもこのギャップを埋められない。特に上場していない中小企業の場合にはそれが顕著だ。ここではイギリスの経験が示唆的だ。イングランド銀行が指摘するように[14]、イギリスの年金基金や保険会社は資産のうち未上場エクイティには資産の３％ほどしか配分しない。未上場エクイティにはほとんどのＶＣ資金が集まっている。アメリカの証拠が示すとおり、これは国内ＶＣの創設の足を引っ張りかねない。さらにＶＣ投資の収益性は、リスクはあるがきわめて高い（１９７０～２０１６年の平均ＶＣ投資について、手数料差し引き後で18％の収益率だが、ＭＳＣＩ世界インデックスの平均収益率は11％だ[15]）。基金や保険会社が投資にこれほど尻込みする理由はたくさんある。まず非常に当然のこととして、そうした機関はリスクをとりたがらない。第2に、最初の理由と関連して、そうした投資の監視には専門性と努力が必要だが、イギリス年金基金は、他の富裕国と比べるときわめて細分化しており、大規模な年金基金はほとんどない[16]。第3に、年金基金が手数料として支払える金額には上限があり、これが無形へビーな企業への投資に必要となる追加的な専門知識の雇用をさらに制限する。これと関連して、イングランド銀行のアレックス・ブラジエが指摘したとおり、イギリス投資ファンドの1・4兆ポンドの資産のうち、8％は「オープンエンド」ファンド[17]に投資されている――つまり、もし所有者が望めば毎日でも換金できるファンドということだ。この仕組みは未上場で流動性の低い資本を提供するのには向いていない（そしていずれにせよこれは幻影でしかない。もし多くの所有者が先を争って換金しようとしたらそのファンドの価値は急落するからだ）。欧州のソルベンシーIIなどの規制は、保険会社などの機関に類似の制約をかける。

減速？

負債ファイナンスの問題が、第2章で見た無形投資の減速の説明になるだろうか？　もし担保の圧政が金融危機以前にも存在していたなら、それは危機後には悪化したはずだ。そして、それが悪化したという発想はかなりもっともらしい。金融危機以後には貸し控えが生じ、銀行は規制によるにせよ自主的にせよ、もっと慎重になった。こうした変化は、既存システムの限られた能力と組み合わさって、無形投資への融資の目に見える減少をもたらしたかもしれない。だから2

００７年以来、無形の信用コストが悪化したか、一定額の投資を資金調達するための摩擦が高まったはずだ。

この種のことが起きたという証拠は、国際通貨基金（ＩＭＦ）による２本の研究からきている。ジェイビン・アン、ロマン・デュヴァル、カン・セヴェルは金融危機以前と以後で企業の無形投資を比較した[18]。危機直前まで大規模な借り手だった企業は、危機以後に無形投資を大幅に減らし、危機以前に小規模な借り手だった企業よりもずっと少なくなったという。興味深いことに、彼らの結果は有形投資と比べた無形投資の比率についても成り立つ。つまり、レバレッジの高い企業で、あらゆる投資が減ったということではない。無形投資にだけ影響があった。だから無形投資は金融危機以後は厳しくなったらしい。

エクイティファイナンス――会計、バリュー投資、分散化

株式を公開市場で取引している企業はきわめて少ないが、それをやっている企業は一般に大企業で、彼らの行動は経済全体に圧倒的に大きな重要性を持つ。エクイティ投資となると、多くのルールや規範のおかげで、複雑な企業の見込み価値を計算するという本来ならむずかしい作業が簡略化され、その株を買うかどうかも判断しやすい。財務会計の規律、その根底にある基準や原

理、そのシステムを適用する規制当局や専門家たちのおかげで、一般的な投資家が自分のコンピュータや電話の前から離れることなしに、各種の企業についていろいろ学べることになる。

この文脈でいえば、エクイティ投資家たちが人生を単純化するために使ってきた、多くの昔ながらの戦略の中に興味深いものがある。バリュー投資という戦略で、その先駆者はウォーレン・バフェットの師匠でもあったベンジャミン・グレアムだ。最も単純化して言うと、バリュー投資とは、「バリュー」株――会計から示唆されるよりも株価が低いもの――を買い、その反対のもの、いわゆる「グラマー」株と言われるものを売る、ということだ。ジョゼフ・ラコニショク、アンドレ・シュライファー、ロバート・ヴィシュニーによる重要な研究では、1968～1989年に機械的にバリュー株を買いグラマー株を売るという戦略は、年率6・3％という健全な収益性をもたらしたという[19]。この洞察は、ファイナンス経済学で最も参照される論文のいくつかにおいて重要な役割を果たし、ユージン・ファーマがノーベル賞を得るのにも貢献して、無数の投資ファンドの戦略にも影響した。ラコニショクらの論文はまた、なぜバリュー投資がうまくいくのかという説明にもなった。平均的な投資家は、企業の根本的な問題と一時的な問題とをうまく仕分けできない――特に、短期の不運を見て、それがじつは長期的な弱みだというまちがった思い込みをしてしまう。バリュー株を長期保有することで、投資家たちは平均回帰の力を活用できるのだ。

平均回帰は人生の多くの場面で強力に作用している。これをよくあらわしているのは、『タイムズ』紙のコラムニストだったダニエル・フィンケルスタインが、イギリスのプレミアリーグサッカーについて描いた話だ[20]。鉄則として、あるシーズンに好調なクラブは、ほぼ必ず翌シーズンには失速する。あるシーズンでチームの総得点が1点増えれば、翌シーズンには０・22点減る。レスターシティが２０１５～２０１６年にリーグ優勝したときは、２０１４～２０１５年より40点多く獲得した。これは他のプレミアリーグのクラブがそれまで達成したことのない戦績だった。だが翌シーズンには、37点も総得点が下がった。ビジネス業界では、平均回帰とは、あらゆる企業が長期で見れば平均的な成績に戻ってくる傾向を指す。今日のスター企業のほとんどはいずれ平均的な成績に戻るし、今日の低迷企業もいずれそうなるのだ。

だが無形資産の時代になると、企業会計もバリュー投資戦略も、あまり役に立たなくなる。経済学者バルーク・レヴの作業はここで決定的な役割を果たす。フェン・グーとの共著『会計の再生』〔邦訳・中央経済社、２０１８年〕で、レヴは財務会計をみても公開企業の市場価値について情報がますます得られなくなったと示す。彼らの価値はますます無形投資に依存するようになっているからだ[21]。会計ルールでは通常、ほとんどの無形資産を財務諸表に含めてはいけない。そして含めた場合でも、無形資産の価値はしばしばその費用とかけ離れている。無形同士のシナジーが重要になるからだ。

２０１９年にレヴはアヌプ・スリヴァスタヴァと共同で研究を行った。それによると、バリュー投資は２００７年以来ずっとよい収益率をあげていないし、特に１９９０年代にはその業績が低かった。その説明は2つあるという。まず、グラマー株とバリュー株を見つけるために使う会計指標が、もはやあてにならないという。バランスシートに反映されない無形資産を所有する企業が増えてきたからだ。第2に、平均回帰というバリュー戦略の原動力が低下したからだ。多くの人気のない企業が回復して、マーケットの寵児が没落するという規則性がずっと弱まった。これは金融危機直前から顕著だった。ひとつの理由は無形投資の重要性増加だ。レヴとスリヴァスタヴァの表現では「低バリュエーション集団［つまりバリュー株］から逃れるためには無形投資や企業買収への大量の投資が必要だし、しばしばビジネスモデルの大幅なリストラが必要となるが、ほとんどのバリュー企業にはそんな余裕はない。（中略）グラマー株は無形に基づくビジネスモデルで経営を行い、長命と高い収益性を実現している。こうした企業を空売りするのは負け戦略だ」。無形投資の重要性のおかげで、平均回帰に代わりマタイ効果がやってきた（「持っている人は与えられて、いよいよ豊かになる」）。(22)

またマタイ効果は銀行融資にも影響を持つだろう。銀行融資は結局のところ、金額は大きいがかなり手を抜いたプロセスだ。銀行は融資を求めるあらゆる中小企業に詳細なデューデリジェンスを行う手間はかけられないので、おそらく機械的なバリュー投資家たちが使うものすら下回るほどの、単純できわめて粗いヒューリスティクスに頼ることが多いはずだ。この慣行は、平均回帰が高い世界で、最悪のコーホートに属する企業も改善する可能性がとても高いのであれば、あまり問題にならない。大量の事業融資のポートフォリオがあれば、たまにまちがえてもそんなに痛くはない。だがよいビジネスがよいままで、悪いものは悪いままの世界では、デューデリジェンスがまずいと痛い目に遭いやすい。だから銀行はさらに企業融資を減らしたがる。

スピルオーバーとシナジーの時代における株主価値経営

金融資本主義が複雑となる別の要素は、企業ガバナンスだ。企業経営は、各種の複雑なトレードオフや価値判断を必要とする。そしてそれが公開企業であれば、所有者――株主たち――は実際にそういう決断を下す経営者とは別人になる。この状況は、いろいろな問題を引き起こし、それについての研究も多い。経営者はどのようにちがった目標のトレードオフをすべきか？　長期の利潤か短期の利潤か、企業の目標か社会のニーズか、利潤か環境か、株主かその他のステークホルダーか？　株主はどうやって経営者のインセンティブと自分のインセンティブを整合させるべきか？

こうした混乱の中から新しい発想が生まれた。バリュー経営は、経営者たちが株の価値を最大化するように企業経営すべきだと主張する。取締役会は経営者から独立すべきだし（共同取締役CEOはもうやめよう）、経営者の報酬は自社の株価にあわせて上下するべきで、例えばオプションや実際の株で支払いを受けるべきだ、とする。労働者の権利、環境、社会の保護の責任は別の主体が負うべきだとされる――例えば労働組合や政府だ。フリードマン・ドクトリンは、ミルトン・フリードマンによる1970年論説にちなんで名付けられたが、「ビジネスのビジネスはビジネスだ」と論じ、ステークホルダーのニーズに応えることではない、と述べる。この発想は1980年代に人気が高まり、いまや企業ガバナンスの主流の立場となっていて、特に英米でそれが顕著だ。バリュー経営の典型は物言うヘッジファンドで、株価が割安な企業の株を買って、経営陣に改善を強いるのだ。

バリュー経営もまた、認知負荷を下げる金融イノベーションの例だ。これは混乱した、埋め込まれた、判断に基づく仕組みを、もっと簡単なルール群と、もっとはっきりした責任分担で置き換える。これは並外れた力を利用するイノベーションだ。経営者たちが株やオプションを持っていたら、株主は経営者の利己性に任せておけば、会社の業績を改善してもらえる。プリンシパルとエージェントの利益が一致するようになる。

もちろんバリュー経営の批判者は多い。その批判は2つの問題に基づいている。最初のものはスピルオーバーだ。企業が行う決定は経済全体に影響するのだから、企業は小さな町の唯一の工場を閉鎖したり、川を汚染したり、道徳的に怪しげな製品を売り出したりするのを控えるべきではないのか？　2つ目は短期主義だ。株式市場が不合理で株主が無知なら、株主価値の追求はバカげた近道につながり、重要だが複雑なプロジェクトが見すごされるのではないか？　詳細な研究によると、こうした懸念の多くは大げさらしい（アレックス・エドマンズ『パイを広げろ』

〔未邦訳〕は、この証拠のよい概論を示している）が、議論は高まる一方だ。この2つの問題は、無形資産が支配する経済ではますます重要になる。

スピルオーバーを考えよう。これまで見たとおり、無形資産はしばしばその投資を行った企業を超えたプラスの影響を生み出す。だから企業が経済全体にとってよい水準よりも低い投資しかしないことが予想される。特に顕著な例は研究開発だ。アロン・ブラヴ、ウェイ・ジャン、ソン・マーは、ヘッジファンドに狙われた企業での事業R＆Dを調べた[23]。ヘッジファンドに狙われると、通常は企業は株主価値の実現に注力する。するとおもしろい結果が得られた。こうした企業の研究開発支出は下がったが、R＆Dに対して生まれる特許は増え、そうした特許の引用件数も増えたので、品質が高かったことがうかがえる。これは企業の観点からするとよいことだ。投資は減っても投資に対する収穫は高まっているのだ。削減された研究開発は平均でみると、企業への便益が低いものだった。だが他の誰かがそうしたスピルオーバーを利用することになるなら、隠れた経済的費用が生じるかもしれない[24]。

似たようなことが伝統的な研究プログラムでも起こっているようだ。昔々、企業の研究所は重要な発明、例えば半導体やGUI、ナイロンやケブラーなどを生み出しておりました。そうした発明の多くは、上流研究とでも呼べるものに基づいており、おおむね他所でやった研究の実装ではありませんでした。だが過去40年ほどで、企業研究所が行う上流研究は激減し、AT＆Tのベル研究所やデュポン社の中央研究部門などは閉鎖されましたとさ[25]。

何が起きているか理解するため、経済学者アシシュ・アロラ、シャロン・ベレンゾン、リア・シーアは1980年から2015年のアメリカ企業の刊行物と特許を研究した[26]。ある企業の研究が他の企業の特許にどれだけ引用されているかを見ることで、彼らは知識スピルオーバーの規模を推計し、それがどう変化したかを調べた。それを見ると、過去数十年における企業研究の激減に合わせて、スピルオーバーの増加が起きていた。すばやい無料のデジタル通信、安い航空券、オープンイノベーションの時代には、他の企業のアイデアを利用しやすくなり、企業は独自研究を減らした。彼らは元ベル研究所の研究者を引用する。「ゼログラフィは1937年にカールソンが発明したが、それを商業化したのは1950年のゼロックスだった。（中略）商業化をめぐる数年で、ゼロックスは関連技術を大量に発明して特許化できた。［これに対して］ベドノルツとミュラーが高温超伝導を1987年にIBMのチューリヒ研究所で発見したと発表したとき、ヒューストン大学、アラバマ大学、ベル研究所などのグループがさらなる重要な研究をするまでにほんの数週間しかかからなかった[27]」。

ではバリュー経営の問題とされるもうひとつの話に目を向けよう。短期主義だ。企業を株主価値重視で経営してしまうと、魅力的だが複雑なプロジェクトを見送る傾向が高まってしまう。注意力散漫で無知なトレーダーたちに説明しにくいからだ。むしろ単純だが最適とはいえない計画に安住してしまうようになる。費用削減、現在の製品ラインにしがみつく、株主に現金を戻すなどだ。ここでも、批判者たちの主張はある程度は誇張だ。前述のブラヴ、ジャン、マーの研究によれば、物言う投資家たちは自分たちが買った企業価値の一時的な上昇ではなく、長期的な増大を目指している[28]。アレックス・エドマンズは金融機関が企業の株式で大きめのポジション、またはブロックを蓄積するとどうなるかを調べた。ブロック保有者のいる企業は研究開発投資に積極的になる——エドマンズによれば、これはおそらく大きなポジションを持つ投資家は、短期的には費用がかかる複雑な投資を、手間をかけてきちんと調べる価値があると考えるようになるからだ。これに対して分散投資家はそうした計画を疑問視する可能性が高い[29]。

要するに、現在の金融的な道具や制度は、情報負荷が低くスピルオーバーが小さい世界に合わせたものになっているということだ。銀行融資、バリュー投資、単純なガバナンスのルールなどだ。こうしたものは無形リッチな経済にはますます不適切になりつつある。改革を考える前に、金融政策に目を向けよう。

金融政策立案

企業ファイナンスシステムが依存する別の単純化された制度は、中央銀行が金融政策を通じて投資に影響を与えようとする方法だ。ほとんどの現代経済では金融政策は独立した中央銀行によるインフレ目標と銀行規制を通じて機能する。

独立した運用を行う中央銀行という制度は、第3章で見た、コミットメントを実現する制度が必要だという考え方をもとに生まれた。選挙前に経済を熱く動かしたいという誘惑は、一部の政府にとっては強すぎるかもしれないので、冷静な中央銀行家にインフレ目標を実現するよう委任するのは筋が通っている。インフレ目標もまた本章での主題にあてはまる。この政策は低い情報負荷を持つからだ。明確な目標はほとんどの人が理解しやすい。ジョン・ケイとマーヴィン・キングが主張するように、簡単に理解できる目標は「根本的な不確実性」で、経済が多くの「未知の未知」に悩まされているときにはことさら重要だ[30]。実際、彼らはコロナ危機前に、未知のものとしてパンデミックを正確に挙げていた。

問題は、ちょうど無形世界で金融がむずかしくなったまさにそのときに、単純なインフレ目標もむずかしくなったということだ。その理由を説明する前に、なぜそれが問題かを考えよう。2つの驚くべき事実を考えてほしい。まず政策金利（つまり中央銀行が設定する金利）は現在ほとんどの先進国でゼロ近傍だ。2009年以来、アメリカ、イギリス、大陸ヨーロッパの政策金利はそれぞれ平均で0・54%、0・48%、0・36%だ（2021年4月までのデータ）。第2に、経済学者ジェイソン・ファーマンとローレンス・サマーズによれば、アメリカでは新型コロナウイルスパンデミック以前の9回の景気後退における政策金利の平均引き下げ幅は6・3ポイントだ。イギリスでは、コロナ以前の5回の不景気での引き下げ幅は5・5ポイントだった。実際問題として金利をゼロよりあまり下げることはできないので、経済は現在、将来の不景気に対し、過去に比べると対応余地がごくわずかしかないのだ。

インフレ目標には3つの大きな要素がある。まず、中央銀行は金利を自然金利や中立金利との相対で決める。自然（中立）金利というのはインフレが安定する長期的な水準だ。第2に、金利を変えると需要が影響し、消費、投資、為替レートを通じた純輸出に影響する。第3に、需要はインフレに影響する。これから見るように無形投資への移行はこの3つの要素すべてに影響するし、金融政策という制度に対するストレス増加は、安定化政策の責任を財政当局の肩にますます負わせることになる。

金利と需要——投資

中央銀行が金利を上げ下げすると、それは消費、投資、純輸出を通じて需要に影響する。ここでは、最も変動の激しい要素、企業投資に注目する。[31] 金利は3つの経路で企業投資に影響する。資本費用の経路、銀行融資の経路、広義信用の経路だ。[32]

資本費用の経路は、その企業が検討している限界的な投資プロジェクトの魅力に直接影響する。金利が高いと将来のキャッシュフローの価値が低いということで、その他すべてが同じなら、投資プロジェクトの価値も下がる。また為替レートや資産価値にも影響する。銀行融資の経路では、金融政策は銀行のバランスシートに影響し、それが今度は彼らの融資意欲に影響する。例えば、金利が上がれば銀行資産の価値が下がり、銀行は規制上の資本予備率に近づいてしまう。すると新しい融資をするためには新規の資本を調達しなければならない。広義信用の経路を通じて、金融政策は企業のバランスシートに影響を与え（金利が上がると悪化を引き起こす）、これは貸し手にとっての魅力に影響する。

貸し手が全般的に借り手からの情報を十分に得られないとしよう。特に、プロジェクトが成功するか、あるいはその借り手が融資に対してデフォルトするかどうかわからなかったとする。すると彼らは融資にプレミアムを要求し、さらに条件をつけようとする。最古の最も有名な条件は担保要件だ。通常は建物（不動産）など有形資産が使われる。だがこれまで見たとおり、貸し手は企業の収益（売上から費用を引いたもの）に基づいて融資することもある。こうした融資条件の最もありがちな2種類は、融資の上限を企業収益の最大値とするものか、または支払利息の上限を企業収益の一定割合とするもの（インタレスト・カバレッジ・レシオ）だ。通常、どちらも同じ融資に同時に適用されることが多い。そうした条件は、そもそも倒産を避けるために使われるが、同時に倒産時には、貸し手が再建企業の価値に対して持つ法的な所有権を強めるためにも使われる[33]。

だから金利が上がると、資本費用の経路が重要性を増す。限界的な投資プロジェクトはキャンセルされる。すると他の経路が投資減少を増幅する。資産価格と企業のキャッシュフローが下がり、利払いが増える。もっと一般的には、広義信用経路は経済が不景気になって需要が下がったときに増幅の源泉となる。下降期に、企業が最も借入を必要とするときに、その担保と先行きも低下して、借入がむずかしくなる。

無形リッチ経済で金利が需要に与える影響

ここまではいい。こうした状況では、中央銀行は企業投資に対し、単純に金利を上げ下げするだけでかなりのコントロールを利かせられる。だが豊富な無形資産を持つ企業の場合、この仕組みはもっと予測しにくくなる。無形資本は貸し手に担保として提供しづらいし、新興の無形ベース企業はほとんど稼ぎがないから、無形リッチ企業は負債市場と伝統的な銀行をあてにできない。投資は内部留保やエクイティでまかなわれるしかない。こうした企業にとって、無形リッチ経済における広義信用経路を通じた金融政策の力は下がってしまう。もし無形ベース企業をスクリーニングするのが貸し手にとってむずかしいなら、無形投資を行うために借入を試みる企業は、融資に対してもっと厳しい条件をつけられ、このため借入費用の変化に敏感になるかもしれない。さらに、そのきわめて無形な性質のために、負債に課せられた条件を満たすのがもっとむずかしくなるかもしれない――例えば担保がないなど――したがってそうした条件ギリギリで活動することになり、その限界により制約されかねない。だから金融政策で金利が投資に与える影響も予想しにくくなる。

需要とインフレ

消費、投資、純輸出の変化は、経済学者が経済の需要側と呼ぶものを変える。だがインフレへの効果は供給側にも依存する。供給側は一般的にフィリップス曲線で表現される。この曲線はインフレが2種類の源からくることを示す。まず、経済をあまりに容量を超えて動かすと、インフレ率が高まりはじめる（失業／インフレのトレードオフと呼ばれる）。第2に、政府が信用を失い、インフレ率がずっと高くなるとみんなが思うようになったら、みんな賃上げを求めるようになる。結果として物価が上がり、経済は自己承認的なインフレ危機に陥る。

この枠組みはどれだけうまく事実にあてはまるだろうか？　１９５０年代と１９６０年代には経済の供給側が、戦後復興により急拡大した。だからそれと並行していた需要の増大でもほとんどインフレは起こらなかった。だが１９７０年代には事態が激変し、きわめて高いインフレ率が、容量よりはるかに下で動いている（つまり失業率がとても高い）経済と組み合わさった。当時の経済学者は、経済を需要変化のレンズ越しにしか見られなかったから、オイルショックのようなできごとが供給や物価を変えた可能性を理解するまでにしばらく時間がかかった。

過去10年で新しい課題が生じた。しつこく低いままのインフレだ。需要の状況がどうあろうと、インフレ率が頑固に低いままなのだ――特に日本では、20年にわたりインフレ率がきわめて低かった。このしつこく低いインフレ率を解釈する方法のひとつは、フィリップス曲線が「平ら」になったと考えることだ。実際、この変化は２０２０年８月にアメリカＦＲＢが金融政策の枠組みを変えた中心的な理由だった。[34] フィリップス曲線が平らになると、容量を超える需要があっても（あるいは容量を下回る低下があっても）インフレの応答は激減する。つまり金融政策担当者の吉報は、インフレは経済が容量からどれだけ離れていても、目標に近いところにとどまるということだ。だが凶報としては、インフレが目標から離れていたら、何をやってもそのままということで、これはつまりインフレ期待がきわめて低いままということだ。日本のしつこい低インフレもこれで説明できるかもしれない。

経済学者はなぜフィリップス曲線が平らになったかについて、いろいろな説明をしている。本質的な問題は、費用が上がったときに（例えば容量の制約などで）企業がどこまで価格を調整するかということだ。例えば自動車会社は、予想外の需要により生産ラインから車をシフトする能力が制約されると価格を上げるだろう。

ひとつの物語は、グローバル化のおかげで国内生産制約の概念がずっと意味を失ったというものだ。企業は生産を外国に切り替えたり、不足したアイテムをもっと簡単に調達したりできるからだ。別の物語は、容量制約の論理は無形集約経済ではずっと説得力を欠く、というものだ。例えば需要増に直面したソフトウェア会社は、インターネットを使えば、追加費用ゼロでもっとソフトウェアを供給できる。「容量」が何やら制約されているという概念はあてはまらないようだ。ならば無形経済に向けての動きがフィリップス曲線の平準化について説明の一助となるかもしれない。[35]

図5.1　安全資産と資本の利回り（1995～2015年）

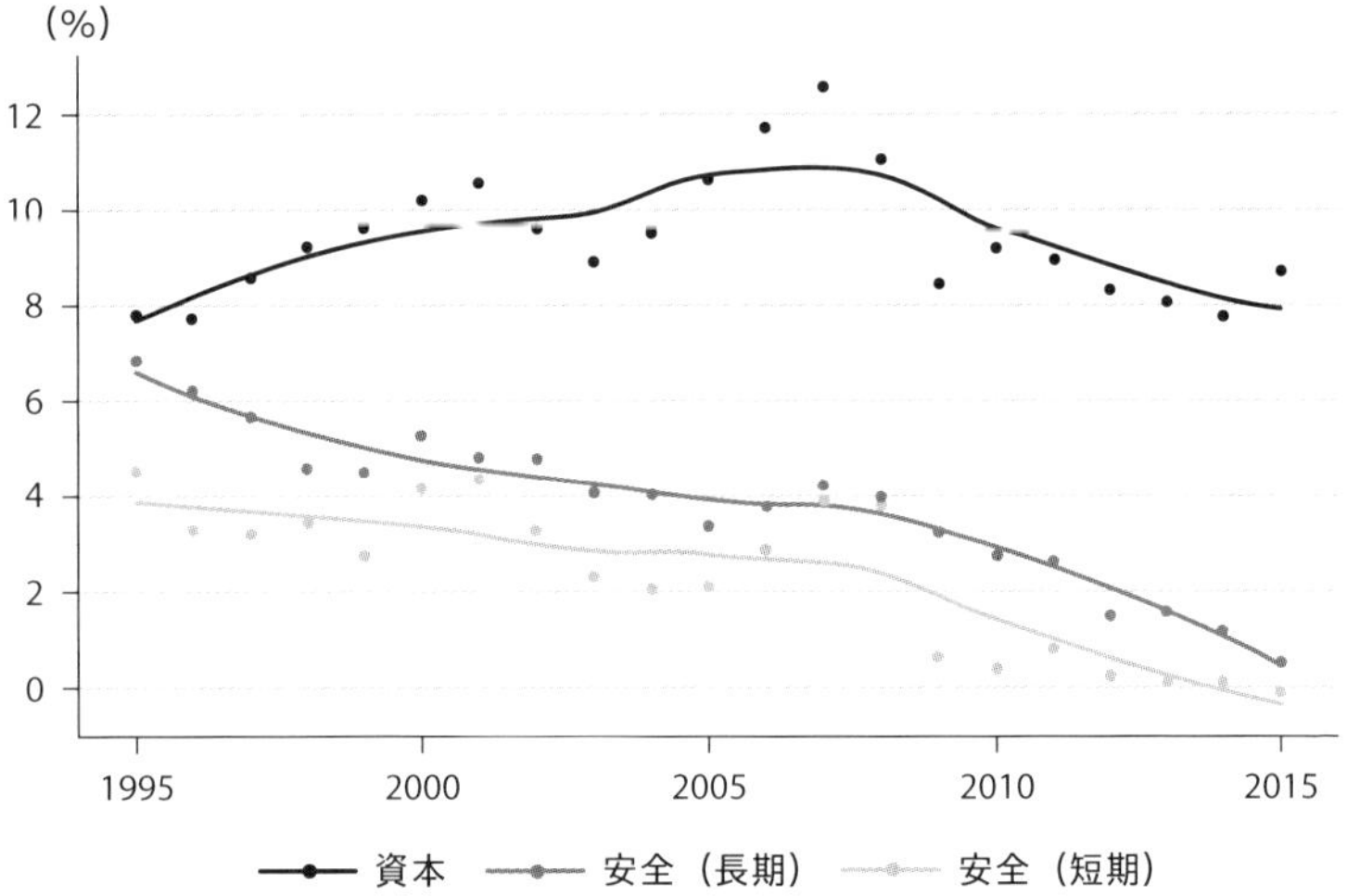

注：線は各国の為替レート調整済み名目GDP加重平均で，データポイントを平準化したもの．対象国はオーストリア，チェコ，ドイツ，デンマーク，フィンランド，フランス，イタリア，オランダ，スウェーデン，イギリス，アメリカ．資本利回りは市場部門投資資本ストックの事後利回りで，住宅資産は除く．安全金利は名目国債利回り

出所：Haskel 2020a.

金利と「中立的」金利

中央銀行は金利を変えられるが、最終的には経済全体での金利に影響する自然の力に制約される[36]。中立実質金利、通常は*Rと略記されるが（「Rスター」と読む）、これは経済が長期均衡にあったら生じるはずの金利だ。つまり、貯蓄者が供給する貯蓄が、企業の行う投資に等しくなる金利だ。自然金利は、人々がもっと貯蓄を増やしたがるときに下がる。例えば人口の高齢化が進み人々が引退に備えて貯金をする場合などだ。貯蓄の供給が増えれば借入の価格は下がる――それがこの場合の実質金利だ。もし貯蓄者が安全な資産を求

めるなら、その結果として安全金利が下がる、あるいは安全資産の利回りが下がる。
図５・１は先進国経済について2種類の利回り（標本国の加重平均）を示している。下にある2本の線は短期国債（３年）と長期国債（10年）の利回りだ。これを「安全金利」と呼ぼう。図が示すとおり、安全金利は１９９５〜２０１５年で一貫して低下し続け、４ポイントほど下がった。この図は企業部門の平均収益も示している。これは興味深いことに、一時は上昇したが元の水準に戻った。だから安全資産の収益率は下がっているのに、企業投資の収益はあまり変わっていない。つまり両者の「スプレッド」が開いているということだ。銀行預金と融資金利のスプレッド、社債スプレッド、エクイティリスクプレミアムもまたこの時期に拡大している。[37]
安全金利の低下と、安全金利とリスク金利とのスプレッド拡大の両方を説明できるものは何だろうか？　両者の開きの拡大は、政府への安全な融資と企業へのリスクの高い融資との間で求められるリスク補償が広まったことを強く示唆している。
経済学者ケヴィン・デイリーは、どちらの影響も共通の要因を持っていると論じる――つまりグローバル経済においてリスク回避型の中国の貯蓄者の関与が強まったということだ。[38]彼らは貯蓄が多く、リスクフリー資産を要求しているのだ。だが、リスクプレミアムの上昇の少なくとも一部は無形投資に向けたトレンドによって動いていると考えてもよさそうだ。無形資産が担保として使いにくいなら、担保不足でリスクのスプレッドが高まる。あるいは担保の話だけでなく、無形資産は一般に投資リスクが高いのかもしれない。スピルオーバーのため、フリーライドする

図5.2　無形集約度と資本収益率スプレッド

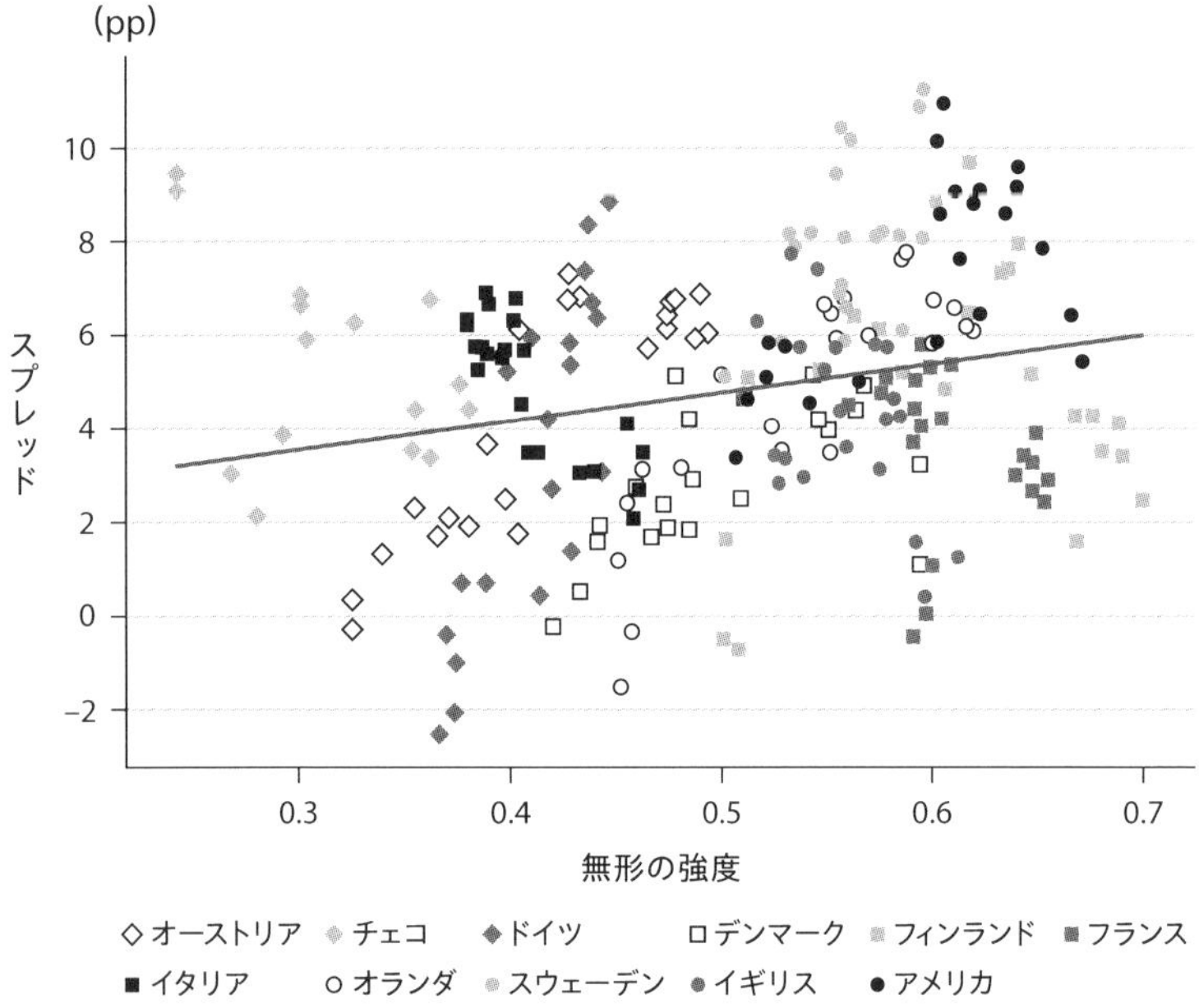

注：資本収益率と長期安全金利のスプレッドを1995〜2015年までプロットしている．安全率は10年国債の名目収益率．ユーロ圏では国債利回りに大幅なばらつきがあるため，ドイツの10年国債金利がユーロ圏すべてについて，各年とも使われている．無形集約度は総投資に占める無形投資の割合．含まれている国はオーストリア，チェコ，デンマーク，フィンランド，フランス，ドイツ，イタリア，オランダ，スウェーデン，イギリス，アメリカ．スペインは異常値として除外した

出所：Haskel 2020a.

第三者が無形投資の生み出す収益を横取りしかねないからだ。

図5・2はこの見方を簡単に検証してみたものだ。無形へのトレンドがリスクスプレッドを広げているなら、スプレッドと無形集約度との間に正の相関があるはずだ。図が示すように、確かにそうなっている。無形の多い国や年はスプレッドが大きくなっている。

これは中央銀行のインフレ目標にとってどんな意味を持つだろうか？　安全資産の収益率は下がり、安全資産とリスク資産とのスプレッドは広がって、安全*Rに下方圧力をかけた。貸し手と借り手を均衡させる安全金利は下がった。だが*Rが下がったら、中央銀行は身動きがとれなくなる。経済を支えたいなら、少なくともいずれは金利をカットして*Rに合わせねばならない。もし*Rが下がっても金利が一定のままなら、暗黙のうちに緊縮策をとっていることになる。すると中央銀行は、きわめて低い*Rに歩調を合わせるために金利を低く抑えねばならない状況となる。*Rの低下は、昔ながらの金利変化のメカニズムを通じたインフレ目標を、経済的な下降期にはずっとむずかしくする。金融当局は、負のショックがやってきたときに金利を下げる余地がずっと減ってしまう(39)。

無形ファイナンスのための迂回策

制度は、きわめて耐久性のあるものですら、絶対に変えられないわけではない。もし企業の資金調達システムが、投資資本と無形集約企業とのマッチングをうまくできないのであれば、そうしたニーズを満たすために新しい制度が生まれてきたり、新しい戦略が実施されたりする兆候が見られるはずだ。そしてじつは、多くの迂回手法が開発されつつある。例えばＩＰベースの負債、ＶＣ、企業所有者の自宅を担保にしたりする動きなどだ。これらが問題を解決しただろうか？

ＩＰベースの負債

一部の迂回策は有益だが、その恩恵を受けられるのは少数の企業や資産に限られてしまう。ＩＰベースの負債の台頭を考えよう[40]。いまやＩＰ権を担保に発行される負債は、小規模とはいえ着実に増えている。イギリスやシンガポールなどの特許局は、貸し手と協力してこうした種類の負債の開発を支援している。だが既存のＩＰベース負債の形が、担保の圧政に対する本当の解決策を提供してくれるとは考えにくい。ほとんどの無形投資はＩＰ権を生成しない。生成する場合ですら、そうしたものの市場はしばしば浅く流動性が低いのだ[41]。

ベンチャーキャピタル

２つ目のイノベーションはベンチャーキャピタル（ＶＣ）の着実な拡大だ。ＶＣが最も活発で成功した分野（ソフトウェア、コンピューティング、インターネットサービス、バイオテクノロジー）が無形資産に大きく依存しているのは偶然ではない。

ＶＣのいくつかの特徴は、無形資産の性質への対応だ。ＶＣは負債ファイナンスよりはエクイティファイナンスだ。これは担保の圧政を避けられる。VCはしばしば段階的に資金提供を進めるので、無形集約プロジェクトの情報やシナジーがその都度明らかとなる。VCファンドのビジネスモデルは、成功する企業が突出した成功を収めることに依存している。これは無形のスケーラビリティがもたらすものだ。VCは集中した非公開の資金だから、VCファンドは経営陣の計画を精査しつつ、無形の便益が競合他社にスピルオーバーするリスクを減らせる。さらに、よいベンチャーキャピタリストはネットワークが豊富なのを誇る。これは、パートナーシップ、取引、買収など、無形の間に生じるシナジーを最大限に利用するためという理由が少なくとも部分的にはある。実際、大手のベンチャーキャピタリストたちからの投資が望ましいのは、ある程度は彼らの投資が新しいパートナーシップへの道を開くからだ。そうした業界では、パートナーシップが成否を分けることも多い。こうした理由から、無形集約企業にとって、VCが得られるならすばらしい外部資金調達手法となる。

残念ながら、ジョシュ・ラーナーとラマナ・ナンダが指摘したとおり、VCはソフトウェアや関連技術以外にはスケーラブルではないようだ[42]（例えばエネルギーには向かないようだ）。おそらくほとんどの企業はVC資金調達にはあまり向いていない。VCファンドの経済性が要求する、爆発的な成長をもたらさないからだ。同時に、VC資金が存在し、それが望ましいものだということはおそらく、銀行融資の帳簿の平均的な品質をわずかながら引き下げるだろう。VCが支援する企業のごく一部は、これまでなら銀行からの資金調達にアクセスできたと思われるからだ。

無形集約企業でＶＣ資金を引きつけられず、銀行融資に振り向いてもらえるほどの担保がない会社の資金渇望は、新しい資金調達の道を生み出した。過去10年——ほとんどの企業投資が無形投資の形をとった時期——には、銀行融資を受けるのを嫌う中小企業を対象にした、いわゆるオルタナティブ資金調達商品がいろいろ発達した。(43)こうした仕組みの一部は、金融資産以外のものに対して融資するものだ。例えば売掛金を担保に融資を受ける、といったものだ。または規制の緩いエクイティ（例えばエクイティクラウドファンディング）を使う例もあるし、無担保債券（ミニボンドなど）もある。さらには新規事業や新しい組織構造、例えば特別買収目的会社（未公開会社等を買収することのみを目的として上場する会社）の資金調達に暗号通貨を使用するケースもある。こうした商品の一部は、ケチのつけようがないほど重要な資金調達イノベーションであり、意欲ある資本提供者を意欲ある企業につなげているようにみえる。また中には怪しげなものもある。批判者の中には、一部の消費者債券やクラウドファンディングは、リスクとリターンがつり合っておらず、無知な投資家たちにつけ込んでいると述べる。さらに一部のクラウドファンディングは特定の事業に対する投資家の善意を利用して、市場水準以下の条件で資本を提供してもらおうとする。異様に熱烈な顧客を持つ下位業界、例えばマイクロブリュワリーやジム経営のクロスフィット（CrossFit）などが、極度にクラウドファンディング偏重となっているのも偶然ではない。

オルタナティブ資金調達のカンブリア爆発についての最高の解釈は、無形に親和的な資本の強烈なニーズが生じたため、あまりうまく設計されていない金融イノベーションでも台頭する余地ができたということだろう――そしてこうした仕組みが次々に破綻するおかげで、投資家にとって将来の頭痛の種も増えている。

企業所有者の自宅を担保

無形集約企業の資金調達として最もありがちな迂回策は、イノベーションというより適応だ。企業所有者の自宅を担保にするというものだ。英米の銀行は昔から、社長の自宅の抵当権を事業融資の保証として使ってきた。ダン・デイヴィスが述べるように「歴史的にイギリス市場における企業融資のきわめて高い割合は住宅ローン融資を偽装したものだ。事業融資は通常は担保付きで、通常は所有者の家に対する抵当権で追加の保証を受けている」[44]。

ジョヴァンニ・デラリチアらが示したとおり、ある地域で企業が保有する無形資産の量が増えると、地元銀行の商業融資の成長率は下がり、不動産融資の伸び率が高まる[45]。さらにはもっとミクロレベルをみた最近の研究は、こうした相関を裏付けている。サリーム・バハジ、アンガス・フォーリス、ガボル・ピンター、ジョナサン・ハスケルは、イギリス企業の無形投資増加と、その会社の重役たちの家の価値上昇との間に相関を発見した[46]。この相関は、無形集約的な企業は、融資の摩擦を克服するために、外部の有形資産への依存度を高めねばならないという仮説と整合している[47]。

不適切な金融機関の影響と改革の提案

金融システムが依存しているお手軽な単純化とプロセスのじつに多くが、もはやうまく機能しないという事実は、いくつか考えられる帰結を持っている。まず、多くの企業は無形資産のための外部資金を獲得するのがむずかしいので、経済全体の無形投資が減るはずだし、特に特定の企業――具体的には中小企業と新興企業（ＶＣにアクセスできるわずかな少数派を除く）と、強い無形リッチなトップ企業がいる産業における後続企業――は大きな困難に直面するはずだ。ＶＣモデルはその通常の融資先の外に拡大できていないようだ。そして、金融危機の影響がその後もずっと続いていることをみると、厳密な経路は特定しづらいものの、銀行が無形に融資するのはむずかしくなったようだ。

第2に、銀行が中小企業にお金を貸したがらないのであれば、銀行のバランスシートはますます不動産融資が増えるはずだ。理由の一部は、有形担保のない企業に融資をしたがらなくなるからで、また別の一部は、企業融資をするときにも国内不動産への抵当権を求めるようになるからだ。だから、銀行はますます不動産市場へのエクスポージャーが高まる。すでにアメリカの銀行資産の中で、不動産担保融資の比率が上がっているのはみたとおりだ。イギリスでは、銀行安定性を仕切る規制当局である金融政策委員会のストレステストによると、住宅不動産価格が１％変化すると、イギリス市中銀行の毀損は5億ポンド増えるという。比較すると、ＧＤＰの１％の変化（経済全体であって住宅だけではない）による市中銀行の毀損はずっと小さく、１億ポンドでしかない(48)。

無形リッチな企業の資金調達困難で示される第３の問題は、起業家の供給に関わるものだ。起業家候補がますます企業の資金調達の担保として使えるように家を持たねばならない世界は、資金調達へのアクセスに対する潜在的な影響のために懸念されるものだ。ダン・デイヴィスが指摘するように、潜在的な創業者がみんな家を持っているわけではない(49)。持ち家の欠如が起業のハードルとして大きくなれば、起業家の人材プールは縮小し、新しいビジネス情報が毀損されかねない。この議論は、「失われたアインシュタイン」議論と似ている——潜在的な発明家が、自分の才能を最大限に活かすキャリアを追求するような支援を受けられないと、生産性が足を引っ張られる、という議論だ(50)。

最後に、金融政策の実施に金利変化を使いにくくなる。少なくとも負のショックに対応するときにはそれが顕著となる。結果として経済の脆弱性の感覚が高まってしまう。政策で経済を助ける能力が下がるからだ。

提案

取り組むべき最初の課題は、企業に無形資産への投資をしやすくする、改善された金融アーキテクチャのつくり方だ。これには、企業ファイナンスにかけるインセンティブや規制について、徹底的な変化を必要とする。

ひとつ重要な手法は、負債とエクイティの非対称な税制処遇をやめることだ。ほとんどあらゆる国の企業は、負債の利払いを納税額決定に際して費用計上できるが、エクイティファイナンスは費用計上できない。『無形資産が経済を支配する』で我々はこの負債優遇の廃止を支持した──例えば『税の設計』〔未邦訳〕、『生産性を支援するために無形資産の資金調達ギャップを埋める』〔未邦訳〕で提案されているようなエクイティ税控除を認めればいい。[51] 負債偏重が続けば、それだけ高くつくものとなる。

第2のステップは金融規制を変えて、投資マネージャーが無形リッチ企業を支援しやすくすることだ。特に担保の流動性が低い企業を支援できるようにしたい。先に述べたように、年金や保険会社に注力するといいだろう。彼らは膨大な資産を運用しているからだ。彼らが無形ベースの企業にもっと投資するようになれば、アメリカでは大きな差が出る。経済学者サム・コータムとジョシュ・ラーナーは1970年代末から1980年代初頭のアメリカにおけるVC資金の激増を記述している。そしてこの激増は、1990年代末のさらなる飛躍の基盤となったが、これも特許増加と関連していることを彼らは示している。[52] またこの当初の変化は1979年の規制変化により、アメリカのファンドの年金マネージャーがその一部を高リスク資産、例えばVCに投資してもよいことになったのが原動力だということも示されている。

年金や保険の投資が低い問題は、集合行動問題の一種で、第3章で述べたように制度改革が必要だ。個別ファンドの情報ニーズを解決するには、集合ファンド（またはファンド群）を作って流動性の低いエクイティに投資すればいい。それによりリスクを分散させ、流動性の低い資産への投資に必要な企業の監視を可能にする規模の経済性を実現できる。この集合行動は、費用とリスクを引き下げ、潜在的には無形経済が必要とするVC資金調達への投資を増やせる。こうした種類の提案例としては、投資協会が提案した長期資産ファンド(53)やイギリスビジネス銀行の提案したプール型投資ツールがある(54)。本書執筆時点で、イギリスではイングランド銀行と財務省と金融行為規制機構（FCA）は、生産的資金調達への投資を支援するための産業作業部会を招集した。ここでは規制の変更が必要と思われる長期資産基金の検討なども行っている（またも集合行動問題だ(55)）。

だがそんなものを奨励するのはリスクが高いのではないか？　ここにもまた集合行動問題がある。現在の投資はオープンエンドのファンドに対するものだというのを思い出そう。これはもちろん、リスクが高い。誰かひとりなら即座に自分の貯金を引き出せるが、全員が同時には引き出せないのと同じだ。結果として流動資産にみんなが殺到するので、ファンドは資産を叩き売りするしかない。だから非流動的な投資への移行が高リスクだとは断言できない。さらに、エクイティ投資への制限により企業の負債依存が高まると、危機がもっとひんぱんで深いものになるというリスクが生じる(56)。

第3の提案は、投資マネージャー自身についてのものだ。多くの投資マネージャーは、最近では環境・社会・企業ガバナンス（ESG）原則に基づく投資に向かいつつある――つまり自分が投資する企業の財務的な収益率だけでなく、もっと広い影響にも目を向けるということだ。しばしば注目されるのは負の外部性だ。顧客に健康被害を与えるタバコ会社を避けたり環境に被害をもたらす石炭産業を避けたり、といったことだ。投資マネージャーや資産所有者たちは、ESG使命の一部としてプラスのスピルオーバーについても考えはじめるべきだ。特に無形投資からのプラスのスピルオーバーを考えよう。例えば研究開発や研修に大きく投資する企業は将来の稼ぎでそれが報われるかもしれず、それがいずれは株価にも反映される。だがその研究開発や研修にプラスのスピルオーバーがあれば（ほぼまちがいなくある）、それは社会的便益もつくり出している。これは悪名高い公害企業が、環境に被害を与えることで社会的な不便益を与えているのと同じくらい確実だ。ESG使命を持つファンドは、研究開発、設計、研修などプラスのスピルオーバーを持つ資産に大量投資する企業にはプレミアムをつけるべきだし、世界の未来を気にかける資産所有者は、そうした使命を持ったファンドを探すべきだ。

金融政策に目を向けると、金融政策の余地が少ないという問題は財政政策の役割が高まるということだ。だが財政政策も完全とはいえない。決まるまでに時間がかかる。足止めを食らうこともある。不人気だったりする。代替案は少なくとも3つある。

ひとつ目は、金融当局にもっと権限を与えることだ。政府は、例えばイギリスで金融危機以来やってきたように、中央銀行の量的緩和（ＱＥ）プログラムを保証してもいい――つまり国債や商業負債の買取を支援するのだ。あるいは中央銀行は「二重金利」を設定して、市中銀行が中央銀行から安く借入を行って資金を得られるようにしてもいい（欧州中央銀行は現在、マイナス金利と併せて二重金利も使っている）。そして実際、ジェイビン・アン、ロマン・デュヴァル、カン・セヴェルの研究をみると、金融政策担当者が負のショックを相殺するために金利を引き下げた国では、無形投資の下落幅が小さかった。[57] だがこうした政策は中央銀行の独立性について大きな疑問を投げかける。お金を市中銀行に流すのは露骨な財政政策だ。つまり一定額の公金を失って、それを民間組織に提供するわけだから、これは政府がやるべきことで、独立した中央銀行の仕事ではないのだ。[58] 金融政策の実施方法を直接改善するのに注力するほうがいい。

２つ目の代替案は、金融政策を独立にするか、金融政策の独立監査人の役割を高めることだ。これはかなりの力を持った独立組織としてはイギリス予算責任庁とアメリカ議会予算局がある。これらはコミットメントを見つけるための制度的な仕組みの例だ。ひとつの可能性は、政策余地が使い果たされたときに中央銀行にそうした役割を与え、中央銀行は不景気で必要になる各種の財政政策について独立の発言権を持つ、というものだ。

３つ目の可能性は財政政策をもっと「自動的」にすることだ。この種の政策はＩＭＦのエコノミストであるオリヴィエ・ブランシャール、ジョヴァンニ・デラリチア、パオロ・マウロおよびレゾリューション財団のジェームズ・スミスにより論じられている。[59] 自動的な財政政策の一例は累進税制だ。こうした仕組みでは、稼ぎ手は経済が収縮して所得が減ったり、経済が拡大して所得が増えたりすると自動的に減税となる。もちろんこの自動安定化装置は、税制の累進性がきわめて高ければなおさら強まる。この種の政策に含まれるものとして、社会保障プログラムをもっと気前のいいものにして、経済が低迷したら所得保障を増やすようにしてもいい。こうした政策が財政赤字に与える純影響は、政府支出が柔軟か硬直的かによる。例えば政府支出が不景気でもほとんど減らなければ、あるいは、社会手当提供のためにむしろ増えるなら、この種の自動安定化装置は高くつくから、政治的に困難となる。

政治的に困難とはいえ、こうした自動安定化装置はヨーロッパの文脈ではきわめて有益となる。いくつか具体的な例を挙げると、経済学者ジム・フェイラーやブルース・ササルドートが指摘するように、アメリカ連邦所得税（アメリカGDPの17％）はきわめて累進性が強い[60]。ヨーロッパにはこれに匹敵するものはない。だからアメリカは、重要な自動安定化機構を持っている。フェイラーとササルドートが記述するように負のショックが１００ドル分起こると、アメリカは25ドルの連邦税減税となる。こうした試算以後に改革は行われたとはいえ、ユーロ圏諸国では各国間の財政的移転は比較的小さい。この財政移転の欠如は、かなりの緊張関係と政治的困難を引き起こす。こうした議論は通常は、危機のときに前面に出てくるが、そうした危機の時はまさにそうした議論自体が安定性を損ないかねないのだ。

別の種類の自動安定化装置は、経済で特に大きな影響を受けた領域に的を絞った介入プログラムだ。これは不景気になれば起動して、経済が回復すれば終わる。こうした介入としては例えば、低所得世帯への一時的税制や投資税控除などがある。ブランシャール、デラリチア、マウロは、こうした政策はある閾値を超えたときに発動するようにしてはと提案している――GDP、時間、失業などを指標にするのだ。[61] こうしたプログラムは、社会で最も必要性が高くて応答性の高い集団に的を絞れるという大きな利点がある。[62] 特に、それを地域ごとに絞って実施すれば、地域格差を減らす底上げ政策も支援できる。

この種の自動安定化装置の政治的文脈は、コロナ禍で大幅に変わったと我々は考える。金銭支援、特にコロナで極度に悪影響を受けた地域に絞った支援は、それ以前と比べてはるかに政治的に受け入れられやすくなったようだ。それならば、今こそ不景気で最も影響を受けた者たちに絞った各種の自動安定化ルールについて、政治的な合意を得る絶好のタイミングだろう。的を絞った支援へのコミットはあらゆる面でのリスクと不確実性を下げるから、経済が減速するにしたがって低い期待が自己成就的に実現してしまうのを防ぐ可能性がきわめて高い。

最後に、こうした計算がきわめて公的債務比率の高い世界（2020年イギリスの、GDPの98％）では変わるだろうかと思うかもしれない。標準的なアプローチは、債務GDP比率は、プライマリー赤字がきわめて高く、金利が経済成長率より高ければ上昇するというもので、二次的な影響は債務GDP比率の出発点次第というものだ（もし債務GDP比率がとても高ければ、金利が上がると債務GDP比率の上昇に与える影響が大きい）。[63] だがじつはその逆が成り立つ。

ジェイソン・ファーマンとローレンス・サマーズが指摘するように、債務水準が高ければGDP比で成長率が上がると、債務が小さい場合に比べて債務GDP比率の引き下げに与える影響はさらに大きくなるので、成長率を上げる必要性がなおさら緊急性を持つのだ(64)。

まとめ

無形の特性のため、無形リッチ経済の資金調達はずっとむずかしくなる。多くの無形投資のサンク性のため、伝統的な銀行では担保として使いづらい。だから投資しようとする企業は手持ちの現金に頼るか、自分の家を担保にして資金調達するしかない。この状況では、適切な水準の無形投資は実現しない。それを助けるのに必要な金融ツールは、有形経済に適していた金融ツールとはちがったものになる。もっとエクイティが必要であり、負債は減らし、以前よりも経済や企業についての学習と理解が必要になる。

無形リッチな経済は、金融政策の決定をずっと困難にする。無形が増えると経済のリスクが増えて、中立安全金利が下がり、中央銀行は動きづらくなり、金利を低く保たざるを得ない。これは、経済に対する負のショックを金利変化で相殺する彼らの能力を制約し、人々の脆弱性の感覚が強化されてしまう。

無形資金調達への改革、例えば税制での偏向廃止が緊急に必要とされる。同様に、年金基金や保険会社が無形ベース企業に投資できるようにする改革も必要だ。しかもそれは、リスクを減らして収益率を上げるような形のものにすべきだ。また必要とされるのは、金融政策が行き詰まったときの支援として、財政政策の自動的な性質を改善する方策だ。そうした自動安定化装置としては、最も脆弱な集団に的を絞った補助金支払いや、もっと累進性の高い税制などがある。コロナ禍はこうした提案の政治的な受容性を高めたから、今こそそれを採用すべきだ。

第6章

都市の働きを改善する

無形の増大で人生の中でもきわめて有形な一部側面の重要性が高まる。物理的な近接性、住んで働く場所、都市不動産だ。残念ながらこうしたものを司る制度――活発な都市での土地の使い方、取り残された場所の支援方法、リモートワークのやり方――は、無形ベース経済が都市や町に課す課題に応えられるものになっていない。さらにそうした制度は既得権に囚われ、それを改善するにはテクノクラート的な修正だけでなく、イデオロギー、分配、文化的な変化も必要となる。

昔々、国の先端都市は活気づき拡大しておりました。じつに成功していたので、一部の人は国の他の部分が取り残されているのではと心配したほどです。批判者たちは、都市が豊かすぎ、尊大すぎ、お手盛りをやりすぎると申します。ところが悪性の伝染病がやってきて、都市はいきなり以前ほど安全で魅力的に思えなくなりました。そのとき、革命的な著述家がペンを取り、もっとよい世界を描き出したのでした。そこでは大都市エリートがもっと慎みを持ち、都市が以前ほど力を持たないのです。

この著述家が現代の荒廃工業地帯、取り残された町、地方の「どこか」を描く現代の著述家で、ますます大都市エリートにうんざりして、都市がもっと分をわきまえたポストコロナの未来を夢見ている人物なのだと思ってしまうのは人情だ。だがじつはこの著述家はトマス・ジェファソンで、2世紀も前に当時アメリカの首都だったフィラデルフィアで猛威をふるった１７９３年黄熱病禍を受けて執筆していたのだ。[1] ジェファソンは昔から、都市は道徳的にも政治的にも怪しいと考えていた。彼はベンジャミン・ラッシュに宛ててこう書いている。「私は大都市を人類の道徳、健康、自由に対する悪疫と見ております[2]」。彼の批判は経済的なものでもあった。「都市は優雅な芸術の一部を育てはします。しかし有用なものは他のところで花開き、私の嗜好としては、完成度は低いが健康の美徳と自由がある他の場所のほうがよい」。ジェファソンは、農業社会が健全だと考えていた。これは比喩的にも文字どおりにも健康だと思っていたということで、その証拠として黄熱病の猛威が大都市で起こったことを彼は指摘した。[3]

ほとんどの面で、ジェファソンは都市に対する戦いで敗北を喫し、過去2世紀にわたりアメリカやほとんどの富裕国の人口は、田舎から都市へと移動した。国民産出に占める農業の割合はほとんどゼロにまで下がった。そして戦後期の数十年には、金持ちの都会人が自動車を所有し、犯罪に押し出される形で郊外に移住したので、衰退のようなものも起きたが、過去数十年では都市の繁栄は再び上昇をはじめている。無形リッチな経済では、企業や労働者は都市に惹かれる。シナジーを活用してスピルオーバーから利得を得られるからだ。だが都市は空前の経済的生産性を誇るが、すべての住民に恩恵をもたらしているわけではない。低技能労働者が都市に移住して得られる賃金プレミアムは消えた。都市の不動産価格は上昇する一方で、ジェントリフィケーションをめぐる懸念が広がる。

加えて、繁栄する都市と、国のそれ以外の部分のギャップ拡大が生じている。特に都市と「町」との間の差だ。「町」というのはイギリスの政治言説では、もっと貧しいポスト工業化連担都市で、住民20万人以下のところを指すことになっている。町の住民は都市住民より高齢、白人、低学歴で、エスタブリッシュメントからは疎外され、ポピュリスト政治に飛びつきやすい。結果として生じる政治アジェンダは、トマス・ジェファソンが言ってもそれほど場違いには思えない。経済学者エドワード・グレイザーの言葉を借りるなら「都市の勝利」は行きすぎており、バランスを取り戻す頃合いがきている、というわけだ。

そしてそこへ新型コロナウイルスがやってきた。世界中の大量のオフィス労働者が、家で働かざるを得なくなり、それもときには何カ月も続いた。イギリスでは、アンケート対象の45%が2020年冬には在宅勤務しており、2021年3月にはそれが40%だった。パンデミック以前にはそれが5%もいただろうか[4]。ビデオ会議は、珍奇な代物から労働生活の普通の存在となった。

この新しい規範は疑問を引き起こした。一部の人はもう二度とオフィスに戻ってこないのではないか？　戻ってこなければ、豊かだが混雑した都市と、取り残された場所という経済問題の一部は解決されるのではないか？

本章では、人々が働き生活する場所を律する制度を、無形リッチ経済の文脈で検討する。まずは都市の重要性を検討して、コロナがそれを決定的に変えたかを見る（ネタバレ：たぶん変えていない）。それから繁栄した都市と取り残された場所が直面する問題を見て、それを直すために必要な制度変化を検討する。最後に、コロナで強制されたリモートワークの結果として、一部の労働者が体験した変化を最大限に活用する方法について考える。

無形の台頭と都市の台頭

過去30年における一部の都市の経済的台頭はめざましいものだった。経済学者エンリコ・モレッティの表現を借りるなら、この「大分岐」における最もダイナミックな場所は、最もダイナミックでない場所を多くの面で引き離した。特に教育水準の高い労働者のクラスターをつくり出した点で差が開いている。

こうした結果は、無形資本が重要性を増している世界なら当然だろう。経済学者ジル・デュラントンとディエゴ・プガが「集積効果」——都市の規模と経済成長の関係——を分析したときには、3つの原因を指摘した。彼らがマッチング効果、学習効果、共有設備と呼ぶものだ。(5) 大都市にいると、従業員と仕事、顧客とサービス、パートナー（ビジネス、社会、恋愛）同士を結びつけるのが簡単になる。また他の労働者や他の企業から学ぶのが簡単になる。そして人々が高価なリソースを共有するのも簡単になる。マッチングと学習の機能は、シナジーやスピルオーバーが大量になる経済ではますます重要となる。エドワード・グレイザーは1990年以来の都市の台頭が「人的資本集約サービス」駆動なのだと呼ぶ。(6) そうしたサービスは無形集約的でもあるとつけ加えたい。成功した都市はまた、伝統的に低技能労働者の仕事も生み出してきた。例えばホスピタリティや食品サービスなどの分野だ。長きにわたり、こうした仕事もまた賃金プレミアムを享受してきた。都市の無形集約ビジネスの便益は、ある程度はトリクルダウンしたわけだ。

交通手段や技術が改善し、安い航空券やユビキタス電子通信〔コンピュータや通信インフラの整備によって使いたいときに場所を選ばずに利用できること〕まで様々な手法により、研究開発などの無形投資のスピルオーバーを遠くから活用するのが簡単になったにもかかわらず、都市は成長した。例えば経済学者マット・クランシーは、特許に記載されている発明家同士の平均的な距離は、1975〜2015年で倍増したと指摘する。(7) どうやら局所的な知識スピルオーバーの強さは、経済学者たちがそれを初めて定量的に計測しはじめた1993年以来弱まったようだ。(8) だが技術で遠隔コラボが簡単になっても、反対方向に作用する力があるので、都市はますます魅力的で生産的となる。まず、都市は変わった技術の組み合わせを生成するのが異様にうまいらしい。これは特許における目新しい組み合わせで計測できる――シナジーの見本だ。[9] スピルオーバーが、以前よりも遠くから作用するのがうまくなったとしても、いまだにほとんどは対面で起きている。そして無形が資本ストックの中で大きな割合を占めるにつれて、その優位性がますます高まる。

だが世界のメガシティの前進は、コロナがオフィス労働者に在宅勤務を強いるようになるずっと前から停滞しはじめていた。特に、住宅価格の高騰は大都市の生産性便益をますます食い潰すようになっていた。[10] 結果として、企業が活発な都市にいることで享受する高い生産性は、高い利益や労働者の可処分所得増大にはなかなかつながらない。というのも、住宅費用が上がってその分を奪ってしまうからだ。この制約は自然なものではないと強調しておくべきだろう。ロンドン、サンフランシスコ、上海など世界のスーパースター都市には、空間はたくさんあって、ずっと高密になれる。むしろそれはダメな制度の影響だ。特に都市計画と土地利用の古くさいルールによるものだ。こうしたルールは集積効果を最大化するためではなく、都市での新規開発を防いで、人々を都市外の居住地に追い出すように設計されているのだ。こうした土地利用のやり方は、無形が少ない世界ではあまり費用がかからなかったのだろう。

経済学者ウィリアム・フィッシェルはかなり早い時期に、住宅所有者固有の経済的利益が政治に与える影響を指摘した。『持ち家有権者仮説』〔未邦訳〕で彼は、持ち家者（彼はこれを持ち家有権者と呼ぶ）は所有する会社に好業績をあげてほしい投資家と同じだと論じる。持ち家有権者は、自分たちのコミュニティの成功に金銭的な利害を持っているのだ[11]。我々の都市の足を引っ張る制度は、金持ちと貧乏人の多様な連合からの支持を享受している。戸建てやアパートを所有できる幸運な人々は、新規開発をじゃましようとする。それは彼らの住宅の価格を引き下げかねないからだ。新規の開発は混雑や騒乱を引き起こしたりするし、住宅の希少性も下がってしまう。貧しい都市住民が新規開発を妨害するのは、安く古い住宅を、新しい手の届かない住宅（「豪華マンション」）で置き換えることになる場合が多く、貧しい住民は追い出されて既存コミュニティが破壊されるのに、住宅価格を下げるのに十分なほどの供給は行われないからだ――要するにこれはジェントリフィケーションだ。金持ちも貧困者も、国の政府が増える人口ニーズに対応できるだけの新規インフラやサービスを提供できるかどうか疑っている。理論的には、もっと人口が増えればそうしたものは十分まかなえるはずなのだが[12]。

だが無形リッチ経済における繁栄する都市の問題は、ほとんど無形資本を持たない小さな町や衰退都市の問題に比べれば、かわいいものだ。問題の一部は、機能不全の都市が働くにも住むにも不快な場所だということだ。繁栄する都市が住民に正の外部性をもたらすのと同様に、衰退都市は負の外部性をもたらす。犯罪や乏しいサービスのため人々はそこに住みたがらなくなり、そこから企業が脱出すると、残った企業にとってその都市に残るスピルオーバーを減らすことになる。こうした効果は、ますます多くの企業が、スピルオーバーを生み出す他の企業に取り囲まれているのに依存するようになるにつれて明確になる。

イギリスでは、多くの中小都市は追加の問題に直面する。よい交通インフラがないのだ。これはつまり、実際よりもずっと小さな都市としてしか機能できないということだ。経済学者トム・フォースはこの問題についていろいろ書いている[13]。労働者と新しい仕事をマッチングさせようとしても、地下鉄がなくて郊外からの通勤が2時間かかるようでは困難だし、他の企業から学ぼうにも、会議に出かける移動時間が長すぎたらむずかしい。結果として悪循環が生じる。中央政府（イギリスでこうした判断を左右するところ）は、衰退していると考える都市の交通には投資したがらず、都市は市内交通リンクの乏しさのために集積効果を活用できないため、衰退が続くのだ。

小都市は、シナジーがますます重要となる時代には別の問題を抱える。ポール・クルーグマンは、ニューヨーク州ロチェスターのような場所では、ひとつのきわめて生産的な産業が時代とともに他の産業を獲得することが多いと述べた[14]。ロチェスターでは、ジョン・ジェイコブ・ボシュが1853年にメガネ屋を創業し、それがボシュロムになった（レイバンを発明した企業だ）。このレンズづくりの専門性は1888年創業のイーストマン・コダック社にスピルオーバーし、それが1906年創業のゼロックス社にスピルオーバーした（とはいえ、そのゼログラフィ開発は第二次世界大戦後にならないと起こらなかったが）。こうしたきわめて生産的なビジネスが次々と生まれて、ロチェスターは長いこと豊かな場所であり続けた。だがやがて運も尽きた。ゼロックス社は衰退し、その後を埋める新しい地元のスーパーヒーローは生まれなかった。クルーグマンが指摘するように、運がないために衰退する都市もあるだろう――そしてこうした不運は小都市のほうが起きやすい。そこにはきわめて生産的な企業はごく少数しかないからだ。大都市にはたくさんそうした企業があるので、実質的にたくさん賭けられることになる。クルーグマンはこの状況を「ギャンブラーの破滅」になぞらえた。手持ちが少ないギャンブラーは、手持ち資金が豊富なギャンブラーに比べて、不運を乗り切るのがむずかしい。この問題は、スピルオーバーとシナジーがもっと重要となる経済ではさらに問題となるはずだ。

加えてマタイ効果も考えねばならない。繁栄した成長都市は業績も高く成長も大きいが、無形の乏しい都市はますます落ち込むばかりだ。小ささは不利になりがちだ。とはいえ、一部の小都市や町は無形資産が多ければ集積の力に打ち勝てる――例えばイギリスでは、ケンブリッジ（人口12万5000人）のような大学都市や、大きく生産的な地元企業を持つ、ダービー市（ロールス・ロイス社を擁し、人口25万5000人）などだ。だが大規模雇用者からのスピルオーバーでその場所が豊かなら、その場所はギャンブラーの破滅に弱いことになる。あらゆる都市が世界的な大学を持てるわけではない。

場所の間の分断拡大がもたらすひとつの結果は政治的な機能不全だ。『年収は「住むところ」で決まる』〔邦訳・プレジデント社、2014年〕でエンリコ・モレッティは、政治プロセスへの関与減少を挙げるが、彼の本が出た直後に政治起業家の波が世界中で生じ、政治に関与しなくなった有権者たちに、魅力的なものを提供した。失われた社会経済的世界を取り戻すという約束とセットになっていることの多い、ポピュリズムだ。[15]
この豊かだが身動きのとれない都市と、衰退して嫌われる町とのダブルバインドから救ってくれるのは技術だと期待したくもなるし、新型コロナウイルスによる在宅勤務革命がこの変化を加速するのではと思いたくもなる。１９６８年に計算機科学者ダグラス・エンゲルバートは、ビデオ会議と共働的な文書の同時編集を実証して見せた。[16] 30年たって、ジャーナリストのフランシス・ケアンクロスは「距離の死」という用語を提案して、こうした技術が経済を、場所の粗野な制約から解放してくれた世界を表現した。[17] だが２０２０年初頭には、場所は相変わらず重要だった。人々が距離の死を持ち出すのは、昔の古くさいおめでたい楽観論の例として、空飛ぶ車やペーパーレスオフィスや歴史の終わりと並べて見せるときだけだった。
コロナはリモートワークの新たな希望をもたらした。多くの国で全労働者の半数近くが在宅勤務を余儀なくされた状況で、企業は強制的な実験を迫られることになった。多くの労働者や一部の雇用者は、リモートワークは思ったほど悪くないことに気がついた。通勤を恋しがる人はほとんどいなかったし、人々はビデオ会議やコラボレーションソフトの使い方を学び、リモートワークへの全面移行など考えたこともない多くの企業が、全員がオフィスにいなくても仕事はまわることに気がついた。
だが在宅勤務の経験から見て、新型コロナのロックダウンが終わった後もリモートワークは増えるだろうが、オフィスはまだ死んではいないようだ。イギリス国家統計局が行ったイギリス企

図6.1　在宅勤務を永続的なビジネスモデルとして増やそうと考える企業の比率

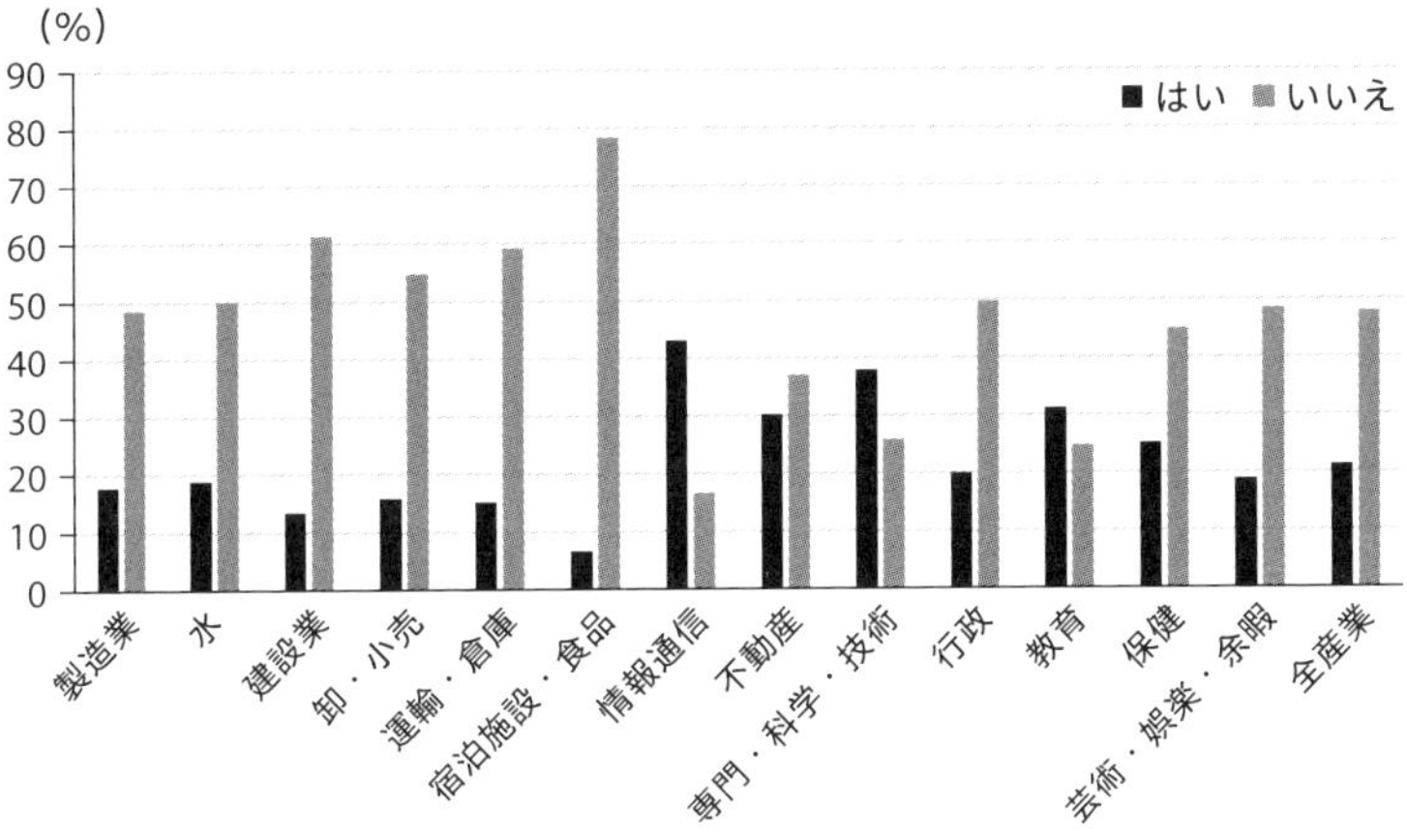

注：14波（2020年9月21日～10月4日），16波（2020年10月19日～11月1日），18波（2020年11月16～29日），20波（2020年12月14～23日），22波（2021年1月11～24日），24波（2021年2月8～21日）の平均．質問は「御社は今後の永続的なビジネスモデルとして在宅勤務を増やすつもりですか？」．データは雇用者数による加重平均

出所：ONS Business Insights and Survey データ，Haskel 2021での報告

業の大規模アンケートでは、在宅勤務を永続的に増やそうとしている企業は少数派でしかなかった（図6・1）。さらにこのアンケートでは、在宅勤務で生産性が下がらずむしろ上がったと答えた産業部門はひとつしかなかった。情報通信分野だ（図6・2）。意外でもなんでもないことだが、この部門は在宅勤務を増やそうと思っていると答えた企業の割合が最も高かった。在宅勤務を増やすと答えた第2位、第3位の産業（専門職、科学技術活動、教育）は、在宅勤務の結果として生産性は下がったと報告している。

　こうしたものすべてが示唆するのは、在宅勤務は新型コロナの結果として増えるし、その増加は最も忙しい都市の

図6.2　永続的に在宅勤務を増やすつもりの純比率と在宅勤務で生産性が上がった純比率

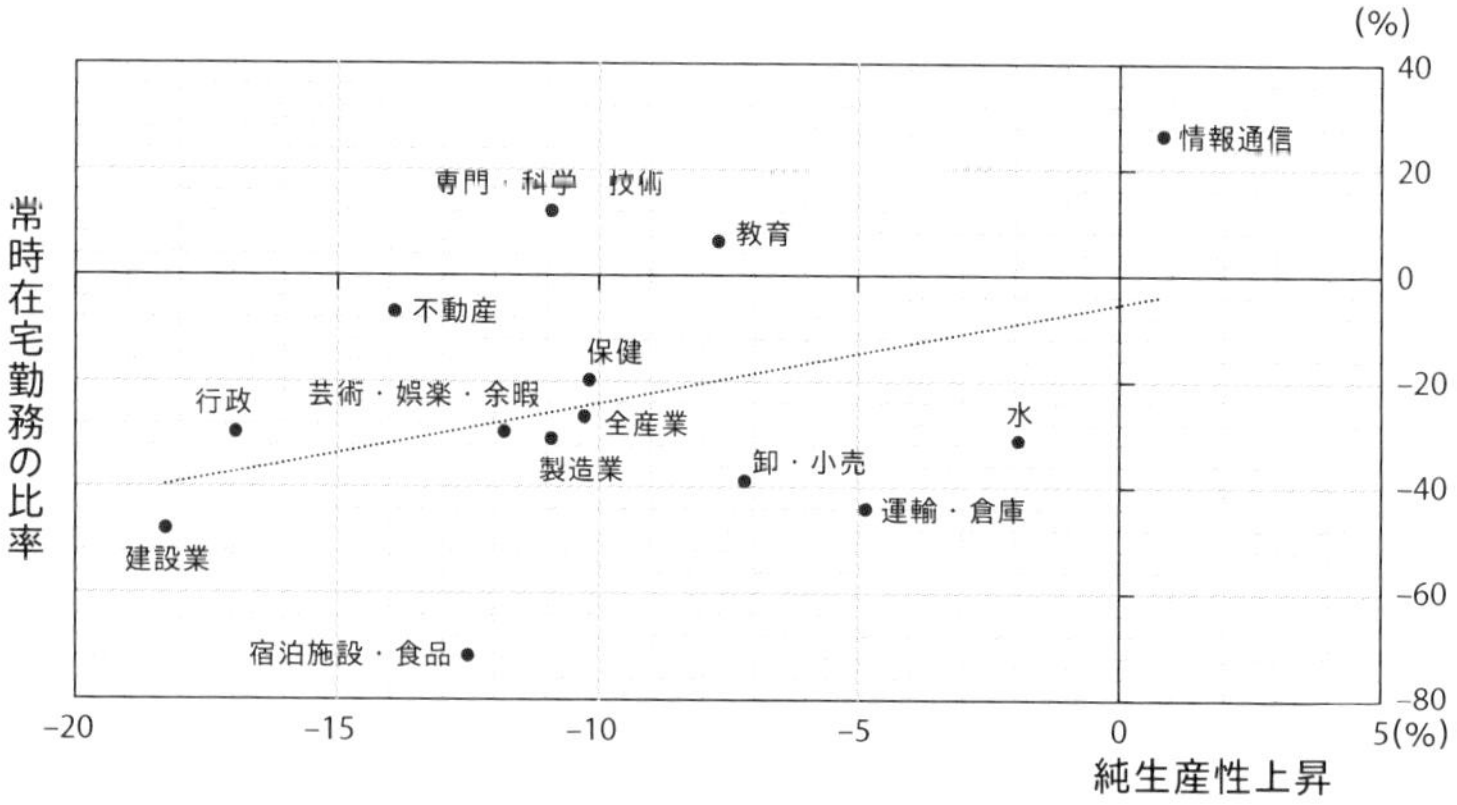

注：14波（2020年9月21日 ～10月4日），16波（2020年10月19日 ～11月1日），18波（2020年11月16～29日），20波（2020年12月14～23日），22波（2021年1月11～24日），24波（2021年2月8～21日）の平均．「その他サービス」は標本から除外した．質問は「御社の労働力の生産性上昇に在宅勤務はどう影響しましたか？」．データは雇用者数による加重平均

出所：ONS Business Insights and Survey データ，Haskel 2021での報告

圧力を軽減しつつ、もっと静かな場所で暮らす魅力を高める可能性が少しはあるということだ。だがこれは進化であって革命ではなく、根底にある都市とクラスターの重要性はなくならないだろう。

テクノクラートvs政治家

するとどうやら、リモートワークは都市を過去のものにはしないし、混雑や住宅不足の問題も解決しないようだ。今度は、都市居住の需要増に対応する方法2つに目を向けよう。テクノクラートの解決策と政治家の解決策だ。

テクノクラートは冷静に、目の前の

事実から出発する。都市の発展を許せば経済成長が起こるが、町は負け組確定だ。だったら都市計画ルールを変えて町が成長できるようにしよう。イギリス公共政策におけるテクノクラートの聖杯は、グリーンベルトを減らすか、場合によってはなくしてしまうことだ。グリーンベルトは1947年の都市農村計画法で、スプロールやまだら開発を避けるために設けられた、都市や町のまわりにある160万ヘクタールの保護された未開発地だ。当局はロンドン地下鉄駅の近くにある大量のグリーンベルトを指摘する。その多くは素朴な田園風景ではなく、冴えない藪や、ぱっとしない集約農業の畑などだ。ポール・チェシャーとボヤナ・ブユクリエヴァは、都心から45分以内のライトレールの駅から800メートル以内に、建設可能地が4万6867ヘクタール存在し、うち2万9722ヘクタールはグリーンベルト内にあるという。それだけ土地があれば住宅ストックを7～8・8％増やせる。イギリス全土で過去15年間に建設された全住宅と同じ戸数に相当する。(18) テクノクラートは、オックスフォードやケンブリッジといったきわめて生産的な場所の成長を、きわめて制約の多い都市計画ルールが阻害しているのだという。これはそこでの納税者が負担した研究開発のスピルオーバーや経済便益を制約していることになる。アメリカの都市計画専門家たちは、制約的な用途地域規制の問題を指摘するだろう。あるいは過大な駐車場要件や、新規開発を低密度にする建築基準なども問題視する。いずれの国でも、ＮＩＭＢＹ（住宅建設に反対する市民たちで、彼らの決まり文句とされる「Not in my back yard：うちの近所はいやだ」の頭文字）の都市計画や用途地域の決定における発言力が強すぎると彼らは指摘する。

彼らのビジョンは、活発な都市にもっと住宅を建てられるように都市計画法を中央集権的に緩和することだ。決まり文句として、安い家がたくさんあれば、貧しい場所から豊かな場所に引っ越せる人が増え、その移転のおかげで増えた賃金のうち、手元に残る金額も多くなる、というものだ。このビジョンの極端なものが2008年に発表された政策文書「無限の都市」だ。これはイギリスのメディアではかなり評判が悪かった。[19] 一部の扇情的な報道のおかげもあって「無限の都市」はミドルスブラやサンダーランドのようなポスト工業都市を実質的に潰せという議論のように受け取られ、そこの人口はオックスフォードやケンブリッジといったきわめて無形リッチな場所の拡大のために移転させるべきだと主張されていることにされてしまった。こうした提案の、一見するとわかりにくい細部として、住宅が安くなって低技能の人がもっと都市に移住できるようになったら、最も技能の高い人々しか引っ越せない現在よりも、町に残る平均的な人口の技能水準が上がるという点がある。ほとんどのテクノクラートは、「無限の都市」の提案ほど強いことは言わないが、こうした政策の穏健版はいろいろ見かける。イギリス中央政府の住宅計画、例えば計画権限を地方政府から開発公社に移転しようという2020年の提案や、一部のアメリカの州で見られる用途地域決定の権限を市政府から州政府に移そうという動きは、そちらのほうが地元のNIMBY主義に抵抗しやすいと思われているために出てきたものだ。

こうした問題はあまりに実現不可能だとして政治家たちを震え上がらせる。NIMBY主義はどこにでもある。住宅を持つ金持ち有権者は自分たちの近隣を過剰な開発でダメにしたくはない

――そして自宅はしばしば最も価値の高い資産だし、引退に向けた虎の子でもあったりするので、それをリスクにさらすようなことはしたがらない。賃貸に住む貧しい有権者たちは、ジェントリフィケーションで自分の近隣が跡形もなく変わるのを嫌がる。特に、それで賃料が上がって自分たちが住めなくなるならなおさらだ。開発を阻止し、計画申請を却下するのが地方政治の王道なのだ。貧しい都市を計画的に衰退させるという戦略はもっとイカレている。ほとんどの国では、政治家は地理的に決まった自分の票田に成果をもたらすことが期待されている。「あんたらは都市に引っ越したほうがいいよ」と自分に投票してくれた人々に言うなどありえない。有権者たちは、衰退している場所が底を打ってかつての栄光を取り戻すためのビジョンを求めているし、この政治家がそれを提供できないなら、それができる他の人に投票するまでだ。

テクノクラートと政治家たちは、距離の死の可能性はまったく役に立たないという点では合意するかもしれない。テクノクラートたちは、それがまだ起きていないし、今後起きるという様子もないという。政治家たちは、人々がそれを求めている様子はないと述べる（そしてコロナ後には、リモートワークが各種の悪い経済的な影響、例えば仕事のオフショア化（海外業務委託）から地元経済の破壊までを引き起こすと脅し続ける）。その差し引きの結果は不幸な妥協で、都市計画の改革は中途半端なまま、取り残された場所を助ける試みも不十分ということになる。

都市計画改革の提案は通常、それが決定されるまでのプロセスで薄められてしまう。その例が、イギリスにおける最近のコミュニティ土地競売の提案だ。これはもっと多くの土地を住宅開発用に解放する方で、地元政府が都市計画の利得の一部を捕捉できるようにする、経済的には文句なしのアイデアだ。だがこの提案は、各種のロビイングと政治的な懐疑論により潰された。あるいはイギリスの地方住宅建設プロジェクトを考えよう。これは長年にわたる中央政府と地方政府とのかけひきの中で泥沼にはまっている。結果として、実際の住宅はほとんどつくられていない。さらにこの仕組みのややこしさのおかげで、建設会社には住宅建設ではなく土地投機や建築許可取得のためのロビイングに精を出すという、逆のインセンティブが生じてしまっている。同時に、停滞した場所について「何かしないと」という政治的な使命感は、美辞麗句は大量に生み出すが具体的な計画はまったく生み出さない。

賢い政策でよりよい制度を

既存解決策のほとんどが抱える問題は、経済的現実を見ないで政治問題を解決しようとするか、政治的な現実性を見ずに経済問題を解決しようとするかのどちらかだ、という点だ。だがもっといいやり方がある。経済的に機能しつつも、多少の政治を取り入れた新しい制度を導入するのだ。成長する都市だけでなく取り残された場所も救う方法を考えよう。

住宅建設

　都市が直面する最大の問題は、住宅建設を増やすのが困難ということだ。都市で暮らし、働く需要は高まっているが、供給はずっとゆっくりしか増加せず、賃料は上がっている。住宅価格も上がっている。実際、低金利のおかげで物件価格は賃料よりも急速に上がっているが、本当に考えるべきは賃料だ。この高い需要のおかげで、あまり高密でない不動産（例えば2階建ての連棟式住居）を所有している人は、理屈のうえでは、それを誰かに売って、もっと高密な住宅（例えば4階建ての複数住戸アパート）にすれば、人生を一変させるような巨額の棚ぼた利益を得られることになる。一部の人は、そんな棚ぼたでも、売って引っ越す手間を正当化するほどの金額ではないと言うかもしれない。だが何万ポンドや何万ドルという水準の利益が問題になっている以上、それをやりたがる人も絶対にいる。

　もちろんほとんどの都市では、自分の土地を再開発用に売り出そうとしても、それが地元の法律で阻止されているのに気がつくはずだ。こうした制限はなかなか変わらない。ご近所が家をアパートに改築したら、騒乱が起きて近所の他の家の価値まで下がりかねず、誰の利益にもならないからだ。こうしたルールを変えるのは不可能に近い。市や地元当局のレベルで決まったものだからだ。あまりに説得すべき有権者が多すぎるし、どのみち有権者の多くは持ち家者ではない。経済学者なら、この状況が調整の失敗の結果だとわかる。多くの個別所有者は、土地を再開発する強いインセンティブを持っているが、ご近所に抜け駆けされるのはいやだし、全員がそれをできるようルールを変えるように協調もできない。

ロンドンYIMBY（「うちの近所でやってくれ」）の創設者のジョン・マイヤーズが指摘するように[20]、政治学者たちはこの種の問題を昔から考えてきた。エリノア・オストロムは社会が共有プール資源と呼ばれるものを管理する方法を観察した。例えば漁場や放牧地などだ。それによると、こうしたリソースのボトムアップ管理は、政府によるトップダウンの統制よりもうまく機能することが多い——よい制度と規範が存在して人々が資源を管理できれば、という条件はあるが[21]。都市空間と共有都市環境は、共有プール資源の現代の例だ。

ここで2つのおもしろい提案、街路投票と街区ゾーニングというものが登場する。街路投票はロンドンYIMBYが進めている提案だ。街区ゾーニングはアメリカの都市学者ロバート・エリクソンが1990年代に初めて提唱したものだ[22]。こうした提案は、都市計画と用途地域の決定承認を小さな地元地域に大幅に分解するというものだ。都市レベルや地方自治体レベルで都市計画を決めるのではなく、それぞれの街路や街区の土地所有者たちが決定する。住民たちが合意すれば、合意された上限まで建て増し可能だ。例えば4階とか5階とかまで建てて、19世紀の多くの都市で見られた邸宅街区のようなものにできる。権限の下位委譲のすばらしさは、人々が協調してもっと多くの開発をしやすくすることだ。多くの街路や街区は開発しないと決めるかもしれない。結局のところ一部の人にとって、今の家に留まるほうが、巨額の棚ぼた収益の可能性よりも価値があるかもしれないのだ。だが平均の法則から見て、一部の人は開発したがる。おかげで住民たちが実際に選んだ住宅空間増大が実現する。

ロンドンYIMBYは不人気な結果を避けるために多くの保護策を提案している[23]。例えば投票が行われるのは、一定数の地元民が提案して投票を支持した場合だけだ。あるいは地元の持ち家者の3分の2という絶対多数が賛成したり、そこに5年以上も物件を持っている人々の3分の2以上の賛成を必要としたりする、といった取り決めもできる。目標は、住民たちが本当に高い密度からくるアメニティ増大と地価増大を求めている場所を見つけることであり、求めていない人々に密度を押しつけることではない。関連したアイデアである「コミュニティ境界拡大」は、村のような小コミュニティが周辺グリーンベルトの規模を縮小して開発を増やせるようにして、その利得を共有できるようにする、というものだ。

こうした提案には2つの驚くべき特徴がある。まず、多くの都市計画改革のアイデアにはできない形でインセンティブを整合させる。もっと多くの住宅を求める世帯――これは巨大な集積効果の時代には大きな社会便益を提供する――は金銭的な利益を得られる。開発に反対する街路や街区はこの報酬を受け取れない。第2に、この提案は地元の権限と能力を減らすのではなく、増やす。

こうした提案が人気を高めている兆候はある。ロバート・エリクソンはNIMBY主義が高まりつつあった1998年に街路投票を提案した。アメリカのゾーニング専門家のロバート・ネルソンは、1999年に似たものを提案している。もっと最近では、イギリスの王立都市計画協会はこうした「ミクロ民主主義」を2020年のポジションペーパーで支持した。建築環境をめぐる高名なイギリス政府委員会は、街路投票や街区投票の試行を提言した[24]。

都市計画の意思決定を州や国の政府に格上げして都市レベルでの抵抗を回避するというのは、理論的な観点から魅力がある。大きな政府は理論的には調整問題を解決できるはずだ。だが実際には、おそらくロビイングに蝕まれ、これまでイギリスでの住宅改革の試みにつきまとってきた、行き詰まりと中途半端が引き起こされるだけだ。この議論は、第3章でお目にかかったいくつかの原則の例示になる。財産権はこの場合は地元持ち家所有者についてのものだが、集合行動問題の面で役に立つ。中央集権化された意思決定はスピルオーバーには役立つかもしれないが、無駄の多い影響活動を引き起こしかねないのだ。

インフラ建設

繁栄する都市が直面する別の問題はインフラとサービス、特に輸送だ。低質な輸送と渋滞は都市を、人口だけで考えた場合よりも実質的に小さなものにしてしまう。そしてもし住民が、交通容量が人口とともに増えると思わなければ、新規開発に抵抗する可能性も高まる。

テクノクラートたちは独自の解決策を提案する。最もストレートなものは、借金をして新規の公共交通を建設し、いまやもっと栄えた都市における経済活動の増分からの税収により、それを時間をかけて返済することだ。もっと野心的な場合には、市のリーダーたちは渋滞課金や現在無料の駐車用地で駐車料金を取るといった方策を導入できる。いずれの場合も、自動車利用者はそれまで好き勝手に消費できた共有資源に支払いを行い、道路の改良や公共交通に使う歳入をもたらすことになる。エドワード・グレイザーの最近の論説「都市化とその反対者たち」は基本的に、都市制度（交通輸送や交通管理、警察、学校）は都市が直面する課題に後れをとっていて、ますます大きな経済問題を引き起こしているという主張を行っている。[25]イギリスでは近年になって、意外なところから道路使用者課金を支持する声が上がっている。[26]例えば自動車慈善団体ＲＡＣファウンデーションや少なくともひとつの右派シンクタンクなどだ。[27]

ここでの課題は単に最適な政策の選択に留まらず、むしろ政治や利権——ＮＩＭＢＹ主義など——を克服することだ。自動車の運転手たちは課金を嫌うし、彼らのほうが、中期的な渋滞解消や公共交通改善などで恩恵を受ける大きな集団よりも抵抗運動を組織動員するのがうまい。警察の労働組合は、アカウンタビリティや地域警備手法に反対するし、教職員組合は新カリキュラムに反対する。

解決策の一部は政治的な選択に関係する。政治家たちはある程度までは既存利害を克服できるが、そのためにはそれを無視するための政治資本を費やしたり、それに対抗する連合を動員したりしなければならない。そうしたものはひとりでに生まれたりはしないからだ。実際これは、政治家がやることや政治の本質の大きな部分なのだ。だから例えば、２０１９年に選ばれたイギリス政府はロンドン以外の大都市における公共交通投資を加速すると示唆した。そうした都市は公共交通不足で、おそらく集積便益が減っていたはずなのだ。政府がこの約束を守るかどうかはお手並み拝見だが、これまでの政府よりは、この問題に政治的資本をもっと割くことに決めたのは確からしい。同じように、２０２０年のアメリカにおけるブラック・ライブズ・マター抗議は、警察労組の力と一部の警察が享受している広範な法的保護に注目を集め、それを減らすのに十分な反対勢力の動員につながったかもしれない。都市制度改善の主張が強化されれば、政治家たちもそれに政治資本をもっと使おうとするかもしれない。

都市計画と同様に、優れた政策設計は政治を容易にしてくれる。20年にわたりアメリカ都市における無料駐車ときわめて乏しい駐車規制の弊害（ロサンゼルス郡では、駐車スペースが郡全体の土地面積の14％を占め、道路網の面積の1・4倍だ）を研究してきたドナルド・シュワプが、駐車料金への支持を集める方法のひとつは、その収益が地元で使われるようにすることだと論じている。[28] 街路信託基金は道路利用課金の一部を、人々が通る個別の街路に割り当てる。こうした解決策は、エリノア・オストロムによる、共有プール資源を管理するために権利をコミュニティに割り当てて、問題に対処する力を与える、という解決策とも呼応する。これらは大都市の足を引っ張っている制度問題を解決するための、魅力的な手法を都市の指導者たちに提供している。[29]

取り残された場所

繁栄する都市では、政治的に機能しない善意のテクノクラート的解決策があまりに多い。取り残された場所は逆の問題に直面する。善意の（そして一部はあまり善意ではない）政治家たちは、過去の偉大さを回復するという約束をしてみせるが、そうした約束は経済的な現実とは乖離しているのだ。

２０１６年、ドナルド・トランプの大統領選出は、かつては繁栄していた製造業の町で彼が人気を持っていたことと、アメリカの製造業を回復させるという公約に負う部分がかなりあった。同様に、２０１９年のイギリス総選挙では、これまで労働党の牙城だった苦闘する北部やミッドランズの町で、保守党が躍進したが、そこではイギリス右派の一部が改めて持ち出した希望は「町をまたグレートにしよう」とでもまとめられる。保守派評論家デヴィッド・スケルトンは「ポスト工業都市をイノベーションのエンジンとして刷新した、繁栄ハブの創造」と「忘れられた町の再工業化」を訴え、地元の税制優遇、技能への投資、政府部局の転入、地元に適用される研究開発資金を求めた[30]。ポストリベラルのシンクタンクであるオンワードは、政府が「科学、研究開発や技能支出を使い、再生可能エネルギーや先進製造業の世界クラス企業を［保守党の］新たなハートランドにクラスターさせる」よう訴え、そのために「伝統的な保守派の経済的な定石であるトリクルダウン成長から離脱して、町に目的意識を取り戻す」よう求めた(31)。

こうした種類の政策は決して悪いものではない。だが集積の世界においては、小さく貧困な都市や町は、出発時点で大きなハンデを負っている。追いつくためには、強い流れに逆らって泳ぐことになる。そして成功が証明された明確な政策ツールキットはない。町を助けると約束する政治家たちは、必要とされる持続的な投資や政治的コミットメントがどれほどのものか、ほとんどの場合はわかっていない。また彼らの訴える政策――広く定義された産業政策、地元の税制優遇や技能投資――は小さな貧困地域支援で決して明確な成功実績を持ってはいないことも理解していない。

だからといって、町のためには何もできないと言うのではない。だがもっと繊細なアプローチが必要だ。取り残された町にもいろいろ種類があることを認識し、必要な場合には実験の余地を残すようなアプローチだ。

適切な具体的投資があれば、一部の苦闘する場所は集積効果の恩恵を受けられる。これまで見たように、イギリスの一部中規模都市――例えばバーミンガム、リーズ、マンチェスター――は、交通渋滞や公共交通機関の不備により、その規模から当然予想される水準に比べて生産性がはるかに低い。こうした都市での公的研究開発投資は、企業の研究開発水準から予想されるよりずっと低いが、これはイギリス政府の資金配分方法に歪みがあるせいだ。こうした都市では、比較的ストレートな投資プログラムが役に立ちそうだ。

同様に、一部の苦闘する町は繁栄している町の通勤圏内にあるのに、連結性が乏しい。イギリスのシンクタンクであるセンター・フォー・シティーズの研究[32]によれば、多くの町は大都市との連結性を高めれば恩恵を受けられる。他の経済学者たちの指摘では、一部のきわめて貧しい町もすでに都市とかなりよく接続されていて、通勤時間が30分を超えると集積効果が大幅に弱まると指摘している。だが政治家が経済的支援の必要な場所としてしばしば引き合いに出すイギリスの町の少なくとも一部は、既存都市圏の内部にある（例えばウィガンやオルダムはマンチェスター都市圏だ）から、もっとよい都市政策で恩恵を受けられるはずだ。こうした便益を実現するための交通リンクを確実につくるべきだ。

こうした選択肢は、すべての都市に利くわけではない。小さすぎて集積効果が持てず、今のところ無形投資をあまりしない町では、政策担当者は他の選択肢を検討しなくてはならない。ひとつの可能性は、政策担当者としても実現方法がわからない生産性の奇跡を約束するのはやめて、町の生活環境改善に専念することだ。ウィリアム・カーとフレデリック・ロベール＝ニコウが指摘するとおり、一部の人が町から町へ引っ越すのは、驚くほど平凡な理由のためだ。「半導体とトランジスタの研究でノーベル物理学賞を共同受賞したウィリアム・ショックレーがサンフランシスコに引っ越したのは、病気の母親の近くにいるためだ。後に彼の会社ショックレー半導体研究所からスピンオフした企業には、インテルとAMDも含まれる。同様に（中略）ビル・ゲイツとポール・アレンはマイクロソフト社をアルバカーキから故郷の町であるシアトルに移した。

（中略）家族との近接性が勝ったのだ」[33]。こうした例は、強い公共財と家族に優しいアメニティ、例えば犯罪の少なさや公園、定期的な出産のための病院などを提供するのがいかに重要かを示している。

町の生産性上昇を奨励したくても、うまく機能するはっきりしたモデルがない以上、バスク地方のようにもっと暫定的で実験的なアプローチをとる必要がある。

無形経済で繁栄した地方とは？

スペインのバスク地方は大幅な繁栄と成長を実現したが、その一部は創設60年のモンドラゴン社のおかげだ。これは労働者連合であり、事業グループとして銀行、商店、製造業を所有し、7万人以上を雇用している。モンドラゴン社は協同組合的組織のおかげで左派の大看板となったが、それを創業したのはカトリックの神父だし、多くの点でこれは様々な事業で激しく競争する立派な資本主義的事業体となっている。例えばスーパーマーケットなどはバスク地方をはるかに越えて展開しているのだ。その成功が驚かれるのは、無形資産を強調している点だ。技術訓練や研究開発に大量投資して、独自の学校や労働者開発センターさえ運営している。モンドラゴン社の全体的な構造は、こうした投資スピルオーバーを内部化するようにして、大都市が享受している集積効果の一部を反映しているようだ。

モンドラゴンモデルは60年にわたって発展してきたもので、バスク地方は19世紀末以来、スペインの中でも生産性が高く繁栄した地域だった。バスク地方の体験は、他の政府政策担当者が真似るべき戦術をいくつか示唆している。特に無形資産の間に大きなシナジーがあるなら、そうした無形投資を公的資金で段階的に支援する政策は、生産的な成長につながるかもしれない。

別の可能性はコミュニティ資産構築だ。これは地元自治体の調達と、地元の公共団体やコミュニティ制度を通じた地元の経済発展を奨励する。例えばコミュニティ銀行、協同組合、住宅組合などだ。コミュニティ資産構築は多くのサービスについて「地元調達」を行う。例えば低所得者向け住宅などの維持管理には地元業者を使うのだ。イギリスではこれは、プレストンモデルと呼ばれることもある。これを採用した北部の町にちなんだもので、そこは民主社会主義的な経済政策の見本となった。アメリカでは、これはオハイオ州クリーブランドでデモクラシー・コラボラティブが果たした役割として知られる手法だ。その支持者はしばしば、倫理的および分配的な理由でこれを支持し、それが賃金を高め、格差を減らし、不当利益を減らすのだと主張する。批判者たちはそれが保護主義的な性質を持つ点に注目する。地元調達は、もし他でもっとよい安い供給業者がいるのであれば、確かにお金の無駄遣いで価値を破壊するものとなる。

コミュニティ資産構築が成功するのか、そのための条件は何かについて、我々は強い実証的な見解は持っていない。だが生産性の観点から、なぜそれが成功しそうかを考えてみるとおもしろい。プレストンモデルの特筆すべき側面のひとつは、それが無形投資を促進することだ。その最も明確な例は研修だ——例えば公共事業契約を使って見習い制度や技術技能を提供する。コミュニティ資産構築を専門とするシンクタンク、地元経済戦略センターは、他の例も挙げている。[34] 例えばあるイギリスの地方自治体は、社会保障ケアの提供をもっと有効なモデルに改組した（組織開発における無形投資だ）。コミュニティ所有組織は、価値を生み出す補完的な無形投資を奨励できるかもしれない。無形の観点からすると、地元という側面が重要になる。というのも、地元レベルで人々がうまく協調すれば無形のシナジー問題を解決できるからだ。

こうしたモデルは貧困地域の生産向上支援手法として、もっと多くの評価と実験を行う価値がある。同時に、成功の一貫した、あるいは信頼できるレシピがあるわけではないから、政治家たちも地元の成長についてあまり現実離れした期待をしないことが重要となる。

距離の死を加速

先ほど、新型コロナが引き起こしたリモートワーク台頭は場所の問題を消し去りはしないと述べた。だが同時に、その問題を多少は軽減するのには役立つかもしれないとも述べた。一部の従業員をリモートワークに変えても、都市の勝利は逆転しないが、それを弱めはするし、もしリモートワーカーに魅力的な提案ができたら、一部の取り残された場所にも追いつく機会が生まれる。だが在宅勤務を成功させようとすると、独自の制度問題が生じる。それを今からみよう。

技術変化が実現するには長い時間がかかるという発想は、電力が発明されてから、産業が電化されるまでに何十年もかかったという事実が好例となっている。商習慣と工場の設計が、革新的な新しい技術に追いつかねばならなかったわけだ。アマラの法則によると、新技術の影響は短期的には過大評価されるが長期的には過小評価されるのだ。

同様に「距離の死」は、かなり世界を一変させ、都市の支配にたてつき、おそらくは通勤や職場でのつながりに深い文化的な影響を持つかもしれない。本書執筆時点では、そうした深遠な変化における巨大な予想外の実験が続いている。在宅勤務という変化だ。万人が在宅勤務できるわけではないが、推計でイギリス労働者の47％は２０２０年夏にコロナ禍のせいでリモートで勤務していた。在宅勤務はますます無形に依存する経済にどんな影響を与えるだろうか？

在宅勤務vs出社

少なくとも一部の従業員は在宅勤務を喜んでいる[35]。在宅勤務で通勤しなくていいし、子守などにも対応できるし、同僚で気が散るのを最小限にできるし、ソーシャルディスタンスを維持できるし、場合によっては自由時間も増える。雇用者側では、在宅勤務の従業員が多い企業はこう自問している――誰もいないオフィスを維持する特権だけのためにバカ高い賃料を支払って、他の無人オフィスに囲まれているだけというのは、まったく無駄ではないのか？

だが出社にもかなりの価値がある。まず、じつは同僚からかなりのことを学んでいるだろう。

キャリアの浅い若手社員にとって、ＯＪＴ（On-the-job training）はことさら価値が高い。第2に在宅勤務は従業員を特殊なリスクにさらす。社員が在宅勤務していると、雇用者はなかなかそのパフォーマンスを監視できない。信頼できる従業員は雇用者に対して、自分がいっしょうけんめい働いていてビーチでサボっていなかったことをどうやって納得してもらおうか？　パフォーマンスに基づく契約を申し出てもいい。だがそれは複雑で、侵襲的で、不可能な場合さえある。もっと単純な解決策は、単純に出社することだ。従業員に会社に来るよう要求することで、雇用者は従業員が働いているはずのときにテレビを観たりビーチに出かけたりしていないのが確実にわかる。有名な話だが、マリッサ・メイヤーはヤフーのＣＥＯになって、まっ先に在宅勤務を禁止した。これは在宅勤務を増やそうというそれまでの方針を逆転させるものだった。彼女は出社するか辞めるかを社員に迫った。また２０２1年夏には、アップル社ＣＥＯのティム・クックも、秋にはオフィスに戻るように在宅社員に告げた。

在宅勤務の生産性効果がじつに明確に不明確なのは、驚くべきことではないのかもしれない。これはイザベル・ソーヒルとキャサリン・ギヨのアンケート調査で得られた結果だ[36]。中国の大手旅行会社でのある実験では、コールセンターの従業員が無作為に在宅勤務を指示された。在宅勤務者はパフォーマンスを13％上げた。その一部は、1分当たりにこなす通話料が増えたからだが、ほとんどは休み時間や休日が減ったからだった。だが実験が終わってみると、在宅勤務を続けた労働者はあまり昇進できなかった[37]。別の調査では、知識集約型ＩＴサービスコンサルティング企業は、コロナ禍に在宅勤務で生産性を落とした[38]。こうした例を見ると、産業部門ごとに様々な仕事で生産性がどれだけバラバラかがよくわかる。電話応対といった、おおむね単一タスクの仕事は、たぶん自宅でも生産的にこなせるのだろう。だが他人とのやりとりも含め複数のタスクをこなす仕事では、自宅からではあまり生産的にこなせないのかもしれない。

２０２０年の実験で明確にわかる教訓は、在宅勤務にはツール、技能、規範が必要だということだ。この一部はロックダウンの最初の数週間で明白になった。従業員は何をするにも、コンピュータとブロードバンド接続が必要だ。ソフトウェアもいる（２０２０年春には、Ｚｏｏｍが世界中の何百万件もの会議で使って安全かどうかについて、世界的な議論が巻き起こったのをご記憶だろうか？）。そして椅子と、平らな作業面と、作業場が必要だった（みんながオフィスにいるときにはあまりわからなかった、人々の生活環境格差もあらわになってしまった）。

だがもっと解決がむずかしいこともある。リモート勤務の従業員同士で、企業はどうやってうまく情報交換すればいいのか？　オフィスのキッチンや給水器のまわりのさりげない会話をどうやって再現しようか？　若手職員が受ける訓練のうち、物理的に経験豊かな従業員のまわりにいなければ不可能なものはどれだけあるのか？　一部の企業のように、従業員が週に数日しか出社しないなら、それで仕事をうまくまわすにはどうすべきか、どんなルールや規範が必要なのか？　リモートワークに慣れていた少数の企業ではそうした規範がすでにできていたが、そうした基準はあまり広く知られてはおらず、そもそもそれは一部企業の個別活動にカスタマイズされている

（特にワークフローや生産物がリモートでもかなり表現できて共有しやすい、ソフトウェア開発ではそれが顕著だ）。だがほとんどの部門や産業は、まだ長い発見プロセスの出発点についたばかりだった。

昔々、いまや伝統的な職場だとみんなが思っている工場やオフィスも、目新しかった。企業はそれをうまくまわす方法を知らず、労働者もそこでのふるまいがわかっていなかった。だがそのための規範やルールがすぐにできて、タイムカードから組立ライン、事務椅子から社員食堂やカフェテリアまで各種の実務的イノベーションが発達した。これからの年月で、リモートワーカーの中でも同種の制度的イノベーションが必要となる——あるいはそれが起きなければ、95％の仕事がオフィスで行われるという世界に残念ながら逆戻りということになる。

こうしたすべてのためには、労働者のモニタリングや新規採用のスクリーニングといったプロセスに対する企業の無形投資がもっと必要になる。そしてそれはおそらく、信用や信頼性といった「ソフトスキル」の収益性を引き上げる。経済学者デヴィッド・デミングは、労働市場において社交性などの非認知能力の価値が過去40年で上昇したことを記録している。実際、認知能力、例えばＩＱ試験の価値は、教育水準を除いた部分では、むしろ21世紀になってから下がっている。(39)リモートワークへの移行はソフトスキルをさらに重要なものにするだろう。

まとめ

経済が無形化するにつれて都市の重要性は高まってきた。スピルオーバーとシナジーの重要性が高まると、人々は都市から離れるどころか、流入した。だが持ち家有権者は、さらなる開発を押し留めてしまいかねない。地元地域にもっと権限を委譲することで、アメニティをもっと有効に改善できるはずだ。だが都市の基本的な魅力は、それがもたらすマッチングの可能性だ。その強力なクラスター形成の力を相殺するほどには、まだ距離は十分に死んではいないのだ。

第7章 機能不全の競争を減らす

企業の競争が減っているのを懸念する経済学者や政策担当者の多くは、1960年代や1970年代のもっと強硬な競争政策への復帰を訴え、ハイテクプラットフォームなどの大企業の解体や国有化を主張している。我々はこれがまちがったアプローチだと考える。企業間の競争変化は政策変化ではなく、むしろ無形資産の重要性増大によるものだからだ。そして競争の持つ側面として無視されているものがある。しばしば無駄の多い、個人同士のイタチごっこだ。こうしたイタチごっこを軽減するのは、教育者や政府にとっての優先事項となるべきだ。

現代は独占企業の時代だといわれる。スタンダード・オイルやUSスチールが経済を支配して、好き勝手にそれを動かした時代はとっくに終わった。だがスマートフォンのロックを解除したら、そこに輝くアイコンは、負けず劣らず強力で堅牢な独占企業グループをあらわしている、と批判者たちは述べる。そして問題は1兆ドルのハイテクプラットフォームだけではない。最も儲かり生産的な企業と後続企業とのギャップ拡大は、ほとんどの国やセクターで見られる。これは多くの経済学者や政策担当者を不安に陥れている。

過去10年にわたり、企業間の競争低下という問題に対処するために必要となる制度的な修正については、莫大な意見が登場してきた。その核心には2つのアイデアがある。最初のものは、競争政策が40年にわたりまちがった方向に進み、いまやそのツケがまわってきた、というものだ。2番目は、ハイテク企業が新しく特に危険な脅威を競争市場にもたらしている、というものだ。

この競争政策の失敗とされるものに対する最もありがちな治療法の提案は、1960年代と1970年代の反トラスト原則への復帰だ。特に企業がきわめて大きな市場シェアを享受しているときには、もっと積極的に介入すべきだという。この見方の支持者たちは、ときに新ブランダイス主義者を名乗る。20世紀初頭のトラスト破壊を行った最高裁判事ルイ・ブランダイスにちなんだ命名だ。彼らの批判者は、この「バック・トゥ・ザ・フューチャー」的雰囲気を持つ運動を「ヒップスター反トラスト」と命名している。

反トラストが、特にデジタル分野で失敗しているという見方は広範な支持を得ている。アメリカ下院司法委員会の2019年デジタル調査市場は有力な例だ[1]。これはもっと強力な反トラストの施行、支配的なプラットフォームの解体、データポータビリティの要件、支配的交渉力濫用の禁止などを訴えている。バイデン大統領は、この調査の顧問だった法学者リナ・カーンを連邦取引委員会の委員長に据えた。イギリスも２０１９年に独自のデジタル競争についての特別レビューを実施し、その座長にアメリカの経済学者ジェイソン・ファーマンを任命した。ＥＵもデジタル競争をめぐるこの懸念を共有していて、それを典型的にあらわしているのが、インターネットプラットフォームを特に懸念し、それを統制して市場形成能力を制限しようとするデジタル市場法だ。２０２０年10月に欧州委員会委員のマルグレーテ・ヴェステアーはデジタルプラットフォームについてこう述べた。「人々の生活にすさまじい力を持つ問題。人々の安全に影響する——危険な製品や有害コンテンツが広く普及するか、それともすばやく取り除かれるかに作用する。人々の機会にも影響する——市場がニーズに対応できるか、プラットフォーム自体の利益に奉仕するか。政治的議論を導き、民主主義を保護する——またはダメにする——力さえ持っている」(2)。

本章では、無形資産が経済パフォーマンスを動かす世界においてはちがった種類の制度改革が必要なのだと論じる。我々の議論にはいくつかの部分がある。まず、企業間の競争低下に見えるものは、無形の重要性増大を考慮しなければ、正しく理解できない。無形の影響を考慮すれば、市場支配力の増大の症状に見えるもの、例えば一部市場での利ざや増大、全国レベルでの集中増大は見かけでしかないことがわかる。他のものは本物だが、それは規制の哲学的な基盤変化と同じくらい、資本の性質変化によるものだ。第2に、無形リッチな企業は規制当局にちがった課題をもたらす。規制当局も専門性を高めねばならないのだ。これにはヒップスター反トラストの支持者の多くも賛成するはずだ。最後に、反トラストは通常は企業間の競争低下にばかり注目してきたが、労働者同士の競争増大も検討するのが重要だと我々は考える。学校、仕事、地位をめぐる競争だ。この労働者同士の競争は、無形の重要性増大に大いに支配されている。それは特に労働者の間のゼロサム競争リスクを増やし、無用な学位や無意味な資格への不良投資のリスクを拡大しているのだ。我々の制度は現在、このトレンドに対してまったく免疫を持っておらず、それを早急に修正しなければならない。

競争低下とされるものは賢明か

まずは企業間競争についての通常の議論を振り返ろう。これを最も明確に示したのは経済学者トマ・フィリポンによる重要な研究だ。図7・1は2002年以来の国別の証拠を示している。市場集中度（トップ企業のシェア）は世界中の競争当局により使われている標準的な指標だ。市場で競争する企業が少なければ、経済学者の多くは心配するようになる。この状況はしばしば、価格や製品の多様性をめぐる競争低下と関連づけられ、イノベーションのインセンティブも弱まる。

関連した現象として、経済学者が「マークアップ（利ざや）」と呼ぶものの上昇がある。これは製品を生産する限界費用と、その製品の販売価格との差だ。ヤン・デレッカーとヤン・エーク

図7.1　2002年以来のトップ8産業集中度
（先進国13カ国におけるトップ8企業が産業全体の売上に占める比率）

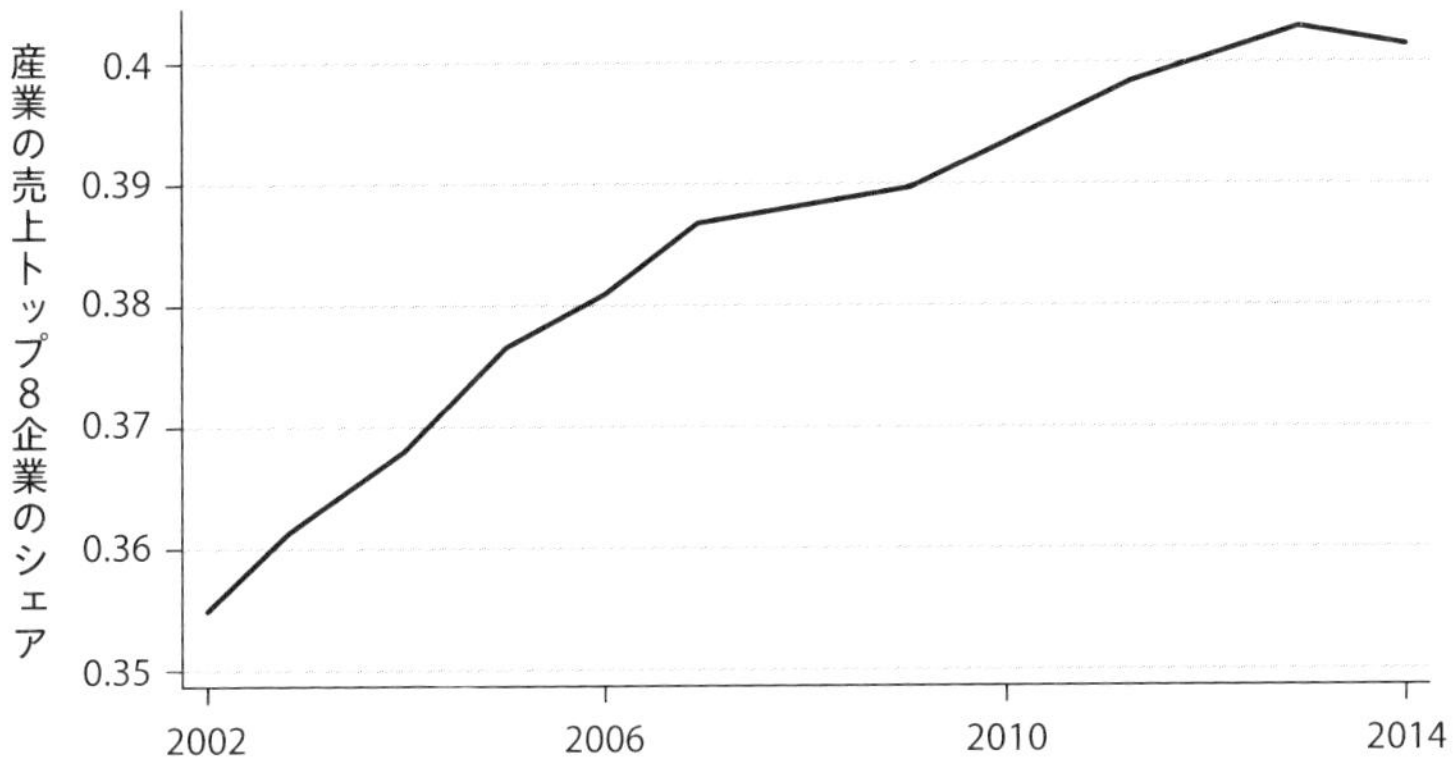

注：13カ国はベルギー，デンマーク，フィンランド，フランス，ドイツ，ギリシャ，イタリア，日本，ポルトガル，スペイン，スウェーデン，イギリス，アメリカ．含まれた産業は産業中分類の製造業と非金融市場サービス．集中度は各国における各産業の総売上の中でトップ8の企業グループが占める割合として計測．国と産業のペアごとに平均の（未調整）変化を示す
出所：Bajgar, Criscuolo, and Timmis 2020.

ハウトによる有力な研究[3]は、マークアップが1980年代に欧米で着実に上がっていたと示唆する（世界中のこのトレンドをまとめた図1・5参照）。これまた経済学者たちには警報だ。競争市場では、利ざやがどんどん上がるというのは考えにくい。消費者たちはあっさり別の店に出かけ、もっと低い価格の競合他社から買うようになるはずだからだ。

競争欠如の他の症状は何だろうか？多くの経済学者は経済に占める利潤の割合が上がっていると論じる。特にアメリカでそれが顕著だ。また図1・4で見たように、OECDのキアラ・クリスクオロ率いるチームによる有力な研究によれば、業界の先進企業と後続企業との間が2001年以来着実に広がっている[4]。

多くの経済学者からみれば、先進と後続とのギャップ持続もまた、競争がおかしくなった証拠だ。結局のところ競争がすばらしいのは、最高の製品を持つ企業だけが市場で成功するからだ。だが何が最高の製品かは、絶えず変化にさらされる。経済学者ジョセフ・シュムペーターが創造的破壊と呼んだもののおかげだ。「この創造的破壊のプロセスこそが資本主義の本質的な事実となる」(5)。うまく機能する市場では、後続企業は市場を退出するか、あるいは製品が改善するにつれて先進企業に取って代わるはずだ。

一部の人にとって、現代経済における競争の別の困った側面は、一部新興企業がすさまじくコングロマリットめいた性質を示していることだ。アマゾンは本屋として出発した。いまや映画を製作し、ウェブホスティングも販売する。グーグルは検索エンジンから、オンライン広告、さらにメールサービスから自動運転車まで手を広げている。この経済のますますコングロマリット的な性質は、１９６０年代の産業構造の多くを思わせる。そこでは巨大コングロマリットが多くの産業を支配していた。この物語はよい終わりを迎えなかった。コングロマリットは鈍重で非生産的で、ほとんどは市場の力により解体されてしまったのだった。

要するに、多くの人々は集中増大、先進企業と後続企業とのギャップ拡大、コングロマリットへのトレンドを、競争不在の指標だと考える。そして、競争欠如は経済をいろいろよくない方向に導くという。低イノベーション、ダメな経営や雇用慣行、レントシーキング、不満だらけなのに行き場のない消費者などだ。

企業間競争に無形が与える影響

我々は無形の台頭が、競争に起きたことについて別の説明を提供すると考える。

まず集中の増大を考えよう。ここでは、全国市場での集中と局所的な市場での集中のちがいを考えるのが重要だ。多くの財について全国的な集中は局所的な集中に比べ、ずっと問題にはなりにくい。2つのちがった国を考えてほしい。最初の国には、スーパーマーケットのチェーンがない。もう一つの国には、スーパーマーケットのチェーンが2つあり、どの町にも各チェーンの所有する店舗が1軒ずつある。最初の国では、それぞれの独立スーパーは地元の独占企業のようにふるまえる。週に1度の買い物のために隣町まで出かける人はほぼいないからだ。全国的な集中度を計測すれば、2つ目の国のほうが圧倒的に集中度は高いが、消費者たちはそのほうがいいと言うだろう。あらゆる消費者は二店舗のどちらかを選べるし、価格と品揃えの面で競争が多いはずだからだ。

チャンタイ・シェとエステバン・ロッシ＝ハンスベルクの研究は、1977年以来のアメリカにおける地域的な集中と全国での集中のちがいを検討した。その結論は、全国的な集中は高まったが地域的な集中は下がったというものだった。ラニアー・ベンカール、アリ・ユルコグル、アンソニー・リー・チャンも同じ結果を見出した(6)。シェとロッシ＝ハンスベルクが示した理由は、きわめて無形的なものだ。「ＩＣＴ技術と新しい経営手法の採用で、やっと製造業以外の企業も多数の場所で生産をスケーリングできるようになった」[7]。別の言い方をするなら、無形はスケーラブルなので、価値ある無形資産（人気ブランド、強い経営手法、独得な製品）を持つサービス企業は多くの地域市場に拡大できる。これが抽象的に思えたら、全国的、国際的な小売りチェーンを考えよう。ブランディング、ソフトウェア（在庫管理、顧客ロイヤルティ、ｅコマース）、サプライヤとの関係（「ファストファッション」の秘策）、新製品開発に大量に投資している——すべて無形投資だ。パブのチェーンであるＪＤウェザースプーンや、成功した独立レストランから成長したミッドマーケットのチェーン、ＺａｒａやＩＫＥＡを考えてほしい。こうした無形依存のビジネスモデルを持つチェーンが大量にある世界は、地域的な競争が激しいはずだが、全国の数字にはそれは登場しない。

この発想はまた、ＯＥＣＤのマテイ・バイガル、キアラ・クリスクオロ、ジョナサン・ティミスの研究でも裏付けられる。彼らは集中度の変化と無形集約度との相関を研究した[8]。第2章で見たとおり、集中度の上昇は最も無形集約的な産業で生じている。利ざやと利潤に目を向けると、第1章と第2章で述べたように、アメリカ企業の利ざやや総収益率は、企業の資本に無形も含めるようにすると、おおむね変わっていない。企業の利潤増大は少なくとも分母がまちがっていることからくる見せかけでしかない。企業が投資しているますます重要となる資本ストックを無視しているせいなのだ。

図7.2　アメリカ内外での利潤シェア

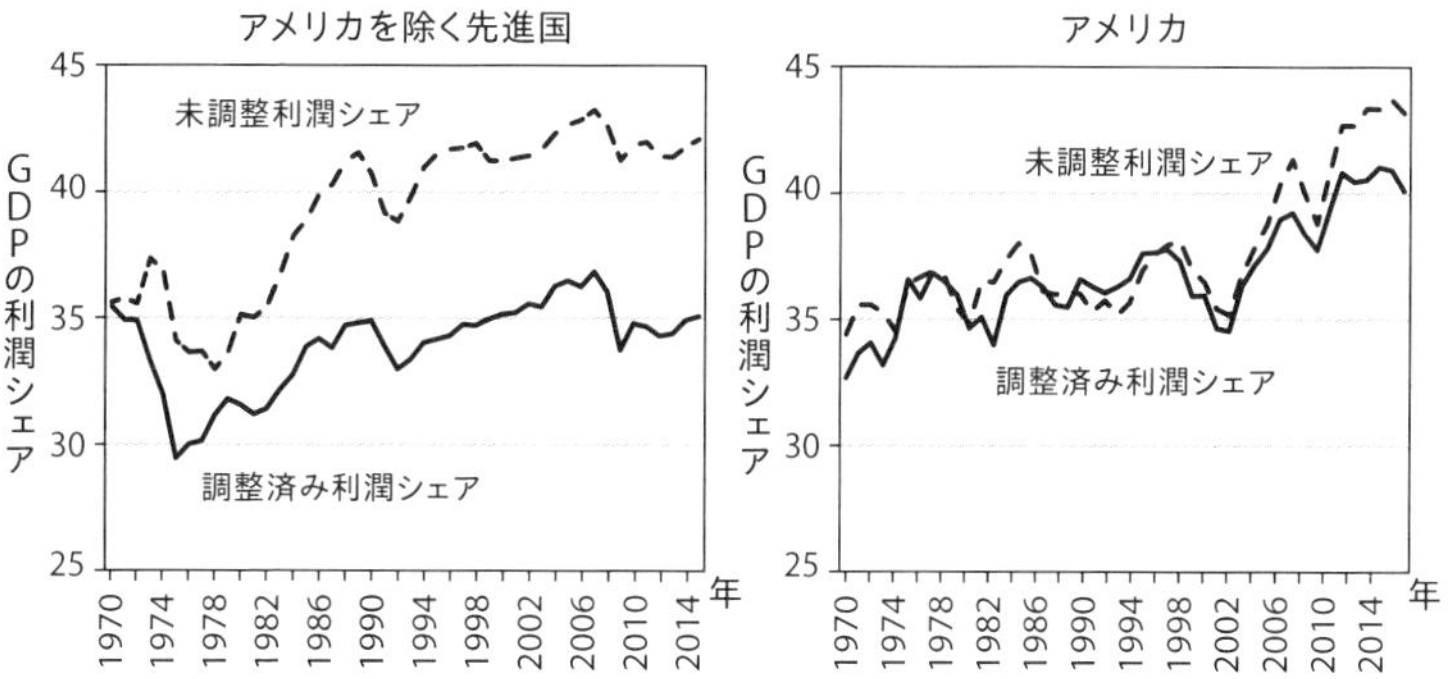

注：未調整の線は企業所有の住宅を含む．調整済みの線はそれを除外している
出所：Gutiérrez and Piton 2019a.

利潤を見ても似たようなことがうかがえる。ここでの計測は困難だらけだ。利潤は資本収益率として計算されるから、賃金や給料（これは労働に対する収益だ）を計測する国民会計を見るのが自然に思える。図7・2は「未調整」というラベルの下でGDPのうち利潤が占める割合の主要な数字を示したものだ。これを見ると、アメリカでもその他でも利潤のシェアが上がっているのがわかる。

ゲルマン・グティエレスとソフィー・ピトンはこうしたデータを深掘りして、ちがった様子を発見した[9]。国民会計はGDPを賃金、利潤、自営業の支払い（これは実際には賃金と利潤が混じったものだ）に分解している。利潤は企業の確定申告に基づいて計測される。だから利潤が変わる理由は少なくとも2つある。まず、自営業を企業として扱う基準や数字が変わると変動する。第2に国民会計は建物を資本として扱う。これは当然だ。建物は資本サービスの耐久性ある源泉だからだ。建物は、商業建物と居住建物で構成される。居住建物とは住宅だ。イギリスでは居住建物は総資本ストックの40％を占める。だが多くの企業は住宅を持つ。そして商業企業が住宅ストックを保有するとそれが生み出す収益は商業利潤の一部となる。グティエレスとピトンが発見したように、アメリカ以外では多くの住宅は「企業」として計上されている。実際ヨーロッパでは、非金融企業の資本ストックの20％近くは住宅だ（アメリカではこれが１％）。企業間の競争指標として「利潤」を考えるなら、この部分は除外したいはずだ。図７・２の「調整済み」の線が示すとおり、アメリカではこれはほとんど影響しない。賃金シェアも下がっているので、利潤は増えていた。だが少なくともアメリカ以外では、利潤シェアは横ばいだ。

最後に、大企業がスケールアップしてシナジーを活用する能力で、先進企業と後続企業とのギャップ拡大を説明できるだろうか？　図２・４で示したとおり、キャロル・コラードと同僚たちは、この示唆と整合する証拠を見出した。[10] 他の要因について大量に調整しても、無形集約産業では生産性の分散が高まっている。これはつまり無形が生産性分散の主要な原動力だということを示唆しており、これはサム・ペルツマンの示唆と整合している。[11]

こうした結果すべてからみて、無形が企業間競争の危機を理解する３つの方法を提供しているようだ。まず、市場支配力の指標の一部（例えば利ざや）に無形を含めると、データに見られる見かけ上の市場支配力増大は減るか消えてしまう。第２に、無形資産の重要性増大は、地域的な競争増大と、全国的な競争低下という現象を裏づけている。無形リッチの全国チェーンが新しい地元店舗を開くからだ。第3に、集中が増加したのは最も無形集約的な産業だということは、競争政策の外生的な劣化のせいではなく、無形資本の勝者総取り的な性質が原因かもしれない。

無形が引き起こす新たな競争上の懸念

ここまで我々の議論は、企業間の競争に関する限り、無形は楽観論の根拠を提示しヒップスター反トラストの懸念を却下する理由を提供してくれる。残念ながら、事態はそんなに単純ではない。無形経済は規制がむずかしく、競争政策を施行するための制度に変更を必要とする。

無形リッチ経済では、競争は価格にどう影響するだろうか？　デジタル経済は、無形の重要性増大と手を携えている（無形資産はソフトウェアやデータベースを含むのを思い出そう）。競争はオンラインではちがう形で作用するのではという疑念が残り続けている。結局のところ、インターネットがいま消費者に与えている情報は、賢くて知識のある人間にしか恩恵をもたらさないのでは？　競争がもたらす供給の多様性を求める人々は勝者になる。そうしたバーゲンを探す能力や手段を持たない人は、まちがいなく負け組になるのでは？

この論理は慎重に精査する必要がある。基本的な経済学教科書のモデルは、まったく反対のことを示唆している。その世界では、賢く目の利く消費者はバーゲン探しの恩恵を他のみんなに広げる。それがどうやって起こるかを理解するには、地元スーパーでの牛乳の価格を考えるところから始めよう。みんなに牛乳の価格を尋ねたら、ほとんどの人は漠然としか知らない。実際、多くの政治家はインタビュー室に入る前に牛乳価格の入れ知恵を受ける。インタビュアーが政治家に恥をかかせるために使う定番質問だからだ（イギリスでは、４パイント当たり1ポンドだ。アメリカでは1ガロン当たり3・59ドルだ）。牛乳価格について人々が無知なら、スーパーマーケットは牛乳価格を平気で上げられるだろうか？　無知な消費者はどうせその差などわからないはずではないか？　そうはいかない。本当にその差がわかる消費者がいたとしよう。もしスーパーが牛乳の値段を上げたら、そうした消費者はあっさり他所に行く。物理的に他の店舗に行くか、別のボタンをクリックするわけだ。そしてそうした代替店が十分にあれば、牛乳価格を上げると損をすることはスーパー側にもわかるはずだ。どのくらい損をするかは、需要が価格にどれだけ敏感かで決まる。じつは、そうした値上げが儲からないようになるには、「限界的な消費者」はあまり必要ない。例えば、通常は変動費に対する利ざやが50％だったとする。価格を５％引き上げて85％の顧客が残るにしても、そうした値上げは儲からないことになる。

こうした市場行動の結果は重要だ。15％の消費者しか応答性を持たなくても、牛乳価格は低いままだから、牛乳価格についてあまり実感がなかったり、そんなものにまるで関心がなかったりする85％の消費者は、その活発な15％から恩恵を受ける。そして競争の便益はそうした目の利く消費者を超えて拡大する。少数の人々の行動が、万人にとっての価格を低く抑え、それが、競争の便益は大きく広がると予測する教科書的モデルを実現することになる。

別の例はホテルのミニバーだ[12]。こうしたミニバーは、きわめて値段が高く、のどが乾いて腹のへった消費者（あるいは自制心の弱い消費者）を食い物にする好例に思える。だがホテルはミニバーを全員に提供しているのだ、ということは思い出そう。ホテルとしては、客の少なくとも一部がミニバーから商品を買うと考えているなら、客室料金を下げてもっとミニバー利用者を集めようとするだろう。だからホテルは万人のために客室料金を引き下げ、ミニバーを使わない人もそうした誘惑に負ける人（そういう人々も部屋にある冷たいドリンクにプレミアムを支払いたい十分な理由がそもそもあるのかもしれない）の利点を享受できる。空港で手荷物を預けるために支払うのも似たような原理だ。そうした費用を支払わない目の利く消費者は、支払う消費者に補助金をもらっていることになる。

だがみんながちがった価格を払うなら話は別だ。もしスーパーが、価格に敏感な顧客には価格を低くして、価格に敏感でない顧客向けに値上げするような価格変化を仕組めれば、競争があってもうまく値上げできるかもしれない。こうした戦略は実施がむずかしい。まず、スーパーマーケットは誰が価格に敏感で誰が敏感でないかを知らねばならない。しかも牛乳価格だけでなく、肉、パン、その他スーパーマーケットが在庫する何千もの他の商品についての価格反応を知らねばならない。第2に、スーパーは市場をセグメント化して、最も応答性の高い顧客だけに価格を抑えておく方法を見つけねばならない。インターネット以前の日々には、まさにこのためにクーポンが使われた。敏感な顧客はクーポンを切り取って価格を引き下げたが、そうでない顧客はその恩恵を受けず、スーパーは市場をセグメント化できた。だがクーポンはセグメント化の手法として不正確だし、クーポンを持ってくる顧客は敏感な顧客だというのを明らかにするが、通常は顧客の購買履歴は示してくれないのが普通だった。

今日のインターネット時代では、セグメント化はずっと簡単に実現できる。商店、特にオンライン商店は個人やその購買習慣、価格への応答性、その他契約上の細部を知っている――オンラインアカウントや店内購買のロイヤリティカードなどが使われる。つまり、市場のセグメント化戦略が決定的に必要とする情報の費用が下がったらしい。すると興味深い仮説が出てくる。かつては、あまり個人化されない値づけと市場セグメント化の未発達で、無知な消費者の大半は情報を持った消費者の行動から、知らぬ間に恩恵を受けられた。価格に関する限り一蓮托生だった。インターネットへの移行と経済での情報増加により、その状況が完全に変わったのかもしれない。店舗はいまや特定顧客に向けたオファーを提示できる。消費者はいまやデジタル経済がもたらす関心への攻撃に直面するし、無知な消費者は情報のある消費者から何も恩恵を受けられない。このデジタル市場では、人々は明らかに一蓮托生ではないのだ。

「個人化」された価格について広範な証拠を見つけるのは、思ったほど容易ではない。この点でひとつ突出しているのは出会い系サイトだ。２０１６年にドイツの消費者団体ＷＩＳＯがやった覆面ショッピング実験では、出会い系サイトが個人化された価格セグメンテーションを行っていることが明らかになった——つまり顧客ごとに提示価格を変えているのだ。ドイツの巨大出会い系サイトのパーシップは2001年以来5万5000組のカップル成立を誇るが、登録時に詳細なアンケートを使って、その顧客の月額会費を決める。こうした会費は給料など各種の特徴で差別化される。女性テスト者は、年収10万ユーロという架空設定で、月額44・93ユーロの支払いを求められたが、もっと低い年収1万5000ユーロという架空の年収だと、30・02ユーロの会費を提示された。同じく年収の低い男性利用者は女性利用者よりも低い会費を提示された——月額たった26・45ユーロだ。

パーシップは徹底的に利用者の個人情報を使って個人化された料金を算出するが、それほど高度ではない手口はもっと一般的だ。経済学者アニコ・ハンナクらは、買い手の使うコンピュータのタイプから、企業が高い支払い能力を推測する事例をいくつか記録している。[13] 例えば研究者たちは、Ｍａｃ利用者はアメリカの旅行予約ポータルのオービッツで、同じ部屋を予約するときに最大30％多く支出することを発見した。また別の場合には、アメリカの巨大文具チェーンのステープルズは、オンライン購買者の所在地に合わせて価格を変えた。また検索行動も差をつける。例えばグーグルフライトを使ってフライトをいろいろ検索する利用者は、いつも低い価格を提示される。

価格ステアリングは、個別価格設定に近いものだが、検索結果の順番を変え、小売り業者がその顧客について、それまでのサイト訪問ですでに知っていることをもとに提示するというものだ。

いいアナロジーは、ネットフリックスがコンテンツを利用者に提示する方法だ。ネットフリックスは次第に利用者の選好を学び、訪問ごとにコンテンツをどんどんうまく提案できるようになる。

　こうした手口がどこまで一般的かはさておき、この市場への介入の根拠とその有効性はきわめて複雑だ。競争を増やすために手を講じると、通常はすべての顧客が助かる。だがこうした市場で提案されている多くの介入――例えばミニバーの価格を規制するなど――は、あらゆる価格ではなく、価格の構造を変える提案だ。ミニバー価格に上限を設けたら、ドリンクやスナックがほしい顧客は嬉しいかもしれないが、ミニバーからの利潤が減った分を回収しようとして価格が全般に上がったら、他の顧客が被害を受ける。マイケル・グラブとマシュー・オズボーンは、アメリカ連邦通信委員会が２０１３年に導入した「請求書ショック」規制を検討した[14]。割り当ての時間数を超えた携帯電話利用者はすさまじい請求額を受け取ることになった。これに対する対応として、通話／ＳＭＳの上限に近づいて「超過料金」を課されそうになっている利用者に、ＳＭＳでアラートを送信することを携帯会社に義務づける法律が成立した。確かにこの法律で、超過料金を取られる消費者は減った。だがシミュレーションを見ると、携帯会社は市場の他の部分でも競争していたので、万人の標準料金を引き上げることで失った利益を補った。全体として、消費者はかえって損をした。ここからどんな結論を出すべきか？　価格の構造を変えることになる介入は問題だらけだから、とても慎重に考えねばならないということだ。

　さらに差別化価格が企業にとっても消費者にとっても改善となる状況もある。特に一部の無形集約企業で、製品に固定費があるが限界費用はゼロに近いというソフトウェア、データ、音楽、ビデオゲームなどだ。こうした企業の価格設定はむずかしい。固定費をカバーする方法を見つけねばならない。ひとつのやり方としては企業が顧客ごとにちがった値づけを許すことだ（しばしばバージョンを変えることでこれをやる。例えばＺｏｏｍのフリー版と有料版という具合だ）。例えばビデオゲームの市場を考えよう。セール、特価、バンドルなどは、おそらく企業が多くのちがった顧客ごとに値づけを変えるのに貢献している（特に待てる人と待てない人を区別する）。ちがった価格はおそらく、固定費をカバーするほど高い単一価格を設定したときに比べると、ゲームの実売本数を増やす。これは支払ってもいいと思っている価格でゲームを手に入れる消費者が増えるということだ。

別の問題はビジネスダイナミズムをどうやって促進するかというものだ。競争政策は、単純な集中度指標をモニタリングするのではなく、新規企業が確実に市場参入できるようにするという歓迎すべき動きをみせている。無形の重要性が増えると新規企業の参入は特に重要となる。巨大な無形リッチ既得権企業への脅威は、しばしば新規参入企業からくるからだ。だが無形集約企業の世界では市場参入確保はむずかしくなる。第2章で見たように、無形資本は異質性を持つ。あるアイデア、あるブランド、ある運用プロセスは、他の物とはまったくちがうのが通例だ。その異質性の結果のひとつとして、無形リッチ企業が競争優位を維持するために使う戦術――ウォーレン・バフェットがビジネスモデルを取り巻く「濠」と呼んだもの――もまたきわめて多様で、特注の分析を必要とする。

我々のひとりがイギリス政府の知的財産政策の作業をしていたとき、議論になった問題はオンラインプラットフォームと、音楽ビデオやスポーツといったコンテンツ所有者との競合だった。広い意味では、競争と市場支配の問題が焦点ではあった。だが細部はきわめて個別性が高かった。例えば、ＹｏｕＴｕｂｅのようなコンテンツプラットフォームは、どのくらいすばやく海賊コンテンツを削除するべきか？（この問題への答えが重要なのは、プラットフォームが違法コンテンツをすばやく削除すれば、利用者が見られる違法コンテンツについて、永続的「予備軍」が生じる可能性も減るからだ。違法コンテンツが多ければ、コンテンツが閲覧されるたびに権利保有者が受け取る金額について、権利保有者の交渉の立場が弱くなる）。たぶん意外でもなんでもないだろうが、この問題は通常の規制プロセスでは対処されず、2つの政府部局間でのハイタッチな交渉により解決された。

別の問題は買収だ。批判者たちは、フェイスブックがワッツアップを買収したのを嘆く。その理由は、この買収が将来の競争を止めてしまったかもしれないからだ。だが別の会社に買収される見通しがないと、その新しい無形集約ビジネスはそもそも創業しようと思わないかもしれない。特に伝統的な経路で資金調達をするのに苦労するならなおさらだ（第5章参照）。

こうした例は、規制当局が無形集約企業のために解決を求められる、ほとんど無限ともいえる市場支配問題のごく一部の変種でしかない。それぞれの問題は独自の技術的な課題をもたらし、実物資産に支配された離散的産業における市場支配の評価に使えるような、ルールベースの手順での解決はむずかしい。重要な点として、こうした政策問題は通常は、競争政策や反トラスト政策の範疇に入るとは思われていない。じつに多くの規制上の問題がビジネスダイナミズムに影響するので、ビジネスダイナミズムが競争政策の手法としてもっと重要になれば、それを機能させるためにはもっと幅広い政府の能力が必要となる。

無形経済におけるじつに数多くの制度

無形経済におけるじつに数多くの各種市場支配問題と、オンラインプラットフォームが限界的な消費者による値づけ影響を変えるやり方との両方は、競争の規制方法に意味を持ってくる。我々を導く大きな原理は、今と同じ消費者の厚生であるべきだし、コンテスタブルな市場の確保は、消費者保護を実現する重要な手段であり続ける。だが広範な新しいビジネスモデルや、市場アクセス力学、デジタル技術が値づけに与える影響を理解するには、規制当局側に多大な知識が必要とされる。

経済学者ジョン・フィングルトンは、興味深い提案を2つ行っている。まず、「n＋1」規制当局が経済のあらゆる部門に目を光らせて、既存の法律や規制では対応できない革新的なビジネスアイデアを持つ新企業を支える、という提案だ。[15]「n＋1」という名前は、確立した既存の業界市場の枠組みにうまく収まらない、過激な新ビジネスモデルについては、規制当局が面倒をみるという意味だ。n＋1規制当局なら対応できそうな最近の例としては、ピアツーピアファイナンス事業、テレマティクス自動車保険などがある。どちらも規制課題に直面した業態だ。発想としては、規制当局はビジネスモデルが既存の規制に違反する新企業――例えば次のウーバー――に対して、5年のライセンスを与える。そしてその期間は、既存の法律に違反していても構わずに彼らの事業経営を認める。企業には損害賠償保険に入らせてもいいし、民間が革新的な企業の保険を引き受けなければ、一部の場合には規制当局自体が（有料で）保険を提供してもいい。

このアプローチは、すでにヘルスケアの分野では存在している。まだ規制当局の承認を得ていない治療法でも、一定の条件下では使用が認められるのだ。またそれはフィンテック（金融と技術が交差する分野でのイノベーション）でもある程度は存在する。ここでの規制当局は2つの責任を負う。①まず市場に、そのままでは規制に阻止されるような革新的企業が入れるようにする。②その分野の規制当局と交渉してルールを変えさせ、こうした革新的な新企業が長期的にも事業を続けられるようにする。このアプローチは我々のこれまでの枠組みともうまく整合する。制度改革における集合行動問題を解決する――つまり、多くの個別企業は規制を変えたいかもしれない（多くの参入を阻害している規制など）が、そうした個別企業が規制を変えるために費用をかけるほどの便益は得られない、という問題だ。[16]

これに加えてフィングルトンは、部門ごとの規制を改革して、部門規制当局が産業ではなく活動を扱うようにすべきだと提案している――例えば公益インフラ事業すべてのアクセス料金を扱うのではなく、個別の公益インフラ企業ひとつひとつのアクセス料金を扱うべきだ、ということだ。改革された産業部門規制は、業界専門家の規制当局が、規制対象の産業に捕獲されてしまうという懸念を避けるのにも役立つかもしれない。また、食品配達企業などの無形集約プラットフォーム企業の規制方法について考えるフォーラムも提供する。公益インフラネットワークへのオープンアクセスを認めるべきかを評価する専門性は、デリバルーやウーバーイーツのようなネットワークにも適用できる。

さて無形経済、特にデジタル経済での広範な競争についての話だと、我々は慎重になる。時には規制当局は市場に介入して競争を奨励し、市場全体の一般的な機能を改善し、競争と新規参入を奨励する。場合によっては、市場の一部だけに介入する（政治家へのロビイングにしたがってこれをやる場合が多い）。全般的な市場の働きではなく、価格構造をめぐる介入は、予想外の結果をもたらしかねない。請求書ショックの場合で見たように、そうした活動は逆効果になることもある。

さらに無形のレンズは一部の政策問題をもっとうまく評価するのに役立つと我々は考える。デジタル経済に大量にあるスケールやシナジーが消費者に便益を与えるなら、大企業はよいものである可能性も十分にある。広範なネットワークを提供し、間接的に買収の可能性を示すことで新規参入を奨励したりするのがその便益となる。アマゾンのような会社を解体すると、シナジーと規模が破壊され、解体された企業がそれを使えなくなれば、消費者にとっては差し引きで損になるかもしれない。こうした結果の可能性があるので、デジタル空間では何もすべきではないということだろうか？

必ずしもそうではない。まず、大規模検索エンジンがデジタル広告市場を支配したらある程度の害はあるかもしれない。そうなれば、その個別市場においては措置をとることはできる（だがその場合ですら、広告が高価になることで経済が被る「害」は調整しなくてはならない）。第2に、競争当局は無形をバグとして扱うのではなく、特徴として扱うべきだ。明らかな例は、オンライン価格比較ウェブサイトの広範な利用だ。CMA（アメリカ公認管理会計士）によればインターネットが使えるイギリス消費者の85％はこれを使っており、住宅保険の4割と自動車保険の6割を占めている[17]。CMAのデジタル競争ツール調査では、消費者の64％は買い回りで複数の比較ツールを使っている。こうしたサイトの間の競争が弱まらないようにするのは、規制当局の限られた時間の有効利用となる。最後に、競争規制当局はデジタル経済における意図せざる競争の影響、例えばプライバシーなどにも留意せねばならない[18]。

こうした制度変化は、多くの人々が支持している反トラストルールの強硬なアップグレードほどは劇的ではない。実際、一部の人はこれをまったく退屈きわまりないと言うだろう。規制当局の技能に投資をすることになるからだ。これは政治的な議論として人気を博すものではない。多くの場合、政治的な議論は競争当局などまったく考えようとしないのだ。だが重要な点は、無形集約企業の世界では強い規模の経済が働き、しばしば大企業が一時的な市場支配力を持つので、それに対する最高の武器は新企業だということだ。新しい革新的な企業が市場参入する公平な機会を与えられるようにして、今日の独占企業を打倒できるようにするほうが、伝統的な反トラストの指標やツールよりも効果的だ。

無形と労働者のイタチごっこ

今度は今日の経済におけるもうひとつの競争機能不全の側面に目を向けよう。労働者の間の競争激化だ。このトレンドは、経済での無形の重要性が増大したことで加速され、いまや独自の制度的な課題をもたらしている。だが企業間の競争の問題とはちがい、政治的な配慮はあまり受けていない。

法学者ダニエル・マーコヴィッツの表現では「今日のエリート職場は極端な技能と努力を無意味にありがたがっている。スーパー技能（したがって、その技能を教えて能力を証明する教育や学位も）はますます、高収入と高ステータスを確保するのに重要になってきたばかりか、低収入と低ステータスを避けるためにも重要となってきた[19]」。このイタチごっこはエリートだけの話ではない。低賃金のサービス業の労働者も、ますます監視や強制労働規律、サボリに対する懲罰に直面するようになってきた。だがステータスの高い／高技能の労働者はイタチごっこに勝ちやすい立場にあり、報酬のうち分不相応な量を懐に入れる可能性が高い。

このイタチごっこが特に教育面でどれほど広まったか、という逸話は大量にある。２０１９年のＦＢＩ捜査「大学ブルース作戦」は、ウォール街とハリウッドの輩《やから》のネットワークが、大学入試担当者への袖の下や試験点数水増しにより、金に飽かせて子供を各種大学に入れようとしている様子を暴いた[30]。ニューヨークの金持ち一家は、子供たちを一流就学前教育施設や幼稚園に入れて、一流校に入学できる可能性を最大にし、その一流校にもさらに莫大なお金を払い等々、と報じられる。

もっとつまらないが同じくらい驚くべき話として、各種の学術ハードルで失敗したときに、人生の見通しが大きく変わってしまうという研究が発表されており、これはまちがいなく親にも子にも圧力をかける。経済学者スティーブン・マチン、サンドラ・マクナリー、ジェニファー・ルイズ＝ヴァレンズエラは、イギリスにおけるＧＣＳＥ（中等教育卒業資格）の英語でＣの成績を取れなかったときの結果を調べた[21]。ＧＣＳＥは、イギリスのあらゆる生徒が16歳で受験する、外部採点試験だ。０点から３００点までの得点となり、その情報はアルファベットのＡからＵまでの文字でまとめられる。マチン、マクナリー、ルイズ＝ヴァレンズエラは、得点がＣのすぐ上と下の生徒（10点以内）を比べて、この両者がまったくちがった結果を迎えることを発見した。ギリギリでCを取れなかった子供たちは、それ以上の学歴を得る可能性がずっと下がり、落ちこぼれる可能性もずっと高い。18歳で学校を脱落する確率は、ギリギリでCになれなかった子供では4ポイントも高まる。これは全国の平均脱落率が12％だということを考えると、かなり大きい[22]。こうした結果は雇用者アンケートでも裏付けられる。２０１３年のアンケートでは、ＧＣＳＥは採用における重要な簡易指標となっていることがわかる。回答者のうち、43％は英語と数学のＧＣＳＥをフィルターとして使っている[23]。採用担当者は、志望者がほかにどんな業績を持っていても、Ｃ以下の志望者は見もしない。これを１９６０年代にフォード社が持っていたブルーカラーの採用手法としてアセモグルが報告しているものと比べてみよう。「空きができたら、工場の外の待合室をのぞいて、そこに血の通った人物がいるかを探す。誰かがいて肉体的にＯＫな様子で明らかにアル中でなければ採用だ[24]」。

ある程度まで、このイタチごっこは無形資本増大の直接的な結果だ。無形資本のサブセットのひとつは、企業が従業員のパフォーマンスを追跡し、業績の高い者に報酬を与えて、低業績者を処罰できるようにするためのソフトウェアと経営管理システムだ。これはその職場がアマゾンの倉庫だろうと法律事務所だろうと同じだ。無形のもうひとつの側面は、才能ある労働者がとんでもないほどの価値をつくれるようにして、最高のサッカー選手、クォンツトレーダー、工業デザイナーになる報酬を高めることだ。だから無形集約社会で、イタチごっこのそうした側面が強化されるのも無理はない。

こうした直接的な無形の影響が生み出す格差は大きいものだが、ある意味ではお馴染みのものだし、お馴染みの政策や制度で対応できる。再分配的な税制、最低賃金法、労働者の権利は果てしなく文句の対象になってはいるが、制度的には何も目新しいものではない。大きな見返りの探索で人々が有用な技能を発達させるようになるのであれば、それはプラスの効果も持っているし、試験に合格するというのは、その生徒について何かを語っているにはちがいない。

だがマーコヴィッツの引用は、無形リッチ経済のもっと見えにくい、二次的な影響をあらわにしている。マーコヴィッツが述べているように、現代の職場は技能を重視するに留まらない。それを「無意味にありがたがって」いる。教育や学位はそれが技能を与えるものだから価値があるのではない。技能の「しるし」になっているからなのだ。つまり、無形経済は経済学者が「人的資本シグナリング」と呼ぶものを求める可能性が高い。資格証明を得るのは、それに本質的な価値があるからではなく、その労働者が技能を持つと証明する信頼できる方法だから、なのだ。

シグナリングが重要なのは、雇用者として技能の高い労働者とそうでない労働者とを区別するのがむずかしいからだ。大学学位のようなエリート資格を得るのが有益なのは、その従業員が有益な技能を学んだことを示すからだけではない。その候補者が良心的で知的だという信用できるシグナルになっているからだ。

信用できるものになるためには、そのシグナルは高価なものでなくてはならない。これは金銭的な意味や、それを取得するために必要な手間暇の面で高価ということだ。そうでないと、誰でも入手できてしまう。この要件は問題を引き起こす。有益な資格を得るために費やす１ドルや１時間は、それを得る人にとって価値をつくり出すだけではない。その人物を生産的にすることで、経済全体にとっても価値をつくり出す。これはプラスサムの活動だ。これに対して、同じ１ドルや１時間を、シグナリングだけのための資格に費やすとなると、話はちがう。その資格を得る人には私的な収益をつくり出すが、追加の価値をつくり出す技能は与えない。むしろそれは、彼らが他の人の得たかもしれない仕事を手に入れるのに使われるだけだ。これはゼロサム投資か、それにきわめて近いものだ。

残念ながら、典型的な教育取引に参加している人々は誰も、本当の人的資本形成とシグナリングとを区別する強いインセンティブを持っていない。雇用者の観点からすると、なぜ学位や資格が有用なのかはどうでもいい。有用であればいいのだ。ジョン・ポール・ゲティが、なぜ古典の学位を持った人に会社を経営させるのか尋ねられたとき、こう答えた。「石油をたくさん売ってくれるからだ」――彼にとって、ギリシャ語やラテン語が石油事業に本当に有益なのか、それとも才能豊かな人々が古典学位を取得する傾向があるのか、などということはどうでもいい。同様に、従業員は自分個人のリターンしか気にしない。学校、大学、訓練機関ですら動機は明確ではない。一方では、しっかりした意義ある教育内容を提供する強い内在的動機はあるだろう。その一方で、自分たちが提供している便益について検討しすぎて、自分たちが無意味な存在だと示す理由もない。

さらに、教育機関としては、その気があっても本当の人的資本形成を提供するのは、なかなかむずかしいかもしれない。先進技術技能を研究した政治学者ポール・ルイスは、イギリスの何十ものハイテク企業で人々にインタビューした。[25] すると、善意の教育提供者ですら、技術的な雇用者が求める適切な技能をなかなか提供できていないと言われたそうだ。研究開発と労働者の技能といった無形同士のシナジーはしばしば実現がむずかしく、教育プロバイダと従業員との密接な相互作用を必要とする（あるいは見習い制度やＯＪＴといった形での統合が必要だ）。

技能へのリターンが高くて上昇しているが、才能を判断する能力が不完全で、大学が雇用者のニーズを予測するのがむずかしい状況では、シグナリングの爆発が起きると予想される。こうした爆発が起きている証拠は少しある。かつては非大卒者がやっていた多くの仕事で、いまや大卒資格が必須とされている例がじつに広くみられるのだ。かつては学部卒の志望者を採用していた有力な雇用者が、いまや修士号持ちと博士号持ちを選んでいる。こうした変化は技能のまともな増大を反映しているかもしれないが、そうでないかもしれない。特にアメリカでは、かつては何の資格もいらなかった職業で、いまや資格証や職業免許が必要となっている。[26] これは名目上は、技能と安全上の理由からとされる。ますます多くの仕事が候補者を選り分ける手段として学位を要求するようになれば、なぜ最近のコーホートで、イギリスの大卒者賃金プレミアムが下落したか説明がつく。１９７０年に生まれた大卒者は非大卒者に比べて19％の賃金プレミアムを享受したが、１９９０年生まれの大卒者ではそれが11％でしかない。

教育シグナリングの証拠はどれだけあるのか？　ブライアン・キャプランはアメリカの大学賃金プレミアムの相当部分がシグナリング効果だという見方を声高に主張してきた。彼の主要な主張は、卒業1年前に大学を中退すると巨額の賃金ペナルティが生じるが、大学で1年追加で勉強したのが賃金上昇を正当化するほど生産性を上げるとは考えにくい、というものだ[27]。だから卒業ステータスはシグナルであって生産性ではない。ノア・スミスは、試験に合格するのはかなりむずかしいハードルだから、それだけの賃金プレミアムは正当化されると主張した。さらに、企業は、雇ってみればそうした労働者の技能がわかる、と彼は言う。もし学歴の高い労働者が本当にあまり生産的でないなら、企業が労働者の実際の能力について学ぶにつれて、教育への高いリターンは低下する。GCSEに失敗する生徒たちが長期にわたり成績が低い状態なら、その失敗は彼らの生産性について、何か根底にあるものの情報を伝えているはずだ、という[28]。これに対してキャプランは、雇用者は大卒労働者の能力はすぐに見極めをつけるが、非大卒労働者については驚くほど把握が遅い、とアメリカのデータを基に反論する[29]。ピーター・アーチディアコノ、パトリック・ベイヤー、オーレル・ヒズモはアメリカ高卒者を研究して、雇用者たちが、そうした高卒者の根底にある生産性属性について、12年間彼らを雇った後でも学んでいないことを示した[30]。

おそらく非認知能力がもっと重要になってくれば、雇用者が労働者の能力を把握するのはさらにむずかしくなるだろう。そうした能力が試験に合わせた教育によりクラウディングアウトされると、雇用者たちは生徒の出自をさらに細かく見るようになり、無駄の多いシグナリングの範囲はさらに広がる。

ひとつ提案されている解決策は、教育市場の仕組みを改善することだ。もし生徒たちが教育費を自己負担するようになれば、民間・公共を問わず、教育提供者たちは、本当に雇用につながる課程を提供するように競争しはじめ、本当に有用なものを提供するようになるはずだ、というわけだ。この直感は、イギリスでの過去30年における高等教育改革の相当部分の原動力となっている。そこでは大学教育が完全な公共資金の仕組み（生徒数は上限があり、入学には試験得点が最高水準でなくてはならない）から、かなり高い学費と政府が保証する学費融資の仕組みへと移行した。政府は各種の分野における卒業生の将来給与について詳細なデータセットを用意して、その証拠を見込み学生に意味ある形で提示するような枠組みやランキングもつくっている。もちろんアメリカの仕組みはさらにこの方向に進み、ほとんどの学生は自分の教育費となる学費ローンを大量に抱え込んでいる。

大学システムの市場化の善し悪しについては山ほど多くの議論がされてきた。批判者たちは、それが還元主義的で格差を拡大し、大卒者の高い給料に反映されない部分の教育の価値を無視していると述べ、さらに課程や大学を評価するのに使われる多くの指標が統計的に怪しいと述べる。だが議論のどちら側でも、無駄なシグナリングをやめさせる方法については、あまり答えがないようだ。市場改革が、高いリターンをもたらす課程しか選ばないきわめて強いインセンティブを大学志望者に与えるにしても、個別の学生は、そのリターンが本当の人的資本形成（つまり本当に有益な知識や技能の学習）からくるのか、自分が他の人よりも知的で真面目だというシグナルとして機能しているのかについては無関心だという問題の解決にはならない。

別のちょっとした改善は、補助金を大学教育以外にも広げることだ。イギリス政府は２０２１年に、学生ローン補助を非大学の職業訓練にも拡大すると発表した。この動きはイギリスシステムで大学ばかりが支援されているのを懸念する人々に広く歓迎された。(31) アメリカで大学を批判する人々は、将来のモデルの可能性として短期の職業プログラミング学校、例えばラムダスクール〔学生が事前に学費を払う必要はないが、就職したら給料の一部から支払うという斬新な収入分配契約モデル〕などを挙げ、中等教育以後にこのルートをとる若者が増えたらそのほうがいい、と提案する。

だがこのルートにもリスクはある。イギリスは歴史的に自由な教育市場を持ち、学生たちが安い学費ローンにアクセスできるようになっているが、その実績はかなりがっかりするようなものだ。２０００年9月に政府は個人学習アカウント方式を導入した。19歳以上の成人が教育に使える一定の金額を提供するというものだ。教育プロバイダは学生を入学させたら、その新入生のアカウント番号を得て、政府からその学生の資金を受け取れる。新教育プロバイダの参入を奨励するため、政府はどんな機関でも学生を受け入れてよいことにした。大量の新しい「プロバイダ」が学生を受け入れて補助金を得た。だがインチキなプロバイダがそのお金を懐に入れているだけだという恐れが生じて、この方式はたった15カ月後に廃止された。後に、報告義務がなかったせいで、たった13のプロバイダが1万人以上のアカウント資金を申請したことが判明した[32]。

ここでの本当の問題は、教育と研修を律する制度が、資格主義やシグナリングに対する防衛手段をほとんど持っていないということだ。ほとんどの場合、政府の政策は、教育は多ければ多いほどよいと考えており、シグナリングをどうすべきかについてはほぼ考えられていない。教育の提供者、雇用者、学習者は教育を有益なものにする強いインセンティブを持っているのだ、と想定されている。だがこれまでみたとおり、単なるシグナリングより本当の人的資本形成を重視するインセンティブなど、どの集団もまともには持っていない。さらにこの問題についての政策を立案するのはむずかしい。政府は本当の技能を生み出す学位や資格と、単なるシグナリングのためのものとを区別する能力があまりないのだ。せいぜい、科学や数学の学位を重視しようというきわめて大ざっぱな試みをするだけか――これは人的資本形成を増やせるかもしれないが、シグナリングに終わるだけかもしれない――あるいは、学生の稼ぎに注目するだけだ。これまたシグナリングの結果でしかないかもしれない。

我々は、政策担当者はこの問題の検討に手間暇をかけるべきだと考える。もっとデータを集めてもっと実験を行えば、中等教育以後の教育について理解が進み、どんなライセンス方式がシグナリングではない本当の価値を生み出すか理解できるようになる。こうした情報を手に入れた政府が、シグナリングを通じた無駄な競争という問題をずっと深刻に捉えて、それをやめさせる教育システムを設計してくれるのを希望したい。ある面で教育改革は、第4章で論じた科学研究への公的資金における量vs質の問題ときわめて似ている。ますます多くの学生を高等教育に送り込みさえすれば、技能問題が解決されるというのは量的な見方だ。だが解決策は単なる数だけではなく、本当に有用な技能（質）のバラエティを提供することなのかもしれない。

まとめ

経済における先進企業と後続企業とのギャップ拡大は、相当部分が競争規制を歪める企業よりも、無形の重要性増大により生じているようだ。経済での競争最大化にはダイナミズムを高め、挑戦する企業が既存大企業をひっくり返す可能性を最大限に提供するべきであり、一部の人々が提案したような新しいトラスト破壊政策の波を引き起こす必要はない。無形の重要性増大はまた、労働者の間の競争を激しくして、教育における分野でシグナリング増大を引き起こしたが、これは無駄が多く、費用がかかり、ストレスも大きい。政策担当者はこれをまったく理解しようとせず、まして減らす努力はしていない。これを変えるべきだ。

結論　未来の再起動

経済成長は、コミットメントや集合行動、情報、影響活動の制限のために制度を必要とする。この最終章で我々は、本書で提言した制度改革をめぐる横断的な主題を提示する。投資の質と量の間に適切なバランスを実現するシステムの設計、国の能力構築、影響力のある活動への抵抗、認知負荷を引き下げて信頼を回復するための文化変化だ。

我々は本書をはじめるにあたり、21世紀に富裕世界経済を襲った不調を描くところからはじめた。世界金融危機や新型コロナウイルスといった個別の災厄もこうした経済に影響を与えたが、我々の経済問題はもっと長期で根深いものだ。それは慢性的で全身性の病気であり、急性の個別のものではない。

我々はこの問題が多面的で、5つの症状により特徴づけられると論じた。その5つの症状とは停滞、格差、競争の低下と増加の組み合わせ、脆弱性、正統性欠如だ。またこうした症状があらわれる様子はしばしば不可解でパラドックスめいていることも指摘した。経済停滞は低金利や高い企業利益と、今の世界がめまいのするほどの技術進歩の時代だという広範な信念と共存している。物質的格差の上昇は止まったが、その影響と結果――ステータス格差、政治的両極化、地理的分断、絶望による死――は成長する一方だ。企業の競争は低下したようにみえるし、新興企業は減って先進企業と後続企業の業績ギャップはなかなか埋まらなくなったようなのに、管理職や労働者の労働生活はどちらも「太ったまぬけでおめでたい」ものにはみえず、ますます熾烈で危ういものになっているように思えるのだ。

これらの差し引きの結果は、20年近くにわたり業績の乏しい――しかも量的だけでなく質的にも――経済だ。多くの人々は、現代の経済成長が驚くほど安定していると考えるのに慣れている。結局のところ、1950年から2000年にかけて、世界がじつに大幅に変わったにもかかわらず、アメリカ経済は1人当たりGDPが年率2・3%成長をとげてきたのだ[1]。富裕世界が産業革命以来経験してきたような経済成長は、新しい持続的な常態なのであり、悲観論者を信用してはいけない、というのが定番の話だ。だがもっと長期の経済史をみると、集中的な成長の時期は腰折れになって終わることもあるとわかる。

第3章では中世イタリアの都市国家を論じた。これらは広範な成長のマルサスの罠から一時的に逃れたが、黄金時代は終わり、飢餓ギリギリの貧困に戻ってしまった。経済史研究者ジャック・ゴールドストーンは、この種の短命な経済発展は決して珍しくないと指摘する。こうした時期を彼は「開花期」と呼び、それを危機の反対のものと考えるべきだという。物事が自己強化する形で正しい方向に向かう限られた期間ということだ。経済史研究者たちはこうした開花期が歴史上何度も繰り返し起きていると主張する。宋代中国、アッバース朝メソポタミア、古代ギリシャ、オランダの黄金時代などだ。(2)

別の経済史研究者ジョエル・モキイアは、なぜ開花期が続かないかという理論を提示している。(3) 彼はこの理論を、どんな国も技術の最先端にいられる期間は短いと指摘した科学史家にちなんでカードウェルの法則と名付けている。モキイアの貢献は、なぜカードウェルの法則が起こるのかを説明したことだった。重要な新技術は、しばしば既存利益団体にとって都合が悪いし、それが機能するためには新しい制度が必要だと彼は指摘する。ある時代の技術風景の中では繁栄しやすい制度を持った社会は、次の技術時代に繁栄するにはあまりいい立ち位置にいないかもしれない。それどころか、その過去の成功のため制度を変えるのに尻込みさせてしまうかもしれない。バス・ファン・バヴェルはこの問題を『見えざる手』で論じている。(4)

この分析は現在の状況にもあてはまりそうだ。第2章では、経済的不調の5つの症状が、富裕経済のストックにおける巨大で緩慢な変化に起源を持つことを示した。具体的には、物理的な有形資本から、知識や関係や表出的なコンテンツで構成される無形資本への移行が起こり、そうしたものは経済的な観点から見て、ふるまいがちがっているのだと我々は指摘した。このシフトは主に2つの特徴を持つ。その大半はすでに起きている。つまりもっと多くのビジネス投資がいまや有形投資よりも無形投資になっているのだ。そして無形投資の伸び率が鈍化しており、それが経済成長を停滞させている。

このナラティブは質的に、現在の経済状態に関する他の説明とはちがっている。そうした説明の一部は、我々がかつて持っていた特定の社会的美徳を失ったのだと述べる。マーク・アンドリーセンにとって失われたものは、つくろうという意欲だ。トマ・ピケティにとっては博愛主義だ。トマ・フィリポンにとっては独占への不寛容さだ。他にロス・ドゥザットなどは、何か特定の美徳を失ったのではなく、美徳全般を失ったのであり、人々はいまや蔓延する頽廃に囚われているので、それを振り捨てねばならないと論じる。別の種類の説明では、経済問題は外生的だが避けがたいものだとされる。エリック・ブリニョルフソン、ダニエル・ロック、チャド・サイヴァーソンはもっと楽観的な見方をする。今日の精彩を欠く経済は一時的なもので、新技術の真の潜在力がやがて解放され、すべては改善するという。外生的物語の悲観的な見方を集約しているのは、歴史的な成長は技術的な報酬に依存しており、二度と起きないのだというロバート・ゴードンの見方だ。ブリニョルフソンとゴードンの間にいるのはディートリッヒ・ヴォルラスで、低成長は金持ちのサービス化経済では自然に起こることでしかないと主張する。

我々の説明は2つの点でこうした説明と異なる。まずそれは、過去に豊富だった美徳からの失墜に基づく話ではない。我々の説明はむしろ、社会は、1人当たりGDPが2％成長で無形資本ストックが4％成長を示していた頃と、その数字が0・5％と2％の場合とでは、ちがった課題に直面するのだという発想に基づいている。第2に、我々の説明は外生的な変化に基づいてはいるが――つまり社会が豊かになるにつれて生じる資本ストックの変化――その影響が確定して不変だとは考えない。こうした変化と経済的な不調とのつながりは、制度的なものだというのが我々の主張だ。第4章から第7章では、重要な制度が無形に基づく経済にきちんと適合していない側面を4つ検討した。

制度が無形経済と整合していないという発想は、不穏な可能性を引き起こす。富裕世界における長期の成長は、思ったよりもゴールドストーンの開花期に近いものなのかもしれないのだ。我々の制度は長いこと、成長の前に立ちはだかる4つの主要な問題の挑戦を克服するのには十分なものだった。その問題とは、コミットメント欠如、集合行動の不足、情報制約、影響活動だ。だが資本ストックが変わるにつれて、ちがった問題が出てきて制度が対応に苦労するようになってきた。

第4章から第7章はまた、経済的不調を引き起こした問題を正すのに大きく貢献するはずの、制度的な改革を提示している。都市を正す、競争と規制を改善する、投資奨励における公共の役割を受け入れる、金融アーキテクチャを変える。こうした変化をうまくやるには、一部は有効な政策を設計することだ。例えば街区投票や自動安定化装置などだ。だが制度変化は単に政策的な巧妙さだけではすまない。国家の能力を構築し、投資の量と質との間に適切なバランスを打ち立てる仕組みを設計し、影響活動（またはレントシーキング）に抵抗し、文化変化をもたらす必要も出てくるのだ。

枠組み——トレードオフと制度設計

2つの鍵となるグラフを見ることで、国家能力改善の影響、レントシーキング抵抗の重要性、無形の量vs質が重要な理由が理解しやすくなる。

集合財と影響力と情報費用のトレードオフ

図結・1は経済が直面する主要な制約のトレードオフを示す。[5] 縦軸を上に行けば、経済はもっと費用当たり多くの中央集権化された集合財をもっと提供できる。公共部門の文脈で言えば、こうした集合財は、安全保障、科学予算、金融安定性を、費用や税収1単位当たりで示したものとなる。民間部門の文脈でいえば、こうした財は大企業内部の中央集権化された調整活動などになる——例えば本社が活動を調整し振り向ける能力などだ。

中央集権化された財の提供には少なくとも2つの費用がかかる。まず、ポール・ミルグロムと

図 結.1 中央集権化された財の提供(制約)

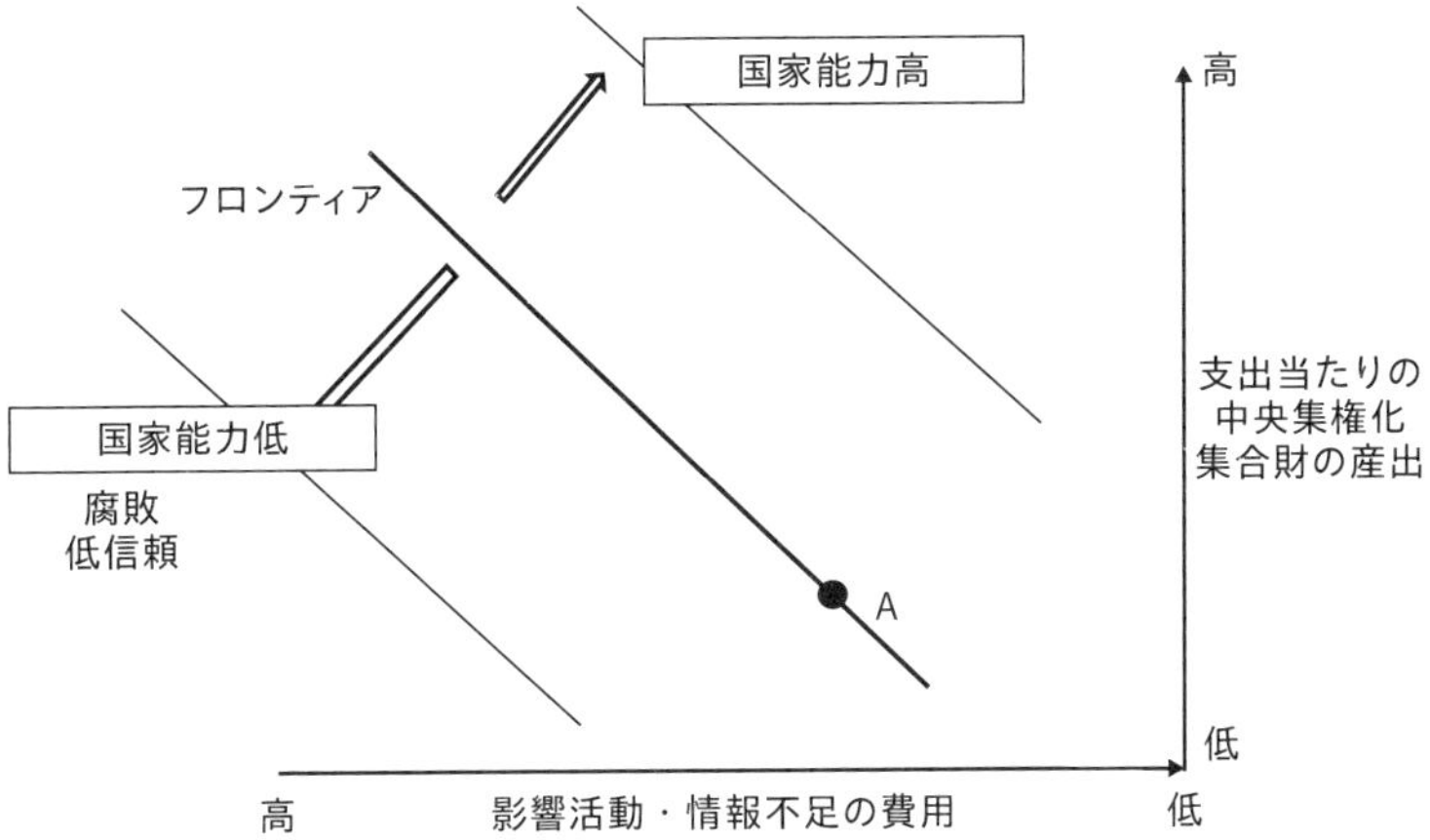

ジョン・ロバーツが述べたように[6]、中央集権化された提供は無駄な影響活動を促進しかねない——例えばロビイングに長時間かけたり私的情報を不適切に提示したりといったものだ(科学者があるプロジェクトを誇大に見せるなど)。第2に、中央集権化された提供という行為そのものが、情報不足をもたらしかねない。市場での実験と、それがもたらす価値や有益性の開示がないと、情報が希少になりかねない。ソヴィエトの計画者たちはまさにそうした情報不足に直面したし、同時に影響支出のために無駄だらけの仕組みができあがった。

だから情報不足と影響活動の費用を横軸に置いて、経済の制約を描ける。これを太線で示した。社会が大量の中央集権化された集合財を生み出したければ、影響活動や情報不足からの高い費用に直面しかねない。この仕組みでは、あらゆる社会はトレードオフをどこに置くか、そのトレードオフを改善できるかという選択に直面する。

どこに置くか（例えば点A）は、費用と社会的選好次第だ。社会として、集合財の提供にきわめて高い費用がかかるのであれば、集合財の水準の低いところを選ぶかもしれない（例えば保健や通信サービスをきわめて地理的に分散した人口に提供するなど）。あるいはその社会は、集合財の提供そのものを忌避したいと思っているかもしれない。そうした忌避の源泉は、帰属性バイアスかもしれない。しばしば個人は成功について自分自身の貢献を過大に評価し、集合的な貢献を過小に評価するといわれる――例えば銀行家は市場全体の上昇よりは、自分の株銘柄選択能力が優秀だったといいたがる。もしこうした認知バイアスが広まっているなら、集合財に反対する自然な選好が生まれるかもしれない。

このトレードオフはどれほど急峻か？

このフロンティアの形に注目しよう。その傾きと位置は何で決まるのだろうか、そして無形はそれをどう変えるのだろうか？　まず傾きから始めよう。例としては大規模な科学プロジェクトを使おう。一部の人はこの傾きが急峻だと思っている。中央集権化された科学の方向性は、プロジェクトの種類はどうあれ集合財がもっと提供されるということだ。どんなプロジェクトでも、予想外の利得を社会にもたらすから、中央集権化されたプロジェクトの情報的な犠牲は小さい。

さらに科学者の目的が非金銭的だということは、無駄な影響力のある活動の犠牲が小さいということだ。実際、一部の人は中央集権化自体が共通の目的を養うのに有益だと論じ、この場合もやはり傾きは急峻となる。一方で、マット・リドレーのような人は、この線が平らだと論じる(7)。中央集権化された財の費用は巨大だ。中央集権化は無駄な影響支出を生み出し、中央による方向づけそのものが価値ある情報を犠牲にして、きわめて小さな利得しか得られなくなるという。

どこにトレードオフがあるのか？

今度は曲線の位置に目を向ける。私たちはそれが「国家能力」で定義されると示唆した。太線の左にある線を考えてみよう。この線が示す経済では、リソース当たりの中央集権的な集合財の量を維持しようとすると、影響活動にリソース当たり高い費用をかけねばならない（または情報不足のために高い費用を余儀なくされる）。だから左側の国は腐敗していて、中央集権化された集合財を提供できない。影響活動にあふれているからだ。言い換えると、こうした国は国家能力が低い。

この線をシフトさせるものは2つある。中央集権化された当局が改善するか、当局の設計変化で権限委譲が可能になるかだ。当局が「改善する」というのは「国の能力構築」と考えられる。つまり中央集権化された当局がもっと信頼され、もっと情報を持つようになるわけだ。権限委譲の例としては、政策手法の移転、例えば金融政策や競争政策を独立当局に移転させたりすることになる。別の例としては、公共が提供する財をうまく外注する場合が考えられる。例えばイギリスでは地元ゴミ収集の契約を競争入札制にしたことで、情報が明らかとなった（新しいプロバイダがいることがわかった）。そしておそらくは影響活動も減ったので、フロンティアは右にシフトしただろう。だが規制当局が規制対象の産業との癒着を強めたら、曲線は内側（左）にシフトする。

もっと極端な委譲政策の例としては、チャーター都市がある。経済学者ポール・ローマーは、国が国内都市の行政と権限を外部の国に委譲してはどうかと提案している。その外国が都市や地域を統治して、所在地の統制を逃れて独自の法律や政策をつくるのだ[8]。他の例としては貿易協定がある。複数の国が、紛争解決手順を外国に任せると合意するのだ。ストックホルム商工会議所は、スウェーデン国外の紛争で主要な役割を果たしている。例えば、ある国における外国企業の投資の流用の疑いを彼らが解決する。

だが委譲には大きな費用がかかる。昇進判断を、例えば年功序列で昇進を決める外部の委員会に委譲すると、そうした決断に影響を及ぼすのに使われる手間暇は減るかもしれないが、そうした委員会は高くつくダメな決断を下すかもしれない。例えば一部の人は、科学政策を確立した委員会に委譲すると、影響活動はそうした委員会へのロビイングに変わるだけだと論じる。そしてそうした委員会はあまりに硬直していて、例えば分野横断的な機会のシナジーを活用できないかもしれない[9]。

図 結.2　無形がトレードオフに与える影響

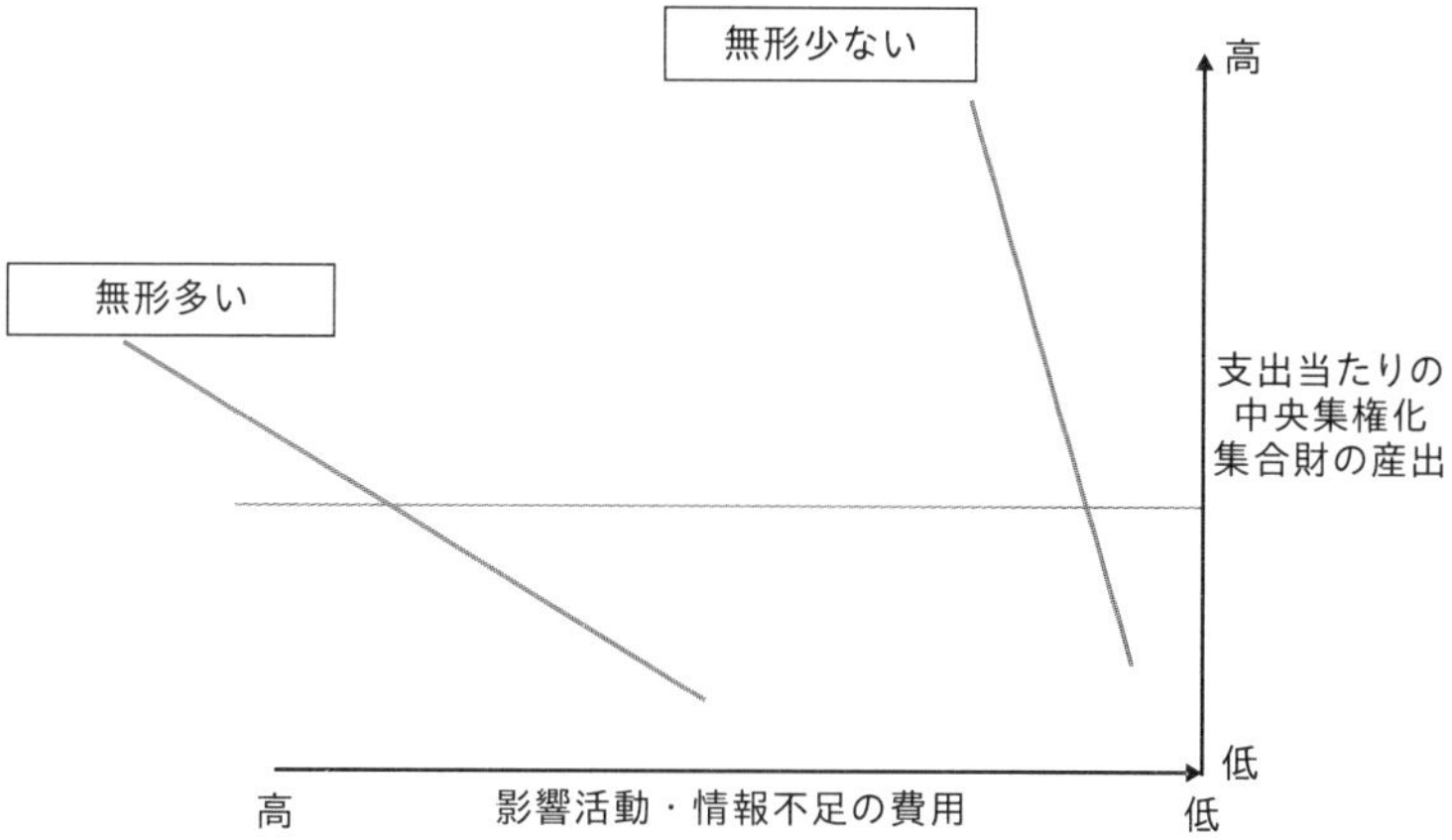

無形経済とトレードオフ

無形経済へのシフトは、このトレードオフを2つの重要な形で悪化させる。これは図結・2に示したもっと左側のなだらかな曲線で示されている。まず、シナジーが増えると曲線は平らになる。成功した財が無形資産の組み合わせを必要とするなら、それだけ情報欠如は高くつく。この関係は曲線を平らにする。あらゆる情報地点において、社会が得られる中央集権化された財は少なくなる。第2に、無形経済が成長すると、所得、財産、自尊心による分断が激しくなる。この分断増加で国家の能力は低下し——例えば信頼が毀損されたりする——そして曲線は左にシフトする。社会的分断が増えると委譲の有効性が弱まって曲線は左にシフトするかもしれない。委譲は影響活動を止められるだろうが、あまりに硬直的すぎてシナジーが得られなくなる。シナジーは重要かもしれない。

図結・2が示すように、もっと無形への移行は経済への制約を悪化させた。集合財の産出水準を一定水準に保ちたいのであれば（グラフの水平線。この産出水準は最適ではないかもしれないが、ここでは論点を示すために使う）、曲線が左にシフトするということは、社会はもっと多くの影響活動と少ない情報を我慢しなければならないということを意味する。

中央集権トレードオフを改善する

この枠組みをいくつもの問題に適用できる。

国家の能力

政府が無形投資を奨励できず、その影響に対処できない理由として繰り返し登場する制約は、不十分な国家能力だ。これは図結・1の線を左にシフトさせることだと大まかに考えられる。

国家能力という発想は政治学と社会学で生まれ、政治経済学と開発経済学の学者の中では大きな問題となった。だが現代の発展した経済にはあまり適用されないから、その意味をここで解きほぐそう。経済史研究者ノエル・ジョンソンとマーク・コヤマによる最近の論文では「国家能力」を「国家の徴税、法と秩序の執行、公共財提供の能力」と定義している。[10] だから、2022年のイギリスが1022年のアングロサクソンのイングランドよりも大きな国家能力を持つということは、国は課税して消費する金額のGDP比が高く、法を通じてずっと大きな統制を行使し、クヌート王の家臣たちには考えられなかったような大量の公共財を提供する、ということだ。

この時点で、リバータリアン的な思考を持つ読者諸賢は不安になってきたかもしれない。国家能力を増やせというのは、大きな政府を求めているのか？　そうではない。国家能力は国の規模の厳密な指標ではないからだ。ダグラス・ノースとバリー・ワインゲストの古典的な論文は、名誉革命以後のイギリス国家の成功を、その早熟な国家能力の観点から位置づけた——だが彼らはこの成功の重要な側面が、国家がうまく自分を制約する能力を持っていたことであり、それが投資を促進して、政府の借入を助けた、と指摘している。国の力が限られていれば、接収される恐れも減るからだ。[11] 国家能力はまた、国が効率的に仕事をこなす能力も意味する。これは国の規模とは反比例する。ジョンソンとコヤマは、有効に統治された国家は「既存利権を克服する能力も高い」と指摘する。[12]

開発経済学者や経済史研究者にとって、今日のほとんどの富裕国は、基本的に高い国家能力を持つ。現代のフランスや日本は、現代の南スーダンやメロビング朝フランスよりはお互いに似通っているし、そのちがいを定量的に計測することもできる。[13] だがもっと細やかなアプローチをとれば、現代の富裕国の間でも国家能力の差は見られる。もちろんそうした差は、歴史的な比較に比べれば小さいし、もっと議論の余地があるものではある。例えば韓国、シンガポール、台湾はどれもきわめて有効な「発展指向型国家」となっていて、それが20世紀後半に付加価値の高い産業の台頭を支援したと考えられている。他の多くの国がそうした産業を支援しようとして失敗したのを見れば、これは政策だけの問題ではなく能力の問題でもあるようだ。

コロナ禍に対する富裕国の対応は、国家能力の差をさらに明確にした。地理的、文化的な差を考慮しても、一部の政府は新しいケアの方法や追跡プロトコル、ロックダウンプロセスを設計し実施するのがうまかった。また戦略を採用してそれを維持できた。そして市民たちにそれに従うよう説得もできた。例えばイギリスは、政府が生命科学産業との密接な結びつきを利用して、ワクチンをすばやく調達するのに成功した。

第4章から第7章では、無形資本に基づく経済にうまく対処するための制度の例をいくつかみた。こうした制度はしばしば国家能力に依存するが、そうした能力がない場合も多い。例えば特許当局は低品質な特許を閉め出せない。都市の政府は都市計画の改革や渋滞管理ができない。研究資金提供者が使う仕組みはあまりに紋切型だ。規制当局は、規制対象の産業の力学を理解するために必要な帯域幅やデータを欠いている。一部の重要な分野、例えば公共データの生産や、技術訓練に投資したり、伝統的な市場への革新的な新規参入者を理解したりといった話では、多くの政府は現在、まったく能力がないも同然だ。

ある意味で、こうした問題は別々だが、その根底はすべて同じだ。無形投資の奨励（例えばスピルオーバーの問題をなくす）とその影響に対処する（例えば都市の台頭やプラットフォーム企業の成長）ためには、もっとよい判断、もっと主体性、もっとよい分析が、政府を動かす官僚に求められるし、彼らを使う政治家はもっとそれを受け入れる必要がある。

これは右派左派の両方にとって、きわめて人気のない政策アジェンダとなる。保守派がこれを受け入れたがらないのは、説明するまでもないかもしれない。レーガンとサッチャーの時代以来、右派の多くは国の規模だけでなくその主体性や、果ては知識すら削ろうとしてきた。ジェームズ・カウパースウェイトは、香港の20世紀における経済成功のアーキテクトで、自由放任経済学の英雄だが、豊かになりたい国は「国家統計局を廃止」すべきだと示唆した。[14] アメリカの保守派活動家グローヴァー・ノーキストは、自分が「風呂で溺れさせてしまえる」国家を求めたことで有名だ——国を小さくするだけでなく、弱くしろと求めたわけだ。１９８０年代と１９９０年代のイギリスで実施された政府改革を特徴づけるものとして提案された新公共管理は、管理主義、明確なルール、裁量の制限を基本とした。政府は機関をつくったが主体性は減らした。国家能力改善は、事務処理が大好きな官僚を増やせという話にしか聞こえない。

２０１９年に経済学者タイラー・コーエンは国家能力リバータリアニズムという造語を提唱し、もはや弱い国家は自分たちの利益にならないという右派政治家の認識の高まりとされるものをあらわすのに使った。我々は、国家能力改善の経済的な根拠は明確だと考える。これからみるように、政治的な根拠はまだ論争途上にある。

国家能力改善は、一般的な意味では左派にはもっと受け入れやすいものだが、国家能力と民間部門との相互作用の詳細となると、問題が増える。こうした問題を理解するには、制度改革の次の重要な問題を考えよう。無形の量の改善と無形の質の改善とのトレードオフだ。

無形の質的理論と量的理論

国家能力を高めれば、もっと多く、もっとよい無形投資が実現しやすくなるはずだ。だがどっちを優先すべきだろうか。多いほうか、よいほうか？　第5章では、無形の量を増やす試みと、質を増やす試みとの緊張関係を概説した。無形の補助——例えば税制優遇、公的資金、直接的な研修や研究開発への政府投資——はスピルオーバーが引き起こす過小投資という量的な問題の解決には役立つし、普通は公的機関による研究開発の提供や政策の細部（気前のよさ、範囲など）での意思決定について、中央集権化が生じる。だがこうした政策は、ゲーミングや低品質の研究を奨励しかねないし、資金提供ルールが最新の手法や技術に追いついていないこともあるため、よく見ると質を下げてしまうこともある。こうした便益や費用の相対的な重要性は、社会に急峻な（中央集権化がよい）曲線を与えるか、平らな（中央集権化が高くつく）曲線を与えるかという問題として考えられる。

こうした可能性は、なぜ国家能力を高めることが左派にとっても政治的に問題となりかねないかを説明してくれるものだ。気前のいい無形投資補助金（研究開発や学資ローン）を提供する能力の高い国家は、単体では十分な生産的投資を奨励するのに十分ではないかもしれない。生産的な投資には、多様性を生み出して正しい組み合わせにぶちあたったとき価値あるシナジーを生み出すために、活発な起業家的エコシステムが必要なのだ。このモデルは、起業家としての国家というモデルとは少しちがう。起業家としての国家は、国家がイノベーションのゴールを決めるという役割を持つと考える。国家能力増大モデルは、そうした役割は企業や消費者の間に広く分配されると想定する。それは強い国家が強い企業と共存できるという発想に基づいているのだ。

影響活動とレントシーキングに抵抗

制度設計の重要な要素として、既得権益が新しいもっと能力の高い国家を手玉に取るのを防ぐ仕組みがある。既得権益に対して自衛する伝統的な方法は、ルール、委譲、脱政治化といったものだ。この古典的な新公共管理モデルの背後にある理由づけは単純だ。金融政策、知的財産管理、地理空間データ収集といった政府機能を、少し離れた非政治的な機関に任せて、明確なルールやプロセスで帆柱に縛りつけさせることで、ロビイストたちのセイレーンの歌に抵抗できるようになる（図結・2で言えば、成功した委譲は線を右に動かす）。

これまで見たとおり、この戦術はルールが明確で、環境にうまくマッチしていて、ロビイングの余地をあまり残さないならばうまく機能できる。だが状況が変わり、ロビイストが突破口を見つけたりすれば、ルールと独立性という戦術は逆噴射してしまい、利益団体が横行することになる。実際、ロビイストたちは知的財産や無形資産の公的資金といった分野で強い力を持っているのだ。

影響活動に抵抗する別の方法は、設計面からすればエレガントさは劣るが、要件が変わる中での柔軟性は高い。具体的には、政府がそこでの課題の優先度を上げるために政治資本を使えばよい。政府はしばしばレントシーキングに屈すると批判されるが、政治家を決定づける活動のひとつはその正反対だ。連合をつくり政治資本を稼いで、自分たちが重要だと考えることを実行する、という活動だ。だから能力の高い新たな国はもっと政治的になる必要がある。これは別に、イデオロギー的に党派性を持つということではない。政府は自分たちが任務に集中できるように政治的な力を得る必要がある、ということだ。

我々の制度改革メニューには、国家能力の増強（イデオロギー的にはむずかしいかもしれない）、国家と企業とのバランスをとる（右派も左派も嫌がるかもしれない）、政治資本の支出によりレントシーキングに抵抗するという政府の意欲増強が含まれている。この段落を読んでいる政治家は、このアジェンダには魅力がないし、実施がむずかしいと思ってしまうはずだ。だがそれを政治的に機能させるやりかたはある、あるいは少なくとも機能する可能性を高めるやりかたはあるし、あらゆる制度変化が直面する政治的な課題を考えれば、政治への適切な対応は計画の欠かせない一部となる。

一例を考えよう。自動安定化装置だ。政治家が金融政策を運営すると——つまり金融政策が中央集権化されると——選挙が近づくにつれて、議員たちが不安になって金利引き下げを求めるので、ロビイング問題が生じる。金融政策を委譲することでこのロビイングは低下する。そして別のおまけもある。政治家たちが、そうした活動に影響を受けないことにコミットできれば、意思決定を自分の手に留めておける。だが政治家が信頼できる形でそんなコミットメントをするのはほぼ無理なので、金融政策を中央銀行家に任せるのが通例だ[15]。だから図結・2の横軸は、併せてコミットメントの費用の有無も示すものと考えていい。そのため委譲は線を右にシフトさせるが、金利が下限に近ければ、委譲はあまり役に立たず、線はまた左にシフトする。自動安定化装置は政治家を経済救済にコミットさせ、線を再び右にシフトさせるのだ。

政治的な決着

厳しい制度改革に直面した政府には、大きな選択肢がいくつかある。改革そのものをいじって受け入れやすくするか、有権者を説得して考えを変えさせるか、有権者が関心を持つポジティブな事柄と改革を結びつけるか、他のところで政治資本を貯めて、それを使って改革を押し通すか——あまり話を大ごとにせずにそれができれば理想的だ。

こうした選択肢のすべてが役割を果たす。第6章で述べた都市改革の一部の要点、例えば街路と街区投票などの要点は、無形投資に向いた制度に権益を持つ連合をつくることだ。

道徳的説得は、フランスのテクノクラート的なアン・マルシュ政府（２０１７年選出）の初期にはお気に入りの戦術だった。その技術投資は、政府としてのメッセージの大きな一部を占めた。「黄色いベスト」抗議運動（もともとは燃料税に反対するものだったが、後にもっと広いポピュリスト運動となった）以来、ハイテク楽観論は政府の所信表明の中で優先度が下がったようだ。相変わらず野心的なハイテク支持政策を生み出し続けてはいるが、前ほどそれを表には出さない。

強い外部勢力（しばしば「敵対的な近隣国」の婉曲表現）を持つ小国をみると、有権者の気に入る他のものと結びつけることで制度改革を実現できることがわかる。第4章で見たように、マーク・ザカリー・テイラーは、強い外部勢力を持つ国（イスラエル、韓国、フィンランドなど）は歴史的に無形に関連した有効な制度を開発してきたことを示した。これはこの参加国すべてが世界に冠たるハイテク部門を発達させ、それが評価の高い公的機関、例えばフィンランドのＴＥＫＥＳや、韓国政府がＫ-ｐｏｐの世界的な成長を後押しした役割などに裏づけられている。[16] 巨大な外敵は、すでに存在していないならでっち上げるのは困難だが、はっきりした外部の目標を持つ国の成功は、多くのミッション指向イノベーションの魅力を後押ししているように思える。人々を乗り気にさせ、みんなが気にかける本当にカリスマ的なミッションを選ぶというのは、政治家たちがときどき成功してきたことではある。その元型がアメリカのアポロ計画だ。だがこうしたミッションは設計がむずかしい——イギリスのテリーザ・メイ政権が設計した4つの大チャレンジは、議会の外ではまったく話題にならなかった。そうしたチャレンジは全般にあまりに漠然としていて、後から流行りに便乗しようとしているだけに見えるため、なかなか成功しないのだ。グリーンニューディールは近年で最もカリスマ的なミッションかもしれないが、今のところ離陸できずにいる。制度改革をカリスマ的なミッションとつなげる別の方法は、地元の政治的正統性（あれば）を活用することだ。好例は第6章で論じたバスク地方だが、もちろんあらゆる場所が、利用できるほど強い地元アイデンティティや社会資本を持っているわけではない。さらに、そうしたものがあると主張するが、実際にはない地域がかなりあるのだ。

　すると政治的な正統性を他のところで稼ぎ、それを制度改革に使うという選択肢しか残らない。ある程度までは、アン・マルシュがいまやフランスで採用したのがこのモデルだ。またこれのもっと派手なバージョンもある、ロレンゾ・カステラーニとローランド・マンスロープがテクノポピュリズムと呼ぶものだ[17]。カステラーニがこの用語を提唱したのは、イタリアの5つ星運動が持つ変わった側面を表現するためだった。ローマなどの場所で、彼はヴィルジニア・ラッジなどのポピュリスト政治家の取り巻きが、お馴染みのジャコバン派ではなく、「実務家、裁判官、学者などの専門職、5つ星集会には決して登場しないような連中」なのに気がついた。イギリスの読者なら、ブレグジットの国民投票と、ボリス・ジョンソン首相の2019年選挙での勝利が、公的サービスを改革し、公共研究開発投資を激増させ、研究資金提供組織を改革するという、いささかテクノクラートじみた動きへとつながった様子を見て、何か似たようなものに気がつくだろう。こうしたイニシアチブの後ろにいたのはドミニク・カミングスで、彼はボリス・ジョンソンの主任顧問となり、ポピュリスト的な「離脱に投票」キャンペーンと、テクノクラート、テクノマニア的なイギリス制度改革の欲求の両方の背後にいた（彼のワッツアップの自己紹介は「まずはブレグジット、続いてＡＲＰＡ」だ）。ドナルド・トランプ政権はテクノクラシーにまったく目を向けなかったが、彼が加速主義的なハイテク投資家ピーター・ティールから受けた支援も、同じようなところからきているのかもしれない。

制度変化を動かすために必要な正統性を得るための政治的な賭けのうち、どれが機能するのかははっきりしない。だがそれが試されているのは特筆に値する——そして政治家たちは、それが成功するかを確認するために、自分の評判を敢えて危険にさらそうとしているのだ。

文化、信頼、認知負荷

制度設計と政治は、今の惨状を修復するために重要だが、単独ではこれらのやれることには限界がある。もし新種の経済のためにもっとよい制度を開発して導入したいなら、文化の変化も必要だ。

ジョエル・モキイアやアヴナー・グライフなどの経済史研究者たちは、現代の繁栄が制度や技術、リソースだけでなく、根底にある文化変化にも依存していることを示した。17世紀と18世紀には、イギリス、オランダなどの一部の人々が好奇心や事業精神を発達させ、親社会的になった――歴史学者アントン・ハウズが「改善の心構え」と呼ぶものが、いささかヴァイラルに広がった。この心構えは、技術や制度により強化されたが、同時にこの心構えのおかげで技術を開発しやすくなり、制度も栄えやすくなった。例えば、ハウズが描くロンドンの王立芸術協会の歴史は、こうした偉大な啓蒙主義組織がしばしば文化をつくったとともに文化の産物でもあったことを示す。人工知能研究者エリザー・ユドコウスキーはこの心構えを、社会の「不適切な均衡」――規範やルールの中で、動きはするがあるべきほど有効には動いていないもの――を探し、それを大胆にも直してやろうとする欲望だと位置づけた。

我々は、この新しい経済がもたらす新文化の形を予想できるなどと主張はしない。だが世界の中で無形資本への移行が最も進んだ文化や世界の一部をみると、ヒントが得られるかもしれない。具体的には、デジタル領域での個人の認知負荷は高まったようだ。だがこの課題への解決策も生まれており、しばしばそれは市場そのものから登場している。広告ブロッカー、匿名検索エンジン、価格比較サイトなどだ。負債もまた認知負荷を抑えてくれる（危機でないときには）。だから無形資産を証券化できるようにする新しい金融イノベーションの収益も役に立つ。

最後に、あらゆる時代と交換のあらゆる側面を通じて、適切な制度がひとつあるのを見てきた。信頼と互酬だ。この制度の長期的な決定要因については論争が続いている。例えばフランシス・

フクヤマとロバート・パットナムの業績を見よう(18)。その一方でソフトウェア業界は、リモートワークに最も親和的な高技能職となるためのツール、慣行、労働規範を開発してきた。オンラインビデオゲームで遊び、スマートフォンで社交したりデートしたりして育った人々は、遠隔からでも対面交渉の感情的、心理的な性質を相当部分再現できるような通信手法を発達させるかもしれない。オープンソース・ソフトウェア運動は、人々がスピルオーバーの価値を認識して、他人のためにそれを生み出したことで評判を得るという新しい分野をつくり出した。互酬と評判が復権をとげつつあるのかもしれない。

さてこれで、自分の暮らす世界をもっと公平でもっと繁栄したものにする方法について懸念する市民として、我々はどういう立場に置かれるのだろうか？　本書の冒頭で、多くの人が今日の経済に起きていることを理解するために使う「失われた黄金時代」の物語を描いた。このナラティブは悲観論と楽観論のバージョンがある。歴史的な成長水準はもはや失われてしまい、この水準で我慢するよう学ぶしかないのか、あるいは何か失われた過去の市民的美徳を再発見さえできれば、よい時代が復活するのか。ある意味で、我々は楽観論に肩入れする。今日の経済の低調ぶりは、不変の事実ではなく、成長と人間の繁栄に有用な正しい制度を実現できないという明確な失敗のせいなのだ。

だがそうした答えは、手をこまねいて待っていたり、過去の美徳を再発見したりすることでは得られない。問題が生じたのは経済の性質が変わったからだ――資本ストックが有形から無形にシフトしたのは、現在進行形の静かな革命なのだ。そして我々の制度は、金融システムから都市計画ルール、特許法廷から教育機関まで、それに追いつけていない。

もし高い成長と公平な経済がほしいなら、そうした制度を再構築して刷新する勇気と決意が必要だ。明日の再起動は我々の手の届くところにあるのだ。

まとめ

国家や企業といった存在は、市民や従業員の便益となる集合財を提供するために、権威と中央集権的な統制を必要とする。だがそこには基本的なトレードオフがある。こうした集合財を提供するための支出が大きければ、それだけ影響活動をつくり出す誘惑も大きくなるし、重要な情報が犠牲になる可能性も高まる。実際、一部の極度に腐敗した社会は、ほとんど何も集合財を提供できない。そうしたものがすべて影響活動に吸い取られてしまうからだ。例えば2021年には、レバノンの中央銀行総裁は、国がハイパーインフレで苦しんでいるのに、横領を続けていたことが報じられた。

無形経済はこのトレードオフに2つの影響を及ぼす。まずそれは、トレードオフの傾きを悪化させる。無形経済でシナジーがもっと重要になるなら、中央集権的な集合財への追加支出の効果は下がるし効率的でもなくなる。シナジーの犠牲のほうが、複雑さに直面したときにもっと激しい損失を引き起こすからだ。第2に、無形経済が各種側面での格差を高めるのであれば、中央集権化された支出がどんな水準であれ、政治的に受け入れられにくくなる（つまりトレードオフ曲線を左に動かす）。

本章では、こうした問題を解決するために、変化を少なくとも2つレビューした。最初のものは、経済を支えるための国家能力を構築すること、2つ目は政治資本を支出することだ。こうした課題のどちらも、経済が停滞して無形投資への支援が低下するというフィードバックが続き、社会が足を引っ張られる中で、ますます緊急性が高まっている。

こうした問題、つまり国家能力の構築と政治資本の活用は、本書で扱った主題すべてを横断する提案となる。我々はもっと無形集約的な経済への変化が、経済の直面する問題の説明として優れていることを記述しようとした。その問題とは、停滞、格差、競争不全、脆弱性、正統性欠如だ。根底にある経済構造のあらゆる変化に共通することだが、こうした変化は無形経済の問題――例えば集合行動、情報、コミットメント、無駄な影響活動抑止――を解決するために新しい制度群を必要とする。

我々は必要とされる制度改革を、研究支援、都市、金融政策と財政政策、競争を中心に描き出してきた。提案した改革の厳密な細部は国ごとにちがうだろう。だが問題についての我々の診断と、もっと無形化した経済が制度に負担をかける様子を理解するための全般的な枠組みは、時代が変わっても有効性を失わず、現代経済の課題に応えるための新しい視点を提供してくれるものと期待したい。

謝辞

本書の起源は、2017年 *Capitalism without Capital: The Rise of the Intangible Economy*(『無形資産が経済を支配する』)の刊行後に行った、啓発的な各種の対話だ。マーティン・ブラッセル、スティーブン・チェケッティ、タイラー・コーエン、ダイアン・コイル、クリス・ディロウ、ダニエル・フィンケルスタイン、マーティン・フレミング、ラナ・フォローハー、ビル・ゲイツ、ジョン・ハリス、コンスタンス・ハンター、リチャード・ジョーンズ、ジョン・ケイ、ウィリアム・カー、ソール・クライン、アーノルド・クリング、バルーク・レヴ、ユヴァル・レヴィン、エフサン・マスード、ジョージ・モロアン、アタマン・オズリディリム、ロバート・ペストン、レイハン・サラム、マイケル・サンダース、ダン・シシェル、デヴィッド・スミス、トム・サトクリフ、バート・ヴァン・アルク、カッラム・ウィリアムズ、マーティン・ウルフなど多くの人からの洞察に満ちた鷹揚なコメントにも大いに感謝する。

共同研究者たちの持続的な啓発に感謝する。サム・ボウマン、キャロル・コラード、ジャニス・エバリー、ハラルド・エドクイスト、ピーター・グッドリッジ、マッシミリアノ・イオミ、セシリア・ヨナ＝ラシニオ、ポール・ミズン、ギャヴィン・ワリス、ジャイルズ・ウィルキスだ。鷹揚な資金提供者にも感謝する。エリクソン社、イギリス経済社会研究評議会（ESRC）、マッキンゼー&カンパニー、イノベーションと拡散プログラムES/V009478/1、生産性研究所ES/V002740/1、そして我々の雇い主、イングランド銀行、ビジネス・エネルギー・産業戦略省、インペリアルカレッジ、王立統計学会は、我々の活動を支援し、本書で取り上げた事柄について数えきれないほどの実務的な洞察を提供してくれた。本書での我々の見方は我々に責任があり、彼らにはない。

本書は各種の人々の支援や意見なしには不可能だっただろう。例えばブライアン・アンダーソン、アジーム・アズハル、アリーナ・バーネット、サンドラ・バーニック、マット・クリフォード、サイモン・コックス、ダン・デイヴィス、ネッド・ドノヴァン、アレックス・エドマンズ、デヴィッド・エドモンズ、ジョン・フィングルトン、トム・フォース、マルコ・ガロファロ、サム・ガイマー、アントン・ハウズ、ジョニー・キットソン、マーク・コヤマ、アリス・ラスマン、ジェイミー・レニー、ポール・ルイス、ジョン・マイヤーズ、ラマナ・ナンダ、マーティン・オニール、ソフィー・ピトン、ペトラ・サラパトコヴァ、ベン・サウスウッド、マリリン・トル、レイチェル・ウルフ、ベン・ヨー、プリンストン大学出版局のチーム（特にジョッシュ・ドレイクとハンナ・ポール）。特に草稿にすべて目を通してくれたスー・ハスケルとスティーブ・リゴロシには感謝を。

いつもながら、カーステン、スー、および家族には果てしない愛と支援に感謝する。本書を、愛をこめて両親たちに捧げるのは望外の喜びである。スティアンはマリットとロバートに、そしてジョナサンはキャロルとサイモンに。

【著者紹介】
ジョナサン・ハスケル（Jonathan Haskel）
インペリアル・カレッジ・ビジネススクール経済学教授。イングランド銀行金融政策委員会委員。共著書に『無形資産が経済を支配する』。スティアン・ウェストレイクと2017年インディゴ賞を共同受賞した。Twitter: @haskelecon

スティアン・ウェストレイク（Stian Westlake）
王立統計協会最高責任者。共著書に『無形資産が経済を支配する』。ジョナサン・ハスケルと2017年インディゴ賞を共同受賞した。Twitter: @stianwestlake

【訳者紹介】
山形浩生（やまがた　ひろお）
評論家、翻訳家。東京大学大学院工学系研究科都市工学科およびマサチューセッツ工科大学不動産センター修士課程修了。開発援助コンサルタント。コンピュータ、経済、脳科学からSFまで幅広い分野で翻訳と執筆を手がける。著書に『新教養主義宣言』ほか。訳書に『超訳 ケインズ「一般理論」』、ピケティ『21世紀の資本』、クルーグマン『クルーグマン教授の経済入門』、スノーデン『スノーデン 独白』、バナジー&デュフロ『貧乏人の経済学』、ハスケル&ウェストレイク『無形資産が経済を支配する』ほか多数。

無形資産経済　見えてきた5つの壁

2023年7月11日発行

著　者――ジョナサン・ハスケル／スティアン・ウェストレイク
訳　者――山形浩生
発行者――田北浩章
発行所――東洋経済新報社
〒103-8345　東京都中央区日本橋本石町 1-2-1
電話＝東洋経済コールセンター　03(6386)1040
https://toyokeizai.net/

装　丁…………吉住郷司
D T P…………キャップス
印刷・製本……丸井工文社
編集協力………島村裕子
編集担当………矢作知子
Printed in Japan　　ISBN 978-4-492-31553-8

索　引

英数字

『21世紀の資本』［ピケティ］　30, 87
2008年の不況 →金融危機
『2020年 地球規模経済の時代』［マクレイ］　30
AMD　237
ARPA　167, 302
CMA（アメリカ公認管理会計士）　268
ESG使命　206
GCSE（中等教育卒業資格）［イギリス］　270, 271, 275
ICT →情報通信技術（ICT）
IP →知的財産（IP）
IPベースの負債　198
IP法 →知的財産法
IPレジーム →知的財産制度
iPhone　141, 153
IPR →知的財産権（IPR）
『MORE from LESS』［マカフィー］　67
n+1規制当局　265, 266
NIMBY　225
——主義　226, 233
NTP　151
OECD →経済協力開発機構（OECD）
OpenSAFELY　148
R&D →研究開発（R&D）
RIM　151
TEKES［フィンランド］　167, 300
TFP →全要素生産性（TFP）
VC →ベンチャーキャピタル（VC）

ア　行

アセモグル，ダロン　99, 111, 112, 114
アーチディアコノ，ピーター　275
アップル（社）　54, 62, 151, 153, 242
アドラー，グスタヴォ　68
アーノルド，ジョン　149
アマゾン　35, 86, 252
アマラの法則　241
アームチェア監査人　168
『アメリカ経済政策入門』［コーエン&デロング］　46
『アメリカ経済 成長の終焉』［ゴードン］　42
アメリカンリサーチ&デベロップメント社　125
アレン，ポール　237
アロラ，アシシュ　186
アン，ジェイビン　179, 207

暗号通貨　200
アンドリーセン，マーク　284
異質性　143, 144, 263
委譲 →権限委譲
イーストマン・コダック社　220
イノベーションの文化　120
インタレスト・カバレッジ・レシオ　190
インテル　237
インフラ　232
インフレ　189, 192, 193
——目標　187, 188, 197
ヴァン・ザント，デヴィッド　117
ヴィシュニー，ロバート　180
ウィリアムス，ファレル　151, 152
ウィルキンソン，リチャード　29
ウィレッツ，デヴィッド　141
ヴェステアー，マルグレーテ　249
ヴェブレン，ソースティン　123
ウォール街占拠　29
ヴォルラス，ディートリッヒ　43, 44, 49, 50, 80, 284
失われた黄金時代　42, 44
影響活動　110, 133, 144, 164, 165, 232, 285-287, 298
影響費用　105, 132
エクイティクラウドファンディング　200
エクイティ投資　179
エークハウト，ヤン　250
エグバル，ナディア　160
エジソン，トーマス　3
エジャトン，デヴィッド　123
エドマンズ，アレックス　184, 187
エバリー，ジャニス　65
エリクソン，ロバート　230, 231
エルロン　125, 126
エンゲルバート，ダグラス　222
オカシオ＝コルテス，アレクサンドリア　163
オーストリア学派　142
オストロム，エリノア　99, 122, 230
オズボーン，マシュー　262
オービッツ　261
オフショア化（海外業務委託）　227
オープンソース・ソフトウェア　160, 162
オープンデータ運動　160, 168
オルソン，マンサー　127
オルタナティブ資金調達　200
オンラインプラットフォーム　264, 265

カ　行

カー，ウィリアム　237
街区ゾーニング　230
『会計の再生』［レヴ＆グー］　181
改善の心構え　120, 303
外部からの脅威　166
外部性　108, 206, 219
街路投票　230-232
カウパースウェイト，ジェームズ　295
価格　257-263
——ステアリング　261
限られた統治　120
格差　4, 5, 30-32, 85
カステラーニ，ロレンゾ　301

カーズナー，イスラエル　143
カタパルトセンター　162
カッツ，ローレンス　145
カディルジャノワ，ダリダ　176
カードウェルの法則　283
株主価値　184-186
――経営　173
カミングス，ドミニク　163, 167, 302
ガリカノ，ルイス　86
カリコ，カタリン　25
カリリオン　92
カーン，ゾリーナ　153
カーン，リナ　249
ガンズ，ジョシュア　161
「黄色いベスト」抗議運動　300
企業会計　181
『企業家としての国家』［マッツカート］　141, 157, 158
企業間（の）競争　247-250, 256, 257
気候変動　6, 38, 89
技術的負債　14
技術とガバナンスの整合性　121
規制当局　266-268
期待社会便益　147
既得権益　127, 129, 163, 297
キャプラン，ブライアン　275
キャリーバッグ　141, 142
ギャンブラーの破滅　221
キャンベル，ドナルド　147
キャンベルの法則　147
急速イノベーター　166
ギヨ，キャサリン　242
教育　18, 43, 44, 49, 50, 84, 145, 146, 158, 159, 270, 272-278
『教育と技術の競争』［ゴールディン＆カッツ，*The Race between Education and Technology*］　145
競争　35, 36, 47, 81, 84, 247, 251, 254, 258, 259, 262-265, 267-269, 278
――政策　17, 248
――不全　4, 5, 32
協調的行動の費用　127
共有プール資源　230, 234
距離の死　222, 227, 241
キルゾーン　70
キング，マーヴィン　41, 188
銀行融資　173, 176, 182, 199
――の経路　189
金融危機［2008年］　68, 69, 178, 179
金融政策　16, 91, 187, 189, 191, 203
金利　189-191, 194, 195, 197
グー，フェン　181
グーグル　151, 252
クック，ティム　242
グッドハート，チャールズ　147
グッドハートの法則　147, 156, 164
グティエレス，ゲルマン　255, 256
クライナー，モリス　156
グライフ，アヴナー　123, 302
クラウドファンディング　200
クラスター化　87
クラスター形成　74
グラブ，マイケル　262
クランシー，マット　217
クリーガー，ジョシュア　65
クリスクオロ，キアラ　251, 254

グリッドロック　152
クリング，アーノルド　12, 99
グリーンニューディール　163, 301
グリーンベルト　225
クルーグマン，ポール　27, 220, 221
『クルーグマン教授の経済入門』［クルーグマン］　28
グレアム，ベンジャミン　180
グレイザー，エドワード　215, 217, 233
グレグジット　69
グレーバー，デヴィッド　7, 91, 92
クーン，ピーター　36
ケアンクロス，フランシス　222
ケイ，ジョン　41, 188
ゲイ，マーヴィン　152
経済協力開発機構（OECD）　27, 61, 69
経済のオペレーティングシステム　12
計測ミス仮説　45
ゲイツ，ビル　237
契約の履行　111-113
ケインズ　28
ケース，アン　32
ゲティ，ジョン・ポール　273
研究開発（R&D）　18, 54, 64, 65, 93, 144, 145, 185, 206, 225, 235, 236
権限委譲　289-291
現状満足階級　34
交換　101-106, 108-110, 113-117, 119, 133
　——の不確実性　102
広義信用の経路　189, 190
公共交通　220, 232, 233
公共財　116
交通インフラ　→公共交通
公的資金　15, 141, 156, 158, 159, 165
　——提供システム　146
効率性賃金　86
コーエン，スティーブン　46
コーエン，タイラー　34, 42, 80, 160, 295
国防高等研究計画局（DARPA）　159
国民会計　255
個人学習アカウント方式［イギリス］　277
個人化された価格　260
コータム，サム　204
国家能力　292-296
　——リバータリアニズム　295
『国家のように見る』［スコット，*Seeing Like a State*］　66
ゴードン，ロバート　42, 48, 80, 284
ゴネ交渉　105, 110
ゴネ費用　106, 112, 114, 132, 133
個別性　129
個別的な制度　121
コミットメント　105, 111-115, 132, 161
コミュニティ境界拡大　231
コミュニティ資産構築　239
コミュニティ土地競売　227
コヤマ，マーク　292
コラード，キャロル　51, 83, 256
ゴルダカー，ベン　148
ゴールディン，クローディア　145
ゴールドストーン，ジャック　283, 285
コロナ禍　88, 243, 294
コロナ危機　103

コロナワクチン　25, 49, 161, 162
コングロマリット　252
根本的な不確実性　188

サ　行

サイヴァーソン，チャド　52, 79, 284
再現性危機　148, 149
財産権　109, 110, 121
再生可能エネルギー　89
財政政策　206, 207
在宅勤務　215, 222, 223, 240-243
サイモン，ハーマン　64
サウスウッド，ベン　160
ササルドート，ブルース　208
『ザ・セカンド・マシン・エイジ』［ブリニョルフソン＆マカフィー］　44
サプライチェーン　62, 63
サマーズ，ローレンス　37, 188, 210
産業クラスター　75
サンク　69
　――コスト　59, 60, 162
　――性　132
シーア，リア　186
シェ，チャンタイ　253
シエナ　3, 4, 97
『シエナとその領土における善き統治の影響』［ロレンツェッティ］　3, 95, 96
ジェニングス，ウィル　32
ジェファソン，トマス　214, 215
ジェントリフィケーション　215, 219, 227
シグナリング →人的資本シグナリング
シシェル，ダン　48, 51
市場セグメント化　260
失業／インフレのトレードオフ　192
シック，ロビン　151, 152
自動安定化装置　208, 298, 299
自動車産業　2
シナジー　59, 60, 69, 70, 74, 79, 92, 93, 131, 142, 143, 157, 199, 217, 218, 291, 292
資本ストック　54
資本費用の経路　189
シャドボルト，ナイジェル　168
ジャン，ウェイ　185, 186
集合行動問題　104, 105, 110, 116, 117, 130, 144, 205
集合財　286-289, 292
集合的な意思決定　110
集積効果　217
住宅　219, 225, 226, 228, 229, 231
　――価格　218, 219, 229
　――所有者　17, 218
集中度　250, 253, 254
『自由の命運』［アセモグル＆ロビンソン］　112
ジューセロ社　92
シューマッハー，エルンスト　66
シュムペーター，ジョセフ　252
シュライファー，アンドレ　180
シュルツ，ニック　12, 99
シュワルツ，ピーター　27
情報　12, 103, 104, 131, 285, 287-291
　――通信技術（ICT）　33, 68
ショーエンホルツ，キム　175
ショックレー，ウィリアム　237
ショックレー半導体研究所　237

所得（の）格差　46, 85
ジョンストン，ボブ　167
ジョンソン，サイモン　99, 111, 114
ジョンソン，ノエル　292
ジョンソン，ボリス　301, 302
シラー，ロバート　41
新型コロナ（ウイルス）　6, 7, 23-25, 35, 36, 68, 88, 215, 222, 223
新公共管理　295, 297
『新自由主義』［ハーヴェイ］　46
新制度学派　99
新制度派経済学　98
人的資本　43, 44, 49, 50
——シグナリング　272-274, 278
——集約サービス　217
ジンバブエ　111
新ブランダイス主義者　248
信頼　107, 108, 110, 113
『人類とイノベーション』［リドレー］　157
スキューモーフィズム　122
スケーラビリティ　133, 199
スケーラブル　59, 74, 93
スケルトン，デヴィッド　235
スコット，ジェームズ・C　66
ステープルズ　261
ストーカー，ジェリー　32
ストックホルム商工会議所　290
スピルオーバー　59, 70, 74, 75, 130, 131, 139-141, 143, 144, 150, 155-157, 184-187, 206, 217-221
——効果　59, 157
スミス，ジェームズ　207
スミス，ノア　275
『スモール イズ ビューティフル』［シューマッハー］　66
スリヴァスタヴァ，アヌプ　181, 182
成果主義　87
請求書ショック　262
政治行動　127
脆弱性　4, 6, 7, 36, 88, 91
『成長しきった経済』［ヴォルラス，*Fully Grown*］　43, 80
制度　11-15, 18, 97-102, 107, 110, 111, 114-127, 129-131, 134, 228, 230, 234, 268
正統性欠如　4, 7, 39, 40, 91
制度的イノベーション　116
制度的な失敗　61
制度的負債　14, 15
セヴェル，カン　179, 207
絶望死　32
セナ，ヴァニア　153
セラノス社　92
セルデン，ジョージ　2
ゼロックス社　220
全要素生産性（TFP）　49-51, 78, 80
相互性　107, 110, 113
創造的破壊　252
『組織のなかの人間』［ホワイト］　35
ゾーニング　17
『その部屋で一番頭がいい連中』［マクリーン & エルカインド，*The Smartest Guys in the Room*］　172
ソーヒル，イザベル　242
ソフトスキル　244

タ　行

大学ブルース作戦　270
『大逆転』［フィリポン，*The Great Reversal*］　34, 47
大経済失望　9, 46
『大停滞』［コーエン］　42
『頽廃した社会』［ドゥザット，*The Decadent Society*］　91
大分断　46, 47
惰性　122, 129
タバロック，アレックス　154
タバロック曲線　154
短期主義　184, 186
炭素排出　38
担保　175, 176, 178, 200, 201
チェケッティ，スティーブン　175
チェシャー，ポール　225
知識経済　61, 63
知識スピルオーバー　186, 217
知識ベースの資本　61
『チップに賭けた男たち』［ジョンストン］　167
知的財産（IP）　15, 139, 151, 153, 155-157, 163
　——権（IPR）　47, 130, 140, 150, 152-156, 161
　——制度（IP レジーム）　18, 156, 165
　——法　15, 126
チャーター都市　290
チャン，アンソニー・リー　253
中央銀行　7, 16, 36, 37, 164, 187-189, 207
中央集権化　169, 286-289, 291, 296
中国　128, 195
中立金利　189
中立実質金利　194
長期停滞　24, 28
デイヴィス，ダン　161, 174, 201, 203
停滞　4, 5, 26, 28, 79, 81
低炭素エネルギー　89
ディートン，アンガス　32
ティミス，ジョナサン　254
テイラー，マーク・ザカリー　166, 300
デイリー，ケヴィン　195
ティール，ピーター　39, 158, 163, 302
テクノクラート　225-227
テクノポピュリズム　301
デジタル市場法［EU］　249
デジタル調査市場［アメリカ］　248
デッカー，ライアン　33
デミング，デヴィッド　244
デムゼッツ，ハロルド　102, 108, 109
デモクラシー・コラボラティブ　239
デュヴァル，ロマン　179, 207
デューデリジェンス　125, 182
デュラントン，ジル　216
デラリチア，ジョヴァンニ　176, 201, 207, 209
デル，メリッサ　99
デレッカー，ヤン　250
デロング，ブラッドフォード　46
『天才たちの誤算』［ローウェンスタイン］　172
伝統　65, 66
ドゥザット，ロス　8, 91, 92, 284
灯台　115-119

トゥレーヌ，アラン　63
独占企業　247, 248
特別買収目的会社　200
都市　17, 214-226, 229, 230, 232-234
——計画　17, 230-232
——農村計画法［イギリス］　225
特許戦争　3, 125
トービンのQ　29
ドラッカー，ピーター　61
トランター，ジャスティン　152
トランプ，ドナルド　8, 32, 235, 302
トリニティハウス　117
取り残された場所　87, 216, 227, 235, 240
取り残された町　236
取引　100-102, 104, 108, 109, 113, 115
——費用　110
トレイナ，ジェームズ　52

ナ　行

『なぜ近代は繁栄したのか』［フェルプス］　157
ナラティブ　23, 30, 41, 42, 45-47, 168, 304
ナンダ，ラマナ　199
二重金利　207
人間が考案した制約　11, 98, 102
認知能力　244
認知（的な）負荷　174, 184, 303
ネットフリックス　262
ネルソン，リチャード　121, 124
ネルソン，ロバート　231
『年収は「住むところ」で決まる』［モレッティ］　221
ノキア　60, 69
ノーキスト，グローヴァー　295
ノース，ダグラス　11, 98, 102, 107, 293

ハ　行

ハイエク，フリードリヒ　109, 143
バイガル，マテイ　254
排除性　118, 119
バイデン，ジョー　249
『パイを広げろ』［エドマンズ，*Grow the pie*］　184
ハーヴェイ，デヴィッド　46
ハウズ，アントン　303
パーシップ　261
バスク地方　238, 239
ハスケル，ジョナサン　51, 201
発展指向型国家　64, 294
パットナム，ロバート　304
ハットン，ウィル　46
ハート，オリバー　105
バーナーズ＝リー，ティム　168
バーネット，コレリ　123
バハジ，サリーム　201
ハバード，トマス　86
パパニコラウ，ディミトリス　65
バフェット，ウォーレン　180
ハラリ，ユヴァル・ノア　41
バリュー経営　183, 184, 186
バリュー投資　180, 181
バーン，デヴィッド　51
反トラスト　248
——法　47

ハンナク，アニコ　261
非競合条項　155
ピケット，ケイト　29
ピケティ，トマ　30, 87, 284
ビジネスダイナミズム　33, 263, 265
ヒズモ，オーレル　275
ヒップスター反トラスト　248
ピトン，ソフィー　255, 256
非認知能力　244, 275
非排除性　116
『平等社会』［ウィルキンソン＆ピケット］　29
評判　108, 113
広がる衰退　33
ピンター，ガボル　201
ファーマ，ユージン　180
ファーマン，ジェイソン　37, 188, 210
ファン・バヴェル，バス　128, 283
フィッシェル，ウィリアム　218
フィリップス曲線　192, 193
フィリポン，トマ　34, 47, 284
フィングルトン，ジョン　265, 267
フィンケルスタイン，ダニエル　181
風力発電　89
フェイラー，ジム　208
フェルプス，エドマンド　157
フォース，トム　220
フォード，ヘンリー　2
フォーリス，アンガス　201
フォン・ミーゼス，ルートヴィヒ　143
プガ，ディエゴ　217
不確実性　69, 102
フクヤマ，フランシス　303
負債　16, 60, 175
——投資家　174
——ファイナンス　173-175, 177, 178
物理資本　43, 49, 89, 90
不適切な均衡　303
不適切な制度　11
ブユクリエヴァ，ボヤナ　225
プライミング　149
ブラヴ，アロン　185, 186
ブラジエ，アレックス　178
ブラックベリー　60, 151
ブラック・ライブズ・マター抗議　234
プラットフォーム　131
「ブラード・ラインズ」　151, 152
ブランシャール，オリヴィエ　207, 209
ブランダイス，ルイ　248
ブランド　10, 62
——アイデンティティ　62
フリードマン，ミルトン　184
フリードマン・ドクトリン　184
ブリニョルフソン，エリック　44, 79, 80, 284
ブルシット・ジョブ　7, 92
ブレグジット　69, 165, 167, 301
プレストンモデル　239
フレネル，オーギュスタン　118
紛争　74, 76, 77
——資産　87
平均回帰　180, 181
ベイヤー，パトリック　275
ベッセン，ジェームズ　69, 151
ヘラー，マイケル　152
ベル，ダニエル　63

ベル研究所　186
ペルツマン，サム　256
ヘルマース，クリスチャン　153
ベレンゾン，シャロン　186
ベンカール，ラニアー　253
ベンチャーキャピタル（VC）　124, 125, 177, 198, 199
——業界　13
ベンメレク，エフライム　65
ポジション性　76
ボシュロム　220
ポスト工業　63
——化都市［イギリス］　31
——経済　64
ポズナー，エリック　114
ボードリヤール，ジャン　7
ポピュリスト政治（家）　32, 215, 301
ホール，ブロンウィン　153
ホールデン原則　164
ボールドリッジ，マルコム　35
ボルドリン，ミケーレ　151, 153, 159
ホワイト，ウィリアム　35
ホワイトヘッド，アルフレッド・ノース　172

マ　行

マー，ソン　185, 186
マー，ユエラン　175
マイクロソフト社　69, 151, 237
マイヤーズ，ジョン　230
マウロ・パオロ　207, 209
マカフィー，アンドリュー　44, 67
マークアップ →利ざや
マークス＆スペンサー（M&S）　62
マクドネル，ジョン　163
マクナリー，サンドラ　270
マクレイ，ヘミッシュ　30
マーコヴィッツ，ダニエル　35, 84, 269, 272
マーシャル，アルフレッド　75
マタイ効果　182, 221
マチン，スティーブン　270
マッツカート，マリアナ　141, 157
マハループ，フリッツ　61
マンスロープ，ローランド　301
『見えざる手』［ファン・バヴェル，*The Invisible Hand*］　128, 283
『道と橋』［エグバル，*Road and Bridge*］　160
ミッション指向　158
ミッテルシュタント　64
ミノーヤ，カメリア　176
ミュラー，マイケル　151
ミルグロム，ポール　105, 164, 286
ムーア，ジョン　105
無意味なありがたがり／無意味にありがたがって　84, 269, 272
無形危機　60, 73, 78
無形経済　13, 54, 61, 63, 64, 90, 176, 291, 305
無形資産　10-14, 54, 59, 60, 74, 75, 79, 92, 93, 130, 131, 142, 143, 145, 175-177, 198
『無形資産が経済を支配する』［ハスケル＆ウェストレイク］　10, 57, 59
無形便益　11

無形リッチ（な）企業　134, 191, 203, 249, 263
無形リッチ（な）経済　63, 73, 74, 85, 132, 143, 191
「無限の都市」　226
無担保債券　200
メイ，テリーザ　300
メイヤー，マリッサ　242
『メリトクラシーの罠』［マーコヴィッツ，*The Meritocracy Trap*］　35, 84
モキイア，ジョエル　48, 283, 302
モーションピクチャー特許社　3
持ち家有権者　218
『持ち家有権者仮説』［フィッシェル，*The Homevoter Hypothesis*］　218
モード，フランシス　168
モトローラ・モビリティ社　151
物言う投資家　174, 187
モレッティ，エンリコ　32, 216, 221
モンドラゴン社　238

ヤ　行

約束 →コミットメント
ヤフー　242
ユドコウスキー，エリザー　303
ユルコグル，アリ　253
予測不可能性　129
ヨナ＝ラシニオ，セシリア　51

ラ　行

ライアンの世界　40
ライト兄弟　125, 126
ライト航空会社　125
ラコニショク，ジョゼフ　180
ラストベルト地帯［アメリカ］　31
ラッジ，ヴィルジニア　301
ラッシュ，ベンジャミン　214
ラッハマン，ルートヴィヒ　142, 143
ラトノフスキー，レフ　176
ラーナー，ジョシュ　199, 204
ラムダスクール　277
リアン，チェン　175
リーコック，エレノア　106
利ざや　34, 82, 250, 251, 254
——仮説　52
リツーリング仮説　45, 51
リドレー，マット　142, 157, 158
リーマー，エドワード　41
リモートワーク　17, 68, 216, 222, 224, 240, 243, 244
量的緩和（QE）　207
累進税制　208
ルイズ＝ヴァレンズエラ，ジェニファー　270
レヴ，バルーク　181, 182
レヴァイン，デヴィッド　151, 153, 159
レバレッジドバイアウトファンド　174
レントシーキング　135, 159, 252, 286, 298
労働者同士の競争／労働者の間の競争　250, 269
労働生活　40, 81, 84
労務環境　35
ロジャース，マーク　153
ロック，ダニエル　79, 284
ロッシ＝ハンスベルク，エステバン

253
ロバーツ，ジョン　105, 164, 287
ロビイング　110, 164, 165, 297, 299
ロビンソン，ジェームズ　99, 111, 112, 114
ロベール＝ニコウ，フレデリック　237
ローマー，ポール　290
ロレンツェッティ，アンブロージョ　3, 95, 96
ロンドンYIMBY　230, 231

ワ　行

ワイル，E・グレン　114
ワインゲスト，バリー　112, 293
ワクチン →コロナワクチン
ワールドワイドウェブ　168
『我々の現状』［ハットン，*The State We're In*］　46

参考文献

Aarts, Alexander A., Joanna E. Anderson, Christopher J. Anderson, Peter R. Attridge, Angela Attwood, Jordan Axt, Molly Babel, et al. 2015. "Estimating the Reproducibility of Psychological Science." *Science* 349 (6251). https://doi.org/10.1126/science.aac4716

Abel, A. B., A. K. Dixit, J. C. Eberly, and R. S. Pindyck. 1996. "Options, the Value of Capital, and Investment." *Quarterly Journal of Economics* 111(3): 753-77. https://doi.org/10.2307/2946671

Acemoglu, Daron. 1999. "Changes in Unemployment and Wage Inequality: An Alternative Theory and Some Evidence." *American Economic Review* 89(5): 1259-78.

Acemoglu, Daron, Simon Johnson, and James Robinson. 2004. "Institutions as the Fundamental Cause of Long-Run Growth." National Bureau of Economic Research working paper no. 10481. https://doi.org/10.3386/w10481

Acemoglu, Daron, and James A. Robinson. 2019. *The Narrow Corridor: States, Societies, and the Fate of Liberty*. New York: Penguin.〔ダロン・アセモグル／ジェイムズ・A・ロビンソン『自由の命運――国家，社会，そして狭い回廊』櫻井祐子訳，早川書房，2020年〕

Adler, Gustavo, Romain A. Duval, Davide Furceri, Sinem Kılıç Çelik, Ksenia Koloskova, and Marcos Poplawski Ribeiro. 2017. "Gone with the Headwinds: Global Productivity." International Monetary Fund Staff Discussion Notes, April. https://ideas.repec.org/p/imf/imfsdn/2017-004.html

Aghion, Philippe, Antonin Bergeaud, Richard W. Blundell, and Rachel Griffith. 2019. "The Innovation Premium to Soft Skills in Low-Skilled Occupations." *SSRN Electronic Journal*, November. https://doi.org/10.2139/ssrn.3489777

Ahn, JaeBin, Romain Duval, and Can Sever. 2020. "Macroeconomic Policy, Product Market Competition, and Growth: The Intangible Investment Channel." International Monetary Fund working paper no.2020/25. https://www.imf.org/en/

Publications/WP/Issues/2020/02/07/Macroeconomic-Policy-Product-Market-Competition-and-Growth-The-Intangible-Investment-Channel-49005

Alvaredo, Facundo, Lucas Chancel, Thomas Piketty, Emmanuel Saez, and Gabriel Zucman. 2020. *World Inequality Report 2018*.〔ファクンド・アルヴァレド／ルカ・シャンセル／トマ・ピケティ／エマニュエル・サエズ／ガブリエル・ズックマン『世界不平等レポート 2018』徳永優子・西村美由起訳，みすず書房，2018年〕https://wir2018.wid.world/files/download/wir2018-full-report-english.pdf

Ampudia, Miguel, Thorsten Beck, and Alexander Popov. 2021. “Out with the New, in with the Old? Bank Supervision and the Composition of Firm Investment.” Centre for Economic Policy Research disscussion paper no.DP16225. https://cepr.org/active/publications/discussion_papers/dp.php?dpno=16225#

Andrews, Dan, Chiara Criscuolo, and Peter N. Gal. 2016. “The Best versus the Rest: The Global Productivity Slowdown, Divergence across Firms and the Role of Public Policy.” OECD Productivity working paper no.5. https://www.oecd-ilibrary.org/economics/the-best-versus-the-rest_63629cc9-en

Arcidiacono, Peter, Patrick Bayer, and Aurel Hizmo. 2010. “Beyond Signaling and Human Capital: Education and the Revelation of Ability.” *American Economic Journal: Applied Economics* 2(4): 76–104. https://doi.org/10.1257/app.2.4.76

Aridor, Guy, Yeon-Koo Che, and Tobias Salz. 2020. “The Economic Consequences of Data Privacy Regulation: Empirical Evidence from GDPR.” National Bureau of Economic Research working paper no.26900. https://doi.org/10.3386/w26900

Armstrong, Mark. 2015. “Search and Ripoff Externalities.” *Review of Industrial Organization* 47(3): 273–302. https://doi.org/10.1007/s11151-015-9480-1

Arora, Ashish, Sharon Belenzon, and Andrea Patacconi. 2015. “Killing the Golden Goose? The Changing Nature of Corporate Research, 1980–2007.” Fuqua Business School, working paper. https://www.semanticscholar.org/paper/Killing-the-Golden-Goose-The-changing-nature-of-%2C-Arora-Belenzon/c24b06fcfe989cd4ba2df14eb93f7f2146129a29

———. 2018. “The Decline of Science in Corporate R&D.” *Strategic Management Journal* 39(1): 3–32. https://doi.org/10.1002/smj.2693

Arora, Ashish, Sharon Belenzon, and Lia Sheer. 2021. “Knowledge Spillovers and Corporate Investment in Scientific Research.” *American Economic Review* 111(3): 871–98. https://doi.org/10.1257/AER.20171742

Arquié, Axelle, Lilas Demmou, Guido Franco, and Irina Stefanescu. 2019. “Productivity

and Finance: The Intangible Assets Channel—A Firm Level Analysis." OECD Economics Department working paper no.1596. https://doi.org/10.1787/d13a21b0-en

Arrow, Kenneth. 1962. "Economic Welfare and the Allocation of Resources for Invention." In *The Rate and Direction of Inventive Activity: Economic and Social Factors*, edited by Universities-National Bureau. National Bureau of Economic Research, 609–20. http://ideas.repec.org/h/nbr/nberch/2144.html

Bahaj, Saleem, Angus Foulis, Gabor Pinter, and Jonathan Haskel. 2021. "Intangible Investment and House Prices." Unpublished working waper.

Bajgar, Matej, Chiara Criscuolo, and Jonathan Timmis. 2020. "Supersize Me: Intangibles and Industry Concentration." Draft working paper. https://www.aeaweb.org/conference/2020/preliminary/paper/iGtrhyEZ. Accessed August 30, 2021

Bank of England, Financial Policy Committee. 2020. *Financial Stability Report*. August. https://www.bankofengland.co.uk/-/media/boe/files/financial-stability-report/2020/august-2020.pdf

Baudrillard, Jean. 1994. *Simulacra and Simulation*. Translated by S. F. Glaser. Ann Arbor: University of Michigan Press. (Original work published in 1981.)

Bean, Charles R., Jens Larsen, and Kalin Nikolov. 2002. "Financial Frictions and the Monetary Transmission Mechanism: Theory, Evidence, and Policy Implications." European Central Bank working paper no.113. https://econpapers.repec.org/RePEc:ecb:ecbwps:2002113

Bechhofer, Nathaniel, and Saloni Dattani. 2021. "The Speed of Science." Works in Progress, February 8. https://worksinprogress.co/issue/the-speed-of-science/

Bell, Alex, Raj Chetty, Xavier Jaravel, Neviana Petkova, and John Van Reenen. 2019. "Who Becomes an Inventor in America? The Importance of Exposure to Innovation." *Quarterly Journal of Economics* 134(2): 647–713. https://doi.org/10.1093/qje/qjy028

Benkard, C. Lanier, Ali Yurukoglu, and Anthony Lee Zhang. 2021. "Concentration in Product Markets." National Bureau of Economic Research working paper no.28745. https://papers.ssrn.com/abstract=3838512

Benmelech, Efraim, Janice Eberly, Dimitris Papanikolaou, and Joshua Krieger. 2021. "Private and Social Returns to R&D: Drug Development and Demographics." *AEA Papers and Proceedings* 111(May): 336–40. https://doi.org/10.1257/pandp.20211104

Bergeaud, Antonin, Gilbert Cette, and Rémy Lecat. 2015. "GDP per Capita in Advanced Countries over the 20th Century." Banque de France working paper no.549. https://

papers.ssrn.com/sol3/papers.cfm?abstract_id=2602267

Berkes, Enrico, and Ruben Gaetani. 2019. "The Geography of Unconventional Innovation." *SSRN Electronic Journal*, July. https://doi.org/10.2139/ssrn.3423143

Bessen, James, and Michael Meurer. 2009. *Patent Failure*. Princeton, NJ: Princeton University Press.

Bessen, James E., Erich Denk, Joowon Kim, and Cesare Righi. 2020. "Declining Industrial Disruption." *SSRN Electronic Journal*, February. https://doi.org/10.2139/ssrn.3682745

Blanchard, Olivier, Giovanni Dell'Ariccia, and Paolo Mauro 2010. "Rethinking Macroeconomic Policy." International Monetary Fund Staff Position Note no.10/03. https://www.imf.org/external/pubs/ft/spn/2010/spn1003.pdf

Bloom, Nicholas, James Liang, John Roberts, and Zichun Jenny Ying. 2013. "Does Working from Home Work? Evidence from a Chinese Experiment." National Bureau of Economic Research working paper no.18871. https://www.nber.org/papers/w18871

Bogart, Dan. 2005. "Did Turnpike Trusts Increase Transportation Investment in Eighteenth-Century England?" *Journal of Economic History* 65(2): 439–68. http://www.jstor.org/stable/3875068

Boldrin, Michele, and David K. Levine. 2013. "The Case against Patents." *Journal of Economic Perspectives* 27(1): 3–22. https://doi.org/10.1257/jep.27.1.3

Bowman, Sam, and Stian Westlake. 2019. *Reviving Economic Thinking on the Right: A Short Plan for the UK*. https://revivingeconomicthinking.com

Branstetter, Lee, and Daniel Sichel. 2017. "The Case for an American Productivity Revival." Peterson Institute for International Economics Policy Brief no.17-26. https://ideas.repec.org/p/iie/pbrief/pb17-26.html

Brassell, Martin, and Kelvin King. 2013. *Banking on IP?* https://www.gov.uk/government/publications/banking-on-ip

Brav, Alon, Wei Jiang, and Song Ma. 2018. "How Does Hedge Fund Activism Reshape Corporate Innovation?" *Journal of Financial Economics* 130(2): 237–64. https://doi.org/10.1016/j.jfineco.2018.06.012

Brazier, Alex. 2020. "Protecting Economic Muscle: Finance and the Covid Crisis." Bank of England, July 23. https://www.bankofengland.co.uk/speech/2020/alex-brazier-keynote-dialogue-at-the-cfo-agenda

Broadberry, Stephen. 2013. "Accounting for the Great Divergence." *Economic History Working Papers* 184: 2–33. https://doi.org/10.1017/CBO9781107415324.004

———. 2020. "The Industrial Revolution and the Great Divergence: Recent Findings from Historical National Accounting." Centre for Economic Policy Research, discussion paper no.DP15207. https://cepr.org/active/publications/discussion_papers/dp.php?dpno=15207

Brynjolfsson, Erik, and Andrew McAfee. 2014. *The Second Machine Age*. New York: W. W. Norton.〔エリック・ブリニョルフソン／アンドリュー・マカフィー『ザ・セカンド・マシン・エイジ』村井章子訳，日経 BP 社，2015年〕

Brynjolfsson, Erik, Daniel Rock, and Chad Syverson. 2021. "The Productivity J-Curve: How Intangibles Complement General Purpose Technologies." *American Economic Journal: Macroeconomics* 13(1): 333–72.

Building Better, Building Beautiful Commission. 2020. *Living with Beauty: Promoting Health, Well-Being and Sustainable Growth*. January. https://assets.publishing.service.gov.uk/government/uploads/system/uploads/attachment_data/file/861832/Living_with_beauty_BBBBC_report.pdf

Byrne, David M., Carol A. Corrado, and Daniel E. Sichel. 2017. "Own-Account IT Equipment Investment." FEDS Notes, Board of Governors of the Federal Reserve System, October 4. https://www.federalreserve.gov/econres/notes/feds-notes/own-account-it-equipment-investment-20171004.htm

Byrne, David M., Stephen D. Oliner, and Daniel E. Sichel. 2017. "How Fast Are Semiconductor Prices Falling?" *Review of Income and Wealth*, April. https://doi.org/10.1111/roiw.12308

Byrne, David, and Dan Sichel. 2017. "The Productivity Slowdown Is Even More Puzzling than You Think." *VoxEU*, August 22. https://voxeu.org/article/productivity-slowdown-even-more-puzzling-you-think

Cairncross, F. 1997. *The Death of Distance: How the Communications Revolution Is Changing Our Lives*. Cambridge, MA: Harvard Business School Press.

Campbell, Donald T. 1979. "Assessing the Impact of Planned Social Change." *Evaluation and Program Planning* 2(1): 67–90. https://doi.org/10.1016/0149-7189(79)90048-X

Caplan, Bryan. 2017. "Reply to Noah on *The Case Against Education*." Blog post, EconLog, December 18. https://www.econlib.org/archives/2017/12/reply_to_noah_o.html

———. 2018. *The Case against Education: Why the Education System Is a Waste of Time and Money*. Princeton, NJ: Princeton University Press.〔ブライアン・カプラン『大学なんか行っても意味はない？——教育反対の経済学』月谷真紀訳，みすず書房，

2019年〕

Case, Anne, and Angus Deaton. 2020. *Deaths of Despair and the Future of Capitalism*. Princeton, NJ: Princeton University Press.〔アン・ケース／アンガス・ディートン『絶望死のアメリカ——資本主義がめざすべきもの』松本裕訳，みすず書房，2021年〕

Centre for Local Economic Strategies. 2019. “Community Wealth Building 2019: Theory, Practice and Next Steps.” September. https://cles.org.uk/wp-content/uploads/2019/09/CWB2019FINAL-web.pdf

Cheshire, Paul, and Boyana Buyuklieva. 2019. “Homes on the Right Tracks: Greening the Green Belt to Solve the Housing Crisis.” Centre for Cities, September. https://www.centreforcities.org/wp-content/uploads/2019/09/Homes-on-the-Right-Tracks-Greening-the-Green-Belt.pdf

Clancy, Matt. 2019. “Innovation and the City: Are Local Knowledge Spillovers Getting Weaker?” New Things under the Sun, December 19. https://mattsclancy.substack.com/p/innovation-and-the-city

CMA. 2017. *Digital Comparison Tools Market Study: Final Report*. https://assets.publishing.service.gov.uk/media/59c93546e5274a77468120d6/digital-comparison-tools-market-study-final-report.pdf

Cohen, Stephen S., and J. Bradford DeLong. 2016. *Concrete Economics: The Hamilton Approach to Economic Growth and Policy*. Cambridge, MA: Harvard Business Review Press.〔スティーヴン・S・コーエン／J・ブラッドフォード・デロング『アメリカ経済政策入門——建国から現在まで』上原裕美子訳，みすず書房，2017年〕

Congressional Budget Office. 2007. *The Budget and Economic Outlook: Fiscal Years 2008 to 2017*. Washington, DC. https://www.cbo.gov/sites/default/files/110th-congress-2007-2008/reports/01-24-budgetoutlook.pdf

Corrado, Carol, Jonathan Haskel, Massimiliano Iommi, and Cecilia Jona-Lasinio. 2019. “Intangible Capital, Innovation, and Productivity *à La* Jorgenson Evidence from Europe and the United States.” In *Measuring Economic Growth and Productivity: Foundations, KLEMS Production Models, and Extensions*, edited by Barbara M. Fraumeni, 363–86. London: Academic Press.

Corrado, Carol A., Chiara Criscuolo, Jonathan Haskel, Alex Himbert, and Cecilia Jona-Lasinio. 2021. “New Evidence on Intangibles, Diffusion and Productivity.” OECD Science, Technology and Industry working paper no.2021/10. Paris: OECD Publishing. https://doi.org/https://doi.org/10.1787/de0378f3-en

Corrado, Carol A., Jonathan E. Haskel, and Cecilia Jona-Lasinio. 2021. “Artificial Intel-

ligence and Productivity: An. Intangible Assets Approach." *Oxford Review of Economic Policy*, forthcoming. Available at https://spiral.imperial.ac.uk/bitstream/10044/1/89036/2/Innov_J_curve_17Mar21.pdf

Cowen, Tyler. 2011. *The Great Stagnation*. New York: E. P. Dutton.〔タイラー・コーエン『大停滞』池村千秋訳，NTT 出版，2011年〕

———. 2017. *The Complacent Class. The Self-Defeating Quest for the American Dream*. New York: St. Martin's Press.〔タイラー・コーエン『大分断――格差と停滞を生んだ「現状満足階級」の実像』池村千秋訳，NTT 出版，2019年〕

Cowen, Tyler, and Ben Southwood. 2019. "Is the Rate of Scientific Progress Slowing Down?" https://docs.google.com/document/d/1cEBsj18Y4NnVx5Qdu43cKEHMaVBODTTyfHBa8GIRSec/edit

Cunliffe, Jon. 2017. "The Phillips Curve: Lower, Flatter, or in Hiding?" Bank of England, November 14. https://www.bankofengland.co.uk/-/media/boe/files/speech/2017/the-phillips-curve-lower-flatter-or-in-hiding-speech-by-jon-cunliffe

Daly, Kevin. 2016. "A Higher Global Risk Premium and the Fall in Equilibrium Real Interest Rates." *VoxEU*, November 18. https://voxeu.org/article/higher-global-risk-premium-and-fall-equilibrium-real-interest-rates

Davies, Dan. 2014. "The World Is Squared—Episode 3: The Greek Calends." Crooked Timber, October 11. https://crookedtimber.org/2014/10/11/the-world-is-squared-episode-3-the-greek-calends/

———. 2015. "Flat Whites, Hipsters and the Post-Mortgage British Economy." Medium, March 13. https://medium.com/bull-market/flat-whites-hipsters-and-the-post-mortgage-british-economy-6a8ea2a39478

Davis, Jerry. 2018. "Apple's $1 Trillion Value Doesn't Mean It's the 'Biggest' Company." The Conversation, August 10. https://theconversation.com/apples-1-trillion-value-doesnt-mean-its-the-biggest-company-101225

Decker, Ryan A., John Haltiwanger, Ron S. Jarmin, and Javier Miranda. 2018. "Changing Business Dynamism and Productivity: Shocks vs. Responsiveness." Board of Governors of the Federal Reserve System. https://doi.org/10.17016/FEDS.2018.007

De Fiore, Fiorella, and Harald Uhlig. 2011. "Bank Finance versus Bond Finance." *Journal of Money, Credit and Banking* 43(7): 1399–1421. https://doi.org/10.1111/j.1538-4616.2011.00429.x

Dell'Ariccia, Giovanni, Dalida Kadyrzhanova, Camelia Minoiu, and Lev Ratnovski. 2017. "Bank Lending in the Knowledge Economy." International Monetary Fund working

paper no.2017/234. https://econpapers.repec.org/RePEc:imf:imfwpa:17/234

De Loecker, Jan, and Jan Eeckhout. 2018. "Global Market Power." National Bureau of Economic Research working paper no.24768. https://www.nber.org/papers/w24768

Del Negro, Marco, Michele Lenza, Giorgio Primiceri, and Andrea Tambalotti. 2020. "Why Has Inflation in the United States Been So Stable since the 1990s?" *Research Bulletin*, no.74. https://www.ecb.europa.eu/pub/economic-research/resbull/2020/html/ecb.rb200917~3bc072ea95.en.html

Deming, David J. 2017. "The Value of Soft Skills in the Labor Market." *The Reporter*, December. https://www.nber.org/reporter/2017number4/value-soft-skills-labor-market#N_6_

Demmou, Lilas, Irina Stefanescu, and Axelle Arquié. 2019. "Productivity Growth and Finance: The Role of Intangible Assets-a Sector Level Analysis." OECD Library. https://doi.org/10.1787/e26cae57-en.

Demsetz, Harold. 1967. "Toward a Theory of Property Rights." *American Economic Review* 57(2): 347–359.

Department for Business, Energy & Industrial Strategy. 2019. "2018 UK Greenhouse Gas Emissions, Provisional Figures." March 28. https://assets.publishing.service.gov.uk/government/uploads/system/uploads/attachment_data/file/790626/2018-provisional-emissions-statistics-report.pdf

Department of the Treasury Office of Economic Policy, the Council of Economic Advisers, and the Department of Labor. 2015. *Occupational Licensing: A Framework for Policymakers*. July. https://obamawhitehouse.archives.gov/sites/default/files/docs/licensing_report_final_nonembargo.pdf

De Soto, Hernando. 2000. *The Mystery of Capital: Why Capitalism Triumphs in the West and Fails Everywhere Else*. New York: Basic Books.

De Veirman, Marijke, Liselot Hudders, and Michelle R. Nelson. 2019. "What Is Influencer Marketing and How Does It Target Children? A Review and Direction for Future Research." *Frontiers in Psychology* 10 (December). https://doi.org/10.3389/fpsyg.2019.02685

Diewert, W. E. 1976. "Exact and Superlative Index Numbers." *Journal of Econometrics* 4(2): 115–45. https://doi.org/10.1016/0304-4076(76)90009-9

Díez, Federico, Jiayue Fan, and Carolina Villegas-Sánchez. 2019. "Global Declining Competition." International Monetary Fund working paper no.19/82. https://papers.ssrn.com/sol3/papers.cfm?abstract_id=3397540

Dixit, Avinash. 1992. "Investment and Hysteresis." *Journal of Economic Perspectives* 6 (1): 107–32. http://www.aeaweb.org/articles?id=10.1257/jep.6.1.107

Dixit, Avinash, and Robert S. Pindyck. 1995. "The Options Approach to Capital Investment." *Harvard Business Review* 73(3)(May–June): 105–15. https://hbr.org/1995/05/the-options-approach-to-capital-investment

Douthat, Ross. 2020. *The Decadent Society: How We Became the Victims of Our Own Success*. New York: Avid Reader Press / Simon & Schuster.

Drechsel, Thomas. 2021. "Earnings-Based Borrowing Constraints and Macroeconomic Fluctuations." University of Maryland, Department of Economics, March 15. http://econweb.umd.edu/~drechsel/papers/jmp_drechsel.pdf

Duranton, Gilles, and Diego Puga. 2014. "The Growth of Cities." In *Handbook of Economic Growth*, edited by Philippe Aghion and Steven Durlauf, 781–853. Amsterdam: Elsevier.

Duval, Romain. 2017. "Financial Frictions and the Great Productivity Slowdown." International Monetary Fund working paper no.2017/129. https://www.imf.org/en/Publications/WP/Issues/2017/05/31/Financial-Frictions-and-the-Great-Productivity-Slowdown-44917

Duval, Romain, JaeBin Ahn, and Can Sever. 2018. "Product Market Competition, Monetary Policy and Intangible Investment: Firm-Level Evidence from the Global Financial Crisis." 1st IMF-OECD-World Bank Conference on Structural Reforms, Paris, June 11. https://www.oecd.org/eco/reform/joint-imf-wb-oecd-conf-structural-reform-2018/Product_market_competition_monetary_policy_and_intangible_investment.pdf

Ebenstein, Avraham, Victor Lavy, and Sefi Roth. 2016. "The Long-Run Economic Consequences of High-Stakes Examinations: Evidence from Transitory Variation in Pollution." *American Economic Journal: Applied Economics* 8(4): 36–65. https:// doi.org/10.1257/app.20150213

Edgerton, David. 2018. *The Rise and Fall of the British Nation: A Twentieth-Century History*. London: Allen Lane.

Edmans, Alex. 2009. "Blockholder Trading, Market Efficiency, and Managerial Myopia." *Journal of Finance* 64(6): 2481–513. https://doi.org/10.1111/j.1540-6261.2009.01508.x

Eghbal, Nadia. 2016. *Roads and Bridges: The Unseen Labor behind Our Digital Infrastructure*. New York: Ford Foundation. https://www.fordfoundation.org/media/2976/roads-and-bridges-the-unseen-labor-behind-our-digital-infrastructure.pdf

European Union. 2020. "Speech by Executive Vice-President Margrethe Vestager: Building Trust in Technology." October. https://ec.europa.eu/commission/commissioners/2019-2024/vestager/announcements/speech-executive-vice-president-margrethe-vestager-building-trust-technology_en

Feyrer, James, and Bruce Sacerdote. 2013. "How Much Would US Style Fiscal Integration Buffer European Unemployment and Income Shocks? (A Comparative Empirical Analysis)." *American Economic Review* 103(3): 125–28. https://doi.org/10.1257/aer.103.3.125

Fischel, William A. 2005. *The Homevoter Hypothesis*. Cambridge, MA: Harvard University Press. https://www.hup.harvard.edu/catalog.php?isbn=9780674015951

Forth, John, Alex Bryson, Amy Humphris, Maria Koumenta, Morris Kleiner, and Paul Casey. 2011. "A Review of Occupational Regulation and Its Impact." UK Commission for Employment and Skills, Evidence Report no.40. https://assets.publishing.service.gov.uk/government/uploads/system/uploads/attachment_data/file/306359/ER40_Occupational_regulation_impact_-_Oct_2011.pdf

Forth, Tom. 2018. "The UK Government Is Not Investing More in Transport in North England than London and the Wider South East." August 21. https://www.tomforth.co.uk/transportspending/

Forth, Tom, and Richard Jones. 2020. *The Missing Four Billion: Making R&D Work for the Whole UK*. London: NESTA.

Francis-Devine, Brigid. 2020. "Income Inequality in the UK." 7484. House of Commons Briefing Paper no. 7484. London. https://researchbriefings.files.parliament.uk/documents/CBP-7484/CBP-7484.pdf

Fukuyama, Francis. 1995. *Trust: The New Foundations of Global Prosperity*. New York: Free Press.

Furman, Jason, and Lawrence Summers. 2020. "A Reconsideration of Fiscal Policy in the Era of Low Interest Rates." Discussion draft. https://www.brookings.edu/wp-content/uploads/2020/11/furman-summers-fiscal-reconsideration-discussion-draft.pdf

Gans, Joshua. 2020. *Economics in the Age of COVID-19*. Cambridge, MA: MIT Press.

Garicano, Luis. 2000. "Hierarchies and the Organization of Knowledge in Production." *Journal of Political Economy* 108(5): 874–904. https://doi.org/10.1086/317671

Garicano, Luis, and Thomas N. Hubbard. 2007. "Managerial Leverage Is Limited by the Extent of the Market: Hierarchies, Specialization, and the Utilization of Lawyers' Human Capital." *Journal of Law and Economics* 50(1): 1–43.

Gibbs, Michael, Friederike Mengel, and Christoph Siemroth. 2021. "Work from Home & Productivity: Evidence from Personnel & Analytics Data on IT Professionals." Becker Friedman Institute for Economics working paper no.2021-56. https://papers.ssrn.com/sol3/papers.cfm?abstract_id=3843197#

Gilson, S. C., and E. I. Altman. 2010. *Creating Value through Corporate Restructuring: Case Studies in Bankruptcies, Buyouts, and Breakups*. 2nd ed. Hoboken, NJ: Wiley.

Glaeser, Edward L. 2011. *Triumph of the City*. New York: Macmillan.〔エドワード・グレイザー『都市は人類最高の発明である』山形浩生訳，NTT 出版，2012年〕

———. 2020. "Urbanization and Its Discontents." *Eastern Economic Journal* 46(2): 191-218. https://doi.org/10.1057/s41302-020-00167-3

Goldin, Claudia, and Lawrence Katz. 2008. *The Race between Education and Technology*. Cambridge, MA: Harvard University Press.

Goldstone, Jack A. 2002. "Efflorescences and Economic Growth in World History: Rethinking the 'Rise of the West' and the Industrial Revolution." *Journal of World History* 13(2): 327-89. https://doi.org/10.1353/jwh.2002.0034

Goodhart, Charles A. E. 1981. "Problems of Monetary Management: The U.K. Experience." In *Inflation, Depression, and Economic Policy in the West*, edited by Anthony S. Courakis, 91-109. Totowa, NJ: Barnes and Noble Books.

Gordon, Robert J. 2012. "Is U.S. Economic Growth Over? Faltering Innovation Confronts the Six Headwinds." National Bureau of Economic Research working paper no. 18315. https://doi.org/10.3386/w18315

———. 2016. *The Rise and Fall of American Growth: The U.S. Standard of Living since the Civil War*. Princeton, NJ: Princeton University Press.〔ロバート・J・ゴードン『アメリカ経済 成長の終焉』(上下)高遠裕子・山岡由美訳，日経 BP 社，2018年〕

Graeber, David. 2018. *Bullshit Jobs: A Theory*. London: Allen Lane.〔デヴィッド・グレーバー『ブルシット・ジョブ——クソどうでもいい仕事の理論』酒井隆史・芳賀達彦・森田和樹訳，岩波書店，2020年〕

Greenwald, Daniel. 2019. "Firm Debt Covenants and the Macroeconomy: The Interest Coverage Channel." Society for Economic Dynamics, 2019 Meeting Papers 520. https://ideas.repec.org/p/red/sed019/520.html

Greif, Avner. 2006. *Institutions and the Path to the Modern Economy: Lessons from Medieval Trade*. Cambridge: Cambridge University Press.〔アブナー・グライフ『比較歴史制度分析』(上下)，岡崎哲二・神取道宏監訳，ちくま学芸文庫，2021年〕https://doi.org/DOI:10.1017/CBO9780511791307

Gross, Daniel P., and Bhaven N. Sampat. 2020. "Organizing Crisis Innovation: Lessons from World War II." National Bureau of Economic Research working paper no. 27909. https://doi.org/10.3386/w27909

———. 2021. "The Economics of Crisis Innovation Policy: A Historical Perspective." National Bureau of Economic Research working paper no.28335. https://ideas.repec.org/p/nbr/nberwo/28335.html

Grubb, Michael D., and Matthew Osborne. 2015. "Cellular Service Demand: Biased Beliefs, Learning, and Bill Shock." *American Economic Review* 105(1): 234–71. https://doi.org/10.1257/aer.20120283

Gutiérrez, Germán, and Sophie Piton. 2019a. "Is There Really a Global Decline in the (Non-housing) Labour Share?" Bank Underground, August 7. https://bankunderground.co.uk/2019/08/07/is-there-really-a-global-decline-in-the-non-housing-labour-share/

———. 2019b. "Revisiting the Global Decline of the (Non-housing) Labor Share." http://www.centreformacroeconomics.ac.uk/Discussion-Papers/2019/CFMDP2019-13-Paper.pdf

Hall, Bronwyn, Christian Helmers, Mark Rogers, and Vania Sena. 2014. "The Choice between Formal and Informal Intellectual Property: A Review." *Journal of Economic Literature* 52(2): 375–423. https://doi.org/10.1257/jel.52.2.375

Hall, Robert E., and Dale W. Jorgenson. 1967. "Tax Policy and Investment Behavior." *American Economic Review* 57(3): 391–414. http://www.jstor.org/stable/1812110

Hannak, Aniko, Gary Soeller, David Lazer, Alan Mislove, and Christo Wilson. 2014. "Measuring Price Discrimination and Steering on E-Commerce Web Sites." In *Proceedings of the ACM SIGCOMM Internet Measurement Conference*, 305–18. New York: Association for Computing Machinery. https://doi.org/10.1145/2663716.2663744

Harari, Yuval Noah. 2015. *Sapiens: A Brief History of Humankind*. New York: Harper. 〔ユヴァル・ノア・ハラリ『サピエンス全史——文明の構造と人類の幸福』(上下), 柴田裕之訳, 河出書房新社, 2016年〕

Hart, Oliver. 2017. "Incomplete Contracts and Control." *American Economic Review* 107(7): 1731–52. https://doi.org/10.1257/aer.107.7.1731

Harvey, David. 2007. *A Brief History of Neoliberalism*. Oxford: Oxford University Press. 〔デヴィッド・ハーヴェイ『新自由主義——その歴史的展開と現在』渡辺治ほか訳, 作品社, 2007年〕

Haskel, Jonathan E. 2019. "Capitalism without Capital: Understanding Our New 'Knowledge' Economy—Speech by Jonathan Haskel." Bank of England, May 16. https://

www.bankofengland.co.uk/speech/2019/jonathan-haskel-ken-dixon-lecture-at-university-of-york

———. 2020a. "Monetary Policy in the Intangible Economy—Speech by Jonathan Haskel." Bank of England, February 11. https://www.bankofengland.co.uk/speech/2020/jonathan-haskel-lecture-at-the-university-of-nottingham

———. 2020b. "Remarks by Jonathan Haskel on COVID 19 and Monetary Policy." Bank of England, July 1. https://www.bankofengland.co.uk/speech/2020/jonathan-haskel-brighton-hove-chamber-of-commerce

———. 2021. "What Is the Future of Working from Home?" Economics Observatory, April 20. https://www.economicsobservatory.com/what-is-the-future-of-working-from-home

Haskel, Jonathan, and Stian Westlake. 2017. *Capitalism without Capital: The Rise of the Intangible Economy*. Princeton, NJ: Princeton University Press.〔ジョナサン・ハスケル／スティアン・ウェストレイク『無形資産が経済を支配する——資本のない資本主義の正体』山形浩生訳，東洋経済新報社，2020年〕

Hayek, F. A. 1945. "The Use of Knowledge in Society." *American Economic Review* 35(4): 519–30.

Heller, Michael. 2008. *The Gridlock Economy: How Too Much Ownership Wrecks Markets, Stops Innovation, and Costs Lives*. New York: Basic Books.〔マイケル・ヘラー『グリッドロック経済——多すぎる所有権が市場をつぶす』山形浩生・森本正史訳，亜紀書房，2018年〕

Holmstrom, Bengt. 2015. "Understanding the Role of Debt in the Financial System." Bank for International Settlements working paper no. 479. https://economics.mit.edu/files/9777

Hornbeck, Richard. 2010. "Barbed Wire: Property Rights and Agricultural Development." *Quarterly Journal of Economics* 125(2): 767–810. https://doi.org/10.1162/qjec.2010.125.2.767

Hosono, Kaoru, Daisuke Miyakawa, and Miho Takizawa. 2017. "Intangible Assets and Firms' Liquidity Holdings: Evidence from Japan." Research Institute of Economy, Trade and Industry discussion paper no.17053. https://ideas.repec.org/p/eti/dpaper/17053.html

Howes, Anton. 2020. *Arts and Minds*. Princeton, NJ: Princeton University Press.

Hsieh, Chang-Tai, and Enrico Moretti. 2019. "Housing Constraints and Spatial Misallocation." *American Economic Journal: Macroeconomics* 11(2): 1–39. https://doi.org/

10.1257/MAC.20170388

Hsieh, Chang-Tai, and Esteban Alejandro Rossi-Hansberg. 2019. "The Industrial Revolution in Services." *SSRN Electronic Journal*, July. https://doi.org/10.2139/ssrn.3404309

Hughes, Samuel, and B. Southwood. 2021. *Strong Suburbs*. London: Policy Exchange.

Hutton, Will. 1995. *The State We're In*. London: Jonathan Cape.

Investment Association. 2020. *IA UK Funds Regime Working Group, Final Report to HM Treasury Asset Management Taskforce, 6 June 2019, Addendum on Onshore Professional Fund Proposals — 11 March 2020*. https://www.theia.org/sites/default/files/2020-04/20200330-ukfrwgfinalreport.pdf

Jaffe, A. B., M. Trajtenberg, and R. Henderson. 1993. "Geographic Localization of Knowledge Spillovers as Evidenced by Patent Citations." *Quarterly Journal of Economics* 108(3): 577–98. https://doi.org/10.2307/2118401

Jennings, Will, and Gerry Stoker. 2016. "The Bifurcation of Politics: Two Englands." *Political Quarterly* 87(3): 372–82. https://doi.org/10.1111/1467-923X.12228

Jensen, Thais Laerkholm, Søren Leth-Petersen, and Ramana Nanda. 2014. "Housing Collateral, Credit Constraints and Entrepreneurship—Evidence from a Mortgage Reform." *SSRN Electronic Journal*, October. https://doi.org/10.2139/ssrn.2506111

Johnson, Herbert. 2004. "The Wright Patent Wars and Early American Aviation." *Journal of Air Law and Commerce* 69(1). https://scholar.smu.edu/jalc/vol69/iss1/3

Johnson, Noel D., and Mark Koyama. 2017. "States and Economic Growth: Capacity and Constraints." *Explorations in Economic History* 64(April): 1–20. https://doi.org/10.1016/j.eeh.2016.11.002

Johnstone, Bob. 1999. *We Were Burning: Japanese Entrepreneurs and the Forging of the Electronic Age*. New York: Basic Books.〔ボブ・ジョンストン『チップに賭けた男たち』安原和見訳，講談社，1998年〕

Jordà, Òscar, Moritz Schularick, and Alan Taylor. 2017. "Macrofinancial History and the New Business Cycle Facts." In *NBER Macroeconomics Annual*, vol.31, edited by Martin Eichenbaum and Jonathan A. Parker, 213–63. Chicago: University of Chicago Press.

Katznelson, Ron D., and John Howells. 2015. "The Myth of the Early Aviation Patent Hold-Up: How a US Government Monopsony Commandeered Pioneer Airplane Patents." *Industrial and Corporate Change* 24(1): 1–64. https://doi.org/10.1093/icc/dtu003

Kay, John, and Mervyn King. 2020. *Radical Uncertainty: Decision-Making for an Unknowable Future*. London: Bridge Street Press.

Kerr, William R., and Frédéric Robert-Nicoud. 2020. "Tech Clusters." *Journal of Economic Perspectives* 34(3): 50–76. https://doi.org/10.1257/jep.34.3.50

Keynes, John Maynard. 2010. "Economic Possibilities for Our Grandchildren." In *Essays in Persuasion*, 321–32. London: Palgrave Macmillan. (Original work published in 1930.)

Khan, Zorina. 2014. "Facts and Fables: A Long-Run Perspective on the Patent System." *Cato Unbound*, September 10. https://www.cato-unbound.org/browse?searchquery=facts+and+fables

Kleiner, Morris M. 2006. *Licensing Occupations: Ensuring Quality or Restricting Competition?* Kalamazoo, MI: W.E. Upjohn Institute. https://doi.org/10.17848/9781429454865

Kling, Arnold, and Nick Schulz. 2009. *From Poverty to Prosperity: Intangible Assets, Hidden Liabilities and the Lasting Triumph over Scarcity*. New York: Encounter Books.

Kortum, Samuel, and Josh Lerner. 2000. "Assessing the Contribution of Venture Capital to Innovation." *RAND Journal of Economics* 31(4): 674. https://doi.org/10.2307/2696354

Kremer, Michael. 1993. "The O-Ring Theory of Economic Development." *Quarterly Journal of Economics* 108(3): 551–75. https://doi.org/10.2307/2118400

———. 1998. "Patent Buyouts: A Mechanism for Encouraging Innovation." *Quarterly Journal of Economics* 113(4): 1137–67. https://doi.org/10.1162/003355398555865

Kremer, Michael, and Christopher Snyder. 2020. "Strengthening Incentives for Vaccine Development." National Bureau of Economic Research *Reporter* no.4 (December). https://www.nber.org/reporter/2020number4/strengthening-incentives-vaccine-development

Krugman, Paul. 1997. *The Age of Diminished Expectations*. Cambridge, MA: MIT Press. 〔ポール・クルーグマン『クルーグマン教授の経済入門』山形浩生訳，ちくま学芸文庫，2009年〕

Kuhn, Peter, and Fernando Lozano. 2005. "The Expanding Workweek? Understanding Trends in Long Work Hours among U.S. Men, 1979–2004." National Bureau of Economic Research working paper no. 11895. https://ideas.repec.org/p/nbr/nberwo/11895.html

Lachmann, Ludwig M. 1956. *Capital and Its Structure*. London: Bell and Sons. https://

mises.org/library/capital-and-its-structure

Lakonishok, Josef, Andrei Shleifer, and Robert W. Vishny. 1994. "Contrarian Investment, Extrapolation, and Risk." *Journal of Finance* 49(5): 1541–78. https://doi.org/10.1111/j.1540-6261.1994.tb04772.x

Lall, Subir, and Li Zeng. 2020. "Intangible Investment and Low Inflation: A Framework and Some Evidence." International Monetary Fund working paper no.20/190. https://papers.ssrn.com/abstract=3695369

Leamer, Edward E. 2008. *Macroeconomic Patterns and Stories: A Guide for MBAs*. Berlin: Springer.

Lerner, Josh, and Ramana Nanda. 2020. "Venture Capital's Role in Financing Innovation: What We Know and How Much We Still Need to Learn." *Journal of Economic Perspectives* 34(3): 237–61. https://doi.org/10.1257/jep.34.3.237

Leunig, Tim, and James Swaffield. 2007. *Cities Unlimited: Making Urban Regeneration Work*. London: Policy Exchange. https://www.policyexchange.org.uk/wp-content/uploads/2016/09/cities-unlimited-aug-08.pdf

Lev, Baruch, and Feng Gu. 2016. *The End of Accounting*. Hoboken, NJ: Wiley. 〔バルーク・レブ/フェン・グー『会計の再生――21世紀の投資家・経営者のための対話革命』伊藤邦雄訳, 中央経済社, 2018年〕

Lev, Baruch, and A. Srivastava. 2019. "Explaining the Recent Failure of Value Investing." NYU Stern School of Business. https://ssrn.com/abstract=3442539

Levitt, Theresa. 2020. "When Lighthouses Became Public Goods: The Role of Technological Change." *Technology and Culture* 61(1): 144–72. https://doi.org/10.1353/tech.2020.0035

Lewis, Paul. 2020. *Flying High? A Study of Technician Duties, Skills and Training in the UK Aerospace Industry*. London: Gatsby Charitable Foundation. https://www.gatsby.org.uk/uploads/education/reports/pdf/gatsby-flying-high.pdf

Lian, Chen, and Yueran Ma. 2021. "Anatomy of Corporate Borrowing Constraints." *Quarterly Journal of Economics* 136(1): 229–91. https://doi.org/10.1093/qje/qjaa030

Liebowitz, S. J., and Stephen E. Margolis. 1990. "The Fable of the Keys." *Journal of Law and Economics* 33(1): 1–25. https://doi.org/10.1086/467198

Lim, Steve C., Antonio J. Macias, and Thomas Moeller. 2020. "Intangible Assets and Capital Structure." *Journal of Banking and Finance* 118(September): 105873. https://doi.org/10.1016/j.jbankfin.2020.105873

Lindberg, Erik. 2013. "From Private to Public Provision of Public Goods: English Light-

houses between the Seventeenth and Nineteenth Centuries." *Journal of Policy History* 25(4): 538–56. https://doi.org/10.1017/S0898030613000298

Lowenstein, Roger. 2001. *When Genius Failed*. New York: Penguin Random House.〔ロジャー・ローウェンスタイン『天才たちの誤算――ドキュメントLTCM破綻』東江一紀・瑞穂のりこ訳，日本経済新聞出版，2001年〕

Machin, Stephen, Sandra McNally, and Jenifer Ruiz Valenzuela. 2020. "Entry through the Narrow Door: The Costs of Just Failing High Stakes Exams." *Journal of Public Economics* 190(October): 104224. https://doi.org/10.1016/j.jpubeco.2020.104224

Markovits, Daniel. 2019. *The Meritocracy Trap*. London: Allen Lane.

Marx, Karl, and Friedrich Engels. 2002 [1848]. *The Communist Manifesto*. London: Penguin Books.〔マルクス エンゲルス『共産党宣言』大内兵衛・向坂逸郎訳，岩波文庫，1951年〕

Mazzucato, Mariana. 2013. *The Entrepreneurial State: Debunking Public vs. Private Sector Myths*. London: Anthem Press.〔マリアナ・マッツカート『企業家としての国家――イノベーション力で官は民に劣るという神話』大村昭人，薬事日報社，2015年〕

———. 2021. *Mission Economy: A Moonshot Guide to Changing Capitalism*. London: Allen Lane.〔マリアナ・マッツカート『ミッション・エコノミー――国×企業で「新しい資本主義」をつくる時代がやってきた』関美和・鈴木絵里子訳，NewsPicksパブリッシング，2021年〕

McAfee, Andrew. 2019. *More from Less*. New York: Simon and Schuster.〔アンドリュー・マカフィー『MORE from LESS――資本主義は脱物質化する』小川敏子訳，日経BP日本経済新聞出版本部，2020年〕

McLean, Bethany, and Peter Elkind. 2005. *The Smartest Guys in the Room: The Amazing Rise and Scandalous Fall of Enron*. New York: Portfolio.

McLeay, Michael, and Silvana Tenreyro. 2020. "Optimal Inflation and the Identification of the Phillips Curve." *NBER Macroeconomics Annual* 34: 4–255. https://doi.org/10.1086/707181

McRae, Hamish. 1995. *The World in 2020: Power, Culture and Prosperity*. Cambridge, MA: Harvard Business Review Press.〔ヘミッシュ・マクレイ『2020年 地球規模経済の時代』瀧本米子訳，アスキー，1996年〕

Metcalfe, Robert, Simon Burgess, and Steven Proud. 2019. "Students' Effort and Educational Achievement: Using the Timing of the World Cup to Vary the Value of Leisure." *Journal of Public Economics* 172(April): 111–26. https://doi.org/10.1016/j.jpubeco.2018.12.006

Milgrom, Paul, and John Roberts. 1988. "An Economic Approach to Influence Activities in Organizations." *American Journal of Sociology* 94: S154–79. http://www.jstor.org/stable/2780245

———. 1990. "Bargaining Costs, Influence Costs, and the Organization of Economic Activity." In *Perspectives on Positive Political Economy*, edited by James E. Alt and Kenneth A. Shepsle, 57–89. Cambridge: Cambridge University Press.

———. 2009. "Bargaining Costs, Influence Costs, and the Organization of Economic Activity." In *The Economic Nature of the Firm: A Reader*, 3rd ed., edited by Louis Putterman and Randall S. Kroszner, 143–55. Cambridge: Cambridge University Press.

Mirrlees, J., and S. Adam. 2011. *Tax by Design: The Mirrlees Review*. London: Institute for Fiscal Studies.

Mokyr, Joel. 1994. "Cardwell's Law and the Political Economy of Technological Progress." *Research Policy* 23(5): 561–74. https://doi.org/10.1016/0048-7333(94)01006-4

———. 2002. *The Gifts of Athena: Historical Origins of the Knowledge Economy*. Princeton, NJ: Princeton University Press.〔ジョエル・モキイア『知識経済の形成――産業革命から情報化社会まで』長尾伸一監訳・伊藤庄一訳，名古屋大学出版会，2019年〕

———. 2018. "The Past and the Future of Innovation: Some Lessons from Economic History." *Explorations in Economic History* 69: 13–26. https://doi.org/10.1016/j.eeh.2018.03.003

Moretti, Enrico. 2012. *The New Geography of Jobs*. Boston: Houghton Mifflin Harcourt.〔エンリコ・モレッティ『年収は「住むところ」で決まる――雇用とイノベーションの都市経済学』池村千秋訳，プレジデント社，2014年〕

Myers, John. 2020. "Fixing Urban Planning with Ostrom: Strategies for Existing Cities to Adopt Polycentric, Bottom-Up Regulation of Land Use." Mercatus Research, Mercatus Center at George Mason University, Arlington, VA, February. https://www.mercatus.org/system/files/myers_-_mercatus_research_-_fixing_urban_planning_with_ostrom_-_v1.pdf

Nanda, Ramana, and William Kerr. 2015. "Financing Innovation." *Annual Review of Financial Economics* 7(1): 445–62.

National Audit Office. 2002. *Individual Learning Accounts*. https://www.nao.org.uk/wp-content/uploads/2002/10/01021235.pdf

Nelson, Richard R. 1959. "The Simple Economics of Basic Scientific Research." *Journal of*

Political Economy 67(3): 297–306. https://doi.org/10.1086/258177

———. 1994. "The Co-evolution of Technology, Industrial Structure, and Supporting Institutions." *Industrial and Corporate Change* 3(1): 47–63. https://doi.org/10.1093/icc/3.1.47

Nelson, Robert. 1999. "Privatizing the Neighborhood: A Proposal to Replace Zoning with Private Collective Property Rights to Existing Neighborhoods." *George Mason Law Review* 7. HeinOnline, https://heinonline.org/HOL/LandingPage?handle=hein.journals/gmlr7&div=37&id=&page=

NESTA. 2016. "Pushing Boundaries: The 2015 UK Alternative Finance Industry Report." https://www.nesta.org.uk/report/pushing-boundaries-the-2015-uk-alternative-finance-industry-report/

Nielsen, Michael. 2013. *Reinventing Discovery: The New Era of Networked Science*. Princeton, NJ: Princeton University Press.〔マイケル・ニールセン『オープンサイエンス革命』高橋洋訳，紀伊國屋書店，2013年〕

North, Douglass C. 1993. "Douglass C. North—Prize Lecture: Economic Performance through Time." Nobel Prize Lecture, December 9. https://www.nobelprize.org/prizes/economic-sciences/1993/north/lecture/

North, Douglass C., and Barry R. Weingast. 1989. "Constitutions and Commitment: The Evolution of Institutions Governing Public Choice in Seventeenth-Century England." *Journal of Economic History* 49(4): 803–32. http://www.jstor.org/stable/2122739

OECD. 2021. *Bridging the Gap in the Financing of Intangibles to Support Productivity: A Policy Toolkit*. Paris: OECD Publishing.

O'Reilly, Colin, and Ryan Murphy. 2020. "A New Measure of State Capacity, 1789–2018." *SSRN Electronic Journal*, August. https://doi.org/10.2139/ssrn.3643637

Olson, Mancur. 1965. *The Logic of Collective Action*. Cambridge, MA: Harvard University Press.〔マンサー・オルソン『集合行為論——公共財と集団理論』依田博・森脇俊雅訳，ミネルヴァ書房，1996年〕

Ostrom, Elinor. 2005. *Understanding Institutional Diversity*. Princeton, NJ: Princeton University Press.

Park, R. Jisung. 2020. "Hot Temperature and High Stakes Performance." *Journal of Human Resources*, March. https://doi.org/10.3368/jhr.57.2.0618-9535r3

Peltzman, Sam. 2020. "Productivity, Prices and Productivity in Manufacturing: A Demsetzian Perspective." *SSRN Electronic Journal*, August. https://doi.org/10.2139/ssrn.3655762

Pennington, Mark. 2001. *Planning and the Political Market: Public Choice and the Politics of Government Failure*. London: Athlone Press.

Phelps, Edmund. 2013. *Mass Flourishing: How Grassroots Innovation Created Jobs, Challenge, and Change*. Princeton, NJ: Princeton University Press.〔エドマンド・フェルプス『なぜ近代は繁栄したのか――草の根が生みだすイノベーション』小坂恵理訳，みすず書房，2016年〕

Philippon, Thomas. 2019. *The Great Reversal: How America Gave Up on Free Markets*. Cambridge, MA: Belknap Press of Harvard University Press.

Piketty, Thomas. 2014. *Capital in the Twenty-First Century*. Cambridge, MA: Harvard University Press.〔トマ・ピケティ『21世紀の資本』山形浩生・守岡桜・森本正史訳，みすず書房，2014年〕

Porta, Rafael La, Florencio Lopez-De-Silanes, Andrei Shleifer, and Robert W. Vishny. 1997. "Legal Determinants of External Finance." *Journal of Finance* 52(3): 1131. https://doi.org/10.2307/2329518

Posner, Eric, and E. Glen Weyl. 2018. *Radical Markets: Uprooting Capitalism and Democracy for a Just Society*. Princeton, NJ: Princeton University Press.〔エリック・A・ポズナー／E・グレン・ワイル『ラディカル・マーケット 脱・私有財産の世紀――公正な社会への資本主義と民主主義改革』安田洋祐監訳・遠藤真美訳，東洋経済新報社，2019年〕

Putnam, Robert. 1994. *Making Democracy Work: Civic Traditions in Modern Italy*. Princeton, NJ: Princeton University Press.〔ロバート・D・パットナム『哲学する民主主義――伝統と改革の市民的構造』河田潤一訳，NTT 出版，2001年〕

Rachel, Lukasz, and Thomas Smith. 2015. "Secular Drivers of the Global Real Interest Rate." Bank of England working paper no. 571. https://doi.org/10.2139/ssrn.2702441

Ridley, Matt. 2020. *How Innovation Works: And Why It Flourishes in Freedom*. London: 4th Estate.〔マット・リドレー『人類とイノベーション――世界は「自由」と「失敗」で進化する』大田直子訳，NewsPicks パブリッシング，2021年〕

Ritchie, Stuart. 2020. *Science Fictions: Exposing Fraud, Bias, Negligence and Hype in Science*. New York: Penguin.

Rognlie, Matthew. 2015. "Deciphering the Fall and Rise in the Net Capital Share." *Brookings Papers on Economic Activity* 46: 1–69. https://doi.org/10.1353/eca.2016.0002

Royal Town Planning Institute. 2020. "Priorities for Planning Reform in England." April 23. https://www.rtpi.org.uk/policy/2020/april/priorities-for-planning-reform-in-england/

Sawhill, Isabel V., and Katherine Guyot. 2020. *The Middle Class Time Squeeze*. Washington, DC: Brookings Institution. https://www.brookings.edu/wp-content/uploads/2020/08/The-Middle-Class-Time-Squeeze_08.18.2020.pdf

Schoenholtz, Kim, and Stephen Cecchetti. 2018. "Financing Intangible Capital." *VoxEU*, February 22, 2018. https://voxeu.org/article/financing-intangible-capital

Schumacher, E. F. 1980. *Small Is Beautiful*. London: Blond & Briggs.〔F・アーンスト・シューマッハー『スモール イズ ビューティフル――人間中心の経済学』小島慶三・酒井懋訳，講談社学術文庫，1986年〕https://www.amazon.co.uk/Small-Beautiful-F-Schumacher/dp/B0010365XW/ref=tmm_hrd_swatch_0?_encoding=UTF8&qid=&sr=

Schumpeter, Joseph A. 1942. *Capitalism, Socialism and Democracy*. New York: Harper.〔シュムペーター『資本主義・社会主義・民主主義』（新装版），中山伊知郎・東畑精一訳，東洋経済新報社，1995年〕

Schwartz, Peter, and Peter Leyden. 1997. "The Long Boom: A History of the Future, 1980–2020." *Wired*, July 1. https://www.wired.com/1997/07/longboom/

Scott, James. 1999. *Seeing Like a State: How Certain Schemes to Improve the Human Condition Have Failed*. New Haven, CT: Yale University Press.

Shiller, Robert. 2019. *Narrative Economics*. Princeton, NJ: Princeton University Press.〔ロバート・J・シラー『ナラティブ経済学――経済予測の全く新しい考え方』山形浩生訳，東洋経済新報社，2021年〕

Shoup, Donald. 2018. *Parking and the City*. New York: Routledge.

Sibieta, Luke, Imran Tahir, and Ben Waltmann. 2021. "Big Changes Ahead for Adult Education Funding? Definitely Maybe." Institute for Fiscal Studies Briefing Note BN325. https://ifs.org.uk/uploads/BN325-Big-changes-ahead-for-adult-education-definitely-maybe.pdf

Sichel, Daniel E. 2016. "Two Books for the Price of One: Review Article of *The Rise and Fall of American Growth* by Robert J. Gordon." *International Productivity Monitor* 31: 57–62. https://ideas.repec.org/a/sls/ipmsls/v31y20164.html

Simon, Hermann. 2009. *Hidden Champions of the Twenty-First Century: Success Strategies of Unknown World Market Leaders*. New York: Springer.〔ハーマン・サイモン『グローバルビジネスの隠れたチャンピオン企業――あの中堅企業はなぜ成功しているのか』（新装版），上田隆穂監訳・渡部典子訳，中央経済社，2015年〕

Skelton, David. 2019. *Little Platoons: How a Revived One Nation Can Empower England's Forgotten Towns and Redraw the Political Map*. London: Biteback Publishing.

Smith, Adam. 1904. *An Inquiry into the Nature and Causes of the Wealth of Nations*. Edited

by Edwin Cannan. 2 vols. London: Methuen & Co.〔アダム・スミス『国富論』(1-4), 水田洋監訳・杉山忠平訳，岩波文庫，2000-2001年など〕

Smith, James, Jack Leslie, Cara Pacitti, and Fahmida Rahman. 2019. "Recession Ready? Assessing the UK's Macroeconomic Framework." Resolution Foundation. https://www.resolutionfoundation.org/publications/recession-ready/

Subcommittee on Antitrust, Commercial and Administrative Law of the Committee on the Judiciary. 2020. "Investigation of Competition in Digital Markets." https://judiciary.house.gov/uploadedfiles/competition_in_digital_markets.pdf

Swinney, Paul, Rebecca McDonald, and Lahari Ramuni. 2018. "Talk of the Town: The Economic Links between Cities and Towns," London: Centre for Cities. https://www.centreforcities.org/publication/talk-of-the-town/

Syed, Matthew. 2019. *Rebel Ideas: The Power of Diverse Thinking*. London: John Murray.〔マシュー・サイド『多様性の科学――画一的で凋落する組織，複数の視点で問題を解決する組織』トランネット翻訳協力，ディスカヴァー・トゥエンティワン，2021年〕

Syverson, Chad. 2019. "Macroeconomics and Market Power: Context, Implications, and Open Questions." *Journal of Economic Perspectives* 33(3): 23-43. https://doi.org/10.1257/jep.33.3.23.

Tabarrok, Alex. 2013. "The Tabarrok Curve in the WSJ." Marginal Revolution, June 23. https://marginalrevolution.com/marginalrevolution/2013/06/the-tabarrok-curve-in-the-wsj.html

Taylor, Mark Zachary. 2016. *The Politics of Innovation: Why Some Countries Are Better than Others at Science and Technology*. Oxford: Oxford University Press.

Traina, James. 2018. "Is Aggregate Market Power Increasing? Production Trends Using Financial Statements." Available at SSRN, https://doi.org/10.2139/ssrn.3120849

Van Bavel, Bas. 2016. *The Invisible Hand? How Market Economies Have Emerged and Declined since AD 500*. New York: Oxford University Press.

Van Zandt, David E. 1993. "The Lessons of the Lighthouse: 'Government' vs. 'Private' Provision of Goods." *Journal of Legal Studies* 22(1): 47-72.

Vollrath, Dietrich. 2020. *Fully Grown: Why a Stagnant Economy Is a Sign of Success*. Chicago: University of Chicago Press.

Waldrop, M. Mitchell. 2018. *The Dream Machine*. 4th ed. San Francisco: Stripe Press.

Walker, John. 2011. *The Acceptability of Road Pricing*. London: RAC Foundation, May. https://www.racfoundation.org/wp-content/uploads/2017/11/acceptability_of_road_pricing-walker-2011.pdf

Weingast, Barry R. 1995. "The Economic Role of Political Institutions: Market-Preserving Federalism and Economic Development." *Journal of Law, Economics, & Organization* 11(1): 1–31. http://www.jstor.org/stable/765068

Whitehead, Alfred North. 1911. *An Introduction to Mathematics*. London: Williams and Norgate.〔アルフレッド・ノース・ホワイトヘッド『数学入門』(ホワイトヘッド著作集第2巻), 大出晁訳, 松籟社, 1983年〕

Wilkinson, Richard, and Kate Pickett. 2009. *The Spirit Level: Why More Equal Societies Almost Always Do Better*. London: Allen Lane.〔リチャード・ウィルキンソン／ケイト・ピケット『平等社会——経済成長に代わる, 次の目標』酒井泰介訳, 東洋経済新報社, 2010年〕

Williamson, Elizabeth J., Alex J. Walker, Krishnan Bhaskaran, Seb Bacon, Chris Bates, Caroline E. Morton, Helen J. Curtis, et al. 2020. "Factors Associated with COVID-19-Related Death Using OpenSAFELY." *Nature* 584(7821): 430–36. https://doi.org/10.1038/s41586-020-2521-4

Williamson, Oliver E. 2009. "Prize Lecture by Oliver E. Williamson." Nobel Foundation. https://www.nobelprize.org/prizes/economic-sciences/2009/williamson/lecture/

Wilsdon, James, Liz Allen, Eleonora Belfiore, Philip Campbell, Stephen Curry, Steven Hill, Richard Jones, et al. 2015. *The Metric Tide: Report of the Independent Review of the Role of Metrics in Research Assessment and Management*. https://doi.org/10.13140/RG.2.1.4929.1363

Wise, Tom, and Kenney Turnbull. 2019. "How Has Trade Policy Uncertainty Affected the World Economy?" Bank of England, September 10. https://www.bankofengland.co.uk/bank-overground/2019/how-has-trade-policy-uncertainty-affected-the-world-economy.

Wyman, Oliver, and British Business Bank. 2019. "The Future of Defined Contribution Pensions: Enabling Access to Venture Capital And Growth Equity." British Business Bank, September. https://www.british-business-bank.co.uk/wp-content/uploads/2019/09/Oliver-Wyman-British-Business-Bank-The-Future-of-Defined-Contribution-Pensions.pdf

原　注

序論

(1)　US patent 549,160 は “Road-engine,” Google Patents, https://patents.google.com/patent/US549160A/en, 2021 年 7 月 31 日アクセス.

(2)　Furman and Summers 2020.

(3)　Graeber 2018, xviii.

(4)　Baudrillard 1994.

(5)　Douthat 2020.

(6)　Case and Deaton 2020.

第 1 章

(1)　Gross and Sampat 2020, 2021.

(2)　Congressional Budget Office 2007.

(3)　Schwartz and Leyden 1997.

(4)　Krugman 1997.

(5)　Keynes 2010.

(6)　Wilkinson and Pickett 2009.

(7)　Piketty 2014.

(8)　McRae 1995.

(9)　Moretti 2012.

(10)　Jennings and Stoker 2016.

(11)　Case and Deaton 2020.

(12)　Decker et al. 2018.

(13)　トービンの Q 上昇とこの利ざや上昇は，企業の収益性上昇の少しちがった指標となる．この両者の正確な関係は Haskel (2019) で説明した．

(14)　Philippon 2019.

(15)　Cowen 2017, 1.

(16) Malcolm Baldrige, "Fat, Dumb, Happy," *New York Times*, October 4, 1981, sec. 3, p. 20, https://www.nytimes.com/1981/10/04/business/fat-dumb-happy.html での引用.
(17) Markovits 2019, 158.
(18) Kuhn and Lozano 2005.
(19) Furman and Summers 2020.
(20) De Veirman, Rudders, and Nelson 2019.
(21) Shiller 2019.
(22) Leamer 2008 ; Harari 2015 ; Kay and King 2020.
(23) Cowen 2011 ; Gordon 2016.
(24) Vollrath 2020.
(25) Brynjolfsson and McAfee 2014.
(26) Harvey 2007 ; Hutton 1995.
(27) Cohen and DeLong 2016.
(28) Philippon 2019.
(29) Sichel 2016.
(30) Mokyr 2018. また Branstetter and Sichel 2017 も参照.
(31) Vollrath (2020) は著書 p. 48 の table 4.1 で，アメリカの1人当たり物理資本の寄与についてちょっとちがった数字を報告している．彼の計算した 2000 ～ 2016 年の寄与は 0.27%だ．彼はまた1人当たり人的資本の寄与についても似たような低下を報告している．このちがった物理資本寄与の数字を使うと，TFP 成長の低下は 1%から 0.8%になる．つまり1人当たり人的資本成長の減速（彼のデータでは 0.7%）で，彼のデータに見る1人当たり GDP 成長の 1.3%減速のほとんどが説明できる．表 1.1 と Vollrath の計算による寄与度の差は，Vollrath が資本ストックを使っているのに対し，我々の計算は資本サービスを使っていることから生じる．Vollrath が指摘するように，資本サービスも使える．彼の本の p. 224 の議論参照.
(32) Byrne, Corrado, and Sichel 2017.
(33) Byrne and Sichel 2017.
(34) Corrado, Haskel, and Jona-Lasinio 2021.
(35) Traina 2018.
(36) Syverson 2019.
(37) Haskel and Westlake 2017.
(38) Davis 2018.
(39) 企業がまったく関係を含まない無形資産を持つことは十分に可能だ．表出的な無形

資産は感情を引き起こす．これはデザインや芸術作品がペーソス，カタルシス，畏怖，興奮などを引き起こせるのと同じだ．その対比は，関係性無形資産は将来の社会変化を約束または示唆するということだ．だからアップル社のサプライチェーン関係は，同社が今後長年にわたりゴリラガラススクリーンを買い続け，きちんと支払いをして誠実に扱う等々という非公式な約束に近いものだ．

（40） Simon 1995.

（41） Benmelech et al. 2021.

（42） Scott 1999.

（43） Schumacher 1980.

（44） McAfee 2019.

（45） 『無形資産が経済を支配する』で我々は，GDP における長期的な無形投資シェアをみるとき，単に無形支出の水準だけでなく，そうした支出がいくらかかるかをみているのではないかと推測した．経済学者がボーモル病と呼ぶ現象が，おそらく投資シェア上昇に貢献しており，多くの物理資本（コンテナや旋盤）は製造されると長期的に価格が低下するが，無形資本を生産する主要な費用は人間労働――マーケティング部門や研究開発ラボの給料，研修の実施費用――であり，社会が豊かになるにつれてますます高価になるということだ．

（46） Adler et al. 2017 ; Duval 2017.

（47） Arquie et al. 2019 ; Demmou, Stefanescu, and Arquie 2019.

（48） Wise and Turnbull 2019.

（49） 不確実性は有形資産にも影響する（Abel et al. 1996 ; Dixit 1992 ; Dixit and Pindyck 1995）．だが有形投資は売却できれば，不可逆性が低いかもしれない．そして無形資産はスケールアップできるから，有形資産よりもずっと拡張可能であり，したがって不確実性の効き方もちがってくる．悪いニュースの期待は無形と有形投資の両方を抑える（というのも企業は下降の可能性を心配するからだ）が，よいニュースの期待は有形投資を増やす（企業は上昇の可能性を活用したいからだ）．だから悪いニュースが期待される時期への移行は無形のほうに大きく影響すると考えられる．

（50） Bessen et al. 2020.

第 2 章

（1） 経済学者 Michael Kremer（1993）は，スペースシャトルの成功したミッションと失敗したものとの差を表現するのに「O リング」という表現を使った．

（2） Brynjolfsson, Rock, and Syverson 2021.

（3） ここには 2 つのまったくちがった議論があるので慎重に区別しなければならない．

もし無形が激増しているのに計測されていないなら，計測されたTFPは当初の投資期間には新たな産出が実現するまでは低下し，実現したらTFPも上がる．下がる場合はその逆だ．無形がTFP成長にスピルオーバー効果を持つなら，TFPはそれにあわせて上がったり下がったりする．

(4) Vollrath 2020.

(5) Bajgar, Criscuolo, and Timmis 2020 参照.

(6) Corrado et al. 2019.

(7) Markovits 2019.

(8) Garicano 2000.

(9) 格差がイギリスで21世紀にもっと拡大していない理由は，イギリスの福祉制度がある程度はそれを抑えたからだ．最近の税引き前および税引き後のイギリス格差トレンドについての優れたまとめとしてはFrancis-Devine 2020 参照.

(10) Garicano and Hubbard 2007.

(11) Rognlie 2015.

(12) Hsieh and Moretti 2019.

(13) Department for Business, Energy & Industrial Strategy 2019, table 1.

(14) Douthat 2020.

第3章

(1) Daron Acemoglu and James Robinson (2019, 126ff) は，国が共同財（公共建築の監督官や度量衡の監督役，酒場を監視して悪態を阻止する6人の「善人」たち）を提供できるくらいの力は持っていたが，専制的になるほどの力はなかった制度システムの例として，このフレスコ画を挙げている．

(2) North 1993.

(3) Smith 1904, 1:xxxv.

(4) Marx and Engels 2002 [1848].

(5) Acemoglu, Johnson, and Robinson 2004, 395.

(6) Kling and Schultz 2009.

(7) North 1993, 97.

(8) 交換の「取引費用」アプローチは，交換が各状況の取引費用に影響される点に注目する．この分析はしばしば（必ずではないが）両者が取引はしているものの，取引にお互いが持ってくる資産が個別で不確実性があり，交換がまれにしか起きない場合に適用される（Milgrom and Roberts 2009 ; Williamson 2009）．我々はこのアプローチから退いて，まずパートナーを見つける部分も交換プロセスに確実に含める

ようにしたい．また Milgrom and Roberts（2009）に基づいて，分析の単位としてはマッチングされた取引費用ではなく，交換を考えるほうが，取引費用が何かについてもっと具体的に考えやすくなると思う．資産の個別性，不確実性，頻繁でない取引での不完備契約の状況において生じるのは，そうした条件が高いゴネ費用やコミットメントや情報の問題などを伴うからだ．

(9) Milgrom and Roberts 1990.

(10) Hart 2017.

(11) この議論は Demsetz（1967）で展開されている．

(12) Hayek 1945.

(13) 財産権のもっと現代的な例は兵役義務だ．兵役義務がない社会は，徴募兵の労働力に対する財産権をその当人たちに割り当てた社会だ．いったん徴募兵たちが私有財産権を割り当てられたら，社会はその労働供給（つまりは従軍サービス）について彼らと交渉を行う．だから強制徴兵に反対する人々にとって，私有財産権の制度が解決策となる．

(14) だから，信頼と相互性はそれ自体としては制度ではなく，むしろ集合的な意思決定メカニズムである制度のサブセットなのだという主張もできる．我々はその歴史的，人類学的な重要性を考慮して，信頼と相互性に別々の制度的な見出しを与えた．

(15) 取引費用について Mancur Olson（1965）（以下でもっと詳細に説明）は，多くの政策の便益が集中しているのに，費用は分散していると指摘した．だから例えば，あらゆるロンドンのタクシー運転手は，タクシー乗車の値段を高く保つ規制から恩恵を受ける．料金を下げることで生じるずっと広いタクシー乗客の分散した便益と比べるとこの便益は集中している．だがタクシー乗客が連合を形成してタクシー料金引き下げを要求するのは高くつく．経済学者の用語では，こうした低料金で恩恵を受ける大規模なコミュニティをまとめあげる取引費用はとにかく高すぎる．だから制度は取引費用の相対的な度合いに基づいて発達することになりそうだ．

(16) Acemoglu, Johnson, and Robinson 2004, 428.

(17) Acemoglu, Johnson, and Robinson（2004）は重役への制約を強調する．

(18) Acemoglu and Robinson 2019.

(19) Weingast（1995）は次のように書き始めている．「経済システムの根本的な政治ジレンマは次のとおり．財産権を保護して契約を履行できるほど強力な政府は，市民の財産を接収できるくらい強いということだ．繁栄する市場は，適切な財産権と契約法が必要なだけでなく，国が富を接収する力を制限する，安全な政治的基盤も必要とする」．そして彼は続ける．「この根本的な政治的ジレンマは，有効な民間市場経済が政治システムの安定した政治的選択となるためにはどんな形の政治システム

が必要か，という問題を考えるよう私たちに強いる．答えは国家が市場を温存することに信頼できる形でコミットするような政治制度の設計に関わる．（中略）限られた政府の信頼できるコミットメントにおける中心的な構成要素は，そうした制限が自己強制的でなければならないということだ．政府の制約が持続するためには，政治的な役人たちがそれに従うインセンティブを持たねばならない」．彼の答えは，国にある程度の連邦主義があれば，政府が市場にあまりに介入しすぎるのを抑えられる，というものだ．介入しすぎると活動は他所に移ってしまうからだ．

(20) Anton Howes（私信）は，交換の条件として必要な追加の次元は，その財への権利の認知（これは財産権や敬意／相互性が適切な制度となるかもしれない）だと我々に示唆してくれた．誰かが支払いをしていない知的財産を使おうとする例では，その権利の認識は「集合行動問題を解決する必要性」や「コミットメント」の条件（つまり財があっさり没収されない）で含意されていると考える．

(21) Posner and Weyl 2018.

(22) 財産を取引しやすくするための彼らのすばらしい示唆のひとつは，それを自己申告の価値で登録して課税するだけでなく，その価値で買い取れるようにすることだった．低価値を申告した所有者は税金は下がるが，その低い価値で売らねばならないことになる．この方式がどこまで望ましいかはさておき，表3.1から見てこの方式が成功するためには，ゴネ費用が低くなければならないことがわかる．

(23) Acemoglu, Johnson, and Robinson 2004.

(24) ティム・テイラーのすばらしいブログ投稿 “An Update Concerning the Economics of Lighthouses,” July 24, 2020, https://conversableeconomist.blogspot.com/2020/07/updates-for-economics-of-lighthouses.html 参照．ここから我々は灯台に関する Theresa Levitt, David van Zandt, Erik Lindberg の魅力的な研究に目を向けることになった．

(25) 現代の灯台はこうしたサービスを提供はしているが，航行の支援としては無線送信が光をおおむね置き換えている．

(26) 経済学徒なら，灯台の例をほぼどんな教科書でも見たはずだ．最初に使われたのは1948年のサミュエルソンの有名な経済学の教科書だ．経済学者ロナルド・コースは，灯台は私的に提供されたという事実を指摘した．それでも灯台は公共財の見本として多くの教科書に残り続けたようだ．

(27) Levitt 2020.

(28) Van Zandt 1993. 経済学者 Kenneth Arrow（1962）は，第2の経済学的な困難があると述べた．灯台所有者が事前に承諾できる価格を約束しなければ（例えば価格表を公開するなど），船主たちは高い値段を要求されるのを恐れ，灯台をまったく使

わなくなりかねない．

(29) Lindberg (2013) によれば，ジェームズ1世王はトリニティハウスの灯台建設独占権を認めなかった．1700年には，トリニティハウスは，灯台運営権を売り出しはじめたとLindbergは述べる．

(30) 実際，公共灯台所有の動機はもともと，私有灯台がサービスにあまりに法外な課金をしていたという事実からきている．ちょうどArrowが恐れていたとおりだ．課金できなかったせいではない．Lindberg (2013) は，民間灯台はきわめて儲かったと述べる――あまりに儲かりすぎたから船主たちは国有化を求めたのだという．

(31) van Zandt (1993) が指摘するように，19世紀になるとイギリス以外のほとんどあらゆる国は一般税収から灯台サービスを提供していた．例えばアメリカでは，「議会の最初の法律のひとつは，既存の灯台とビーコンすべてを財務大臣の統制下に置くものだった（中略）1875年にはフランスもロシアも，灯台を政府資金で提供し，利用者に課金はしなかった」．じつは経済学の教科書における灯台の公共／民間提供の議論は，少なくともイギリスでは微妙なものだ．1836年まで，公共所有と私的所有は混在しており，民間のものが国有化されたのは1836年で，トリニティハウスの管理下に置かれた．トリニティハウスは，公共部門からライセンスを得ていたのだった．だが灯台は地元の港湾使用料から資金を得ていた．1834年に議会選抜委員会が，地元灯台を民間またはトリニティハウスの統制下に置くようにした．そして海岸灯台を一般課金で資金提供するように定めた．議会はトリニティハウスに独占所有権を認めるのをやめたが，あらゆるところのすべての船に，通過する海岸灯台について強制課金するようになった (Levitt 2020)．

(32) Weingast 1995.

(33) Mokyr 2002.

(34) Howes 2020.

(35) De Soto 2000 ; Hornbeck 2010 ; van Bavel 2016.

(36) Nelson 1994.

(37) Ostrom 2005, 12.

(38) Liebowitz and Margolis (1990) はこれを強く疑問視している．

(39) Greif 2006.

(40) Edgerton 2018.

(41) Lerner and Nanda 2020.

(42) Johnson 2004.

(43) たわみ翼は，ケーブルと滑車を使って翼をたわませることで飛行機が転がるのを防ぐものだ．エルロン――フランス語で「小さな翼」――は翼に蝶番《ちょうつがい》で留められた

面だ．ライト兄弟の特許の幅は，グレン・カーティスのエルロン発明を阻止できるほど広かった．

(44) Katznelson and Howells (2015) は誰が誰の足を引っ張ったかの詳細に異論を唱えている．それでも，こうした制度によりエコシステム全体が決まったという論点は変わらない．

(45) Olson 1965.

(46) Van Bavel 2016, 21.

(47) Broadberry 2013, section 4.4 参照.

(48) スピルオーバーとシナジーのちがいとは？　前者は排除性を取り巻く制度的な特徴と考えられ，後者は技術的なものとみられる．例えば完全に強制された知的財産権レジームはスピルオーバーを止める．だがシナジーはまだ残る．例えば映画脚本とソフトウェアの組み合わせでアニメ映画を作るなどだ．

第4章

(1) Arrow 1962 ; Nelson 1959.

(2) Mazzucato 2013.

(3) David Willetts, 著者たちとの私信 , 2019.

(4) Matt Ridley, "Don't Look for Inventions before Their Time," *Wall Street Journal*, September 14, 2012. また Ridley (2020) や Syed (2019) 参照.

(5) Lachmann 1956.

(6) Lachmann は資本の組み合わせが重要だという指摘に関連した多くの問題を記述している．ひとつは，どんな資本の組み合わせが最高か知るのが不可能だという話に基づいて，起業家の役割を強調することだ．もうひとつは，種類や年代のちがう資本の組み合わせをどう計測するかという問題だ．これはケンブリッジ資本論争でも取り上げられた（これについての活発な議論が Noah Smith と Brad DeLong のポッドキャスト , "Hexapodia XII: The Cambridge Capital Controversy," May 5, 2021, https://www.bradford-delong.com/2021/05/podcast-hexapodia-xii-%C3%BEe-cambridge-capital-controversy.html にある）．この問題に対する解決策は，今日各国の統計機関が使っている，資本の種類をそのレンタル料で加重するという方法だ．これは経済学者 Robert Hall and Dale Jorgenson (1967) が提案したものだ．Erwin Diewert (1976) はこうした解決策が，資本が組み合わせ（伝統的な小売りで，小売り店の建物と配達車両）や代替（小売り建物か e コマースにおける倉庫と配達車両）になる場合にも適用できることを示した．

(7) Goldin and Katz 2008.

(8) 例えば Cowen and Southwood (2019) での議論参照.

(9) Wilsdon et al. 2015.

(10) The Augar review, "Independent Panel Report to the Review of Post-18 Education and Funding," May 2019, https://assets.publishing.service.gov.uk/government/uploads/system/uploads/attachment_data/file/805127/Review_of_post_18_education_and_funding.pdf, 31

(11) Campbell 1979 ; Goodhart 1981.

(12) Nielsen 2013.

(13) Williamson et al. 2020.

(14) Ritchie 2020.

(15) Aarts et al. 2015.

(16) 例えば Bechhofer and Dattani 2021.

(17) Bessen and Meurer 2009.

(18) Boldrin and Levine 2013.

(19) Justin Tranter, "To Succeed in a Business That Doesn't Really Want Anyone to Succeed, You Have to Be Quite Confident," interview by Dave Roberts, *Music Business Worldwide*, May 21, 2020, https://www.musicbusinessworldwide.com/justin-tranter-to-succeed-in-a-business-that-doesnt-really-want-anyone-to-succeed-you-have-to-be-quite-confident/ での引用.

(20) Heller 2008.

(21) Khan 2014.

(22) Hall et al. 2014.

(23) Kleiner (2006) 参照. Forth et al. (2011) はアメリカ労働力の少なくとも20%は免許が必要と推計している. アメリカ労働力の6%は資格制であり, イギリス労働力の14%は資格制.

(24) Phelps 2013 ; Ridley 2020.

(25) Mazzucato 2021.

(26) この発想は Mazzucato (2021) でさらに展開されている.

(27) Jeffrey Mervis, "U.S. Lawmakers Unveil Bold $100 Billion Plan to Remake NSF," Science, May 26, 2020, https://www.sciencemag.org/news/2020/05/us-lawmakers-unveil-bold-100-billion-plan-remake-nsf で論じられている.

(28) Cowen and Southwood 2019.

(29) Eghbal 2016.

(30) "Good Data: With Ben Goldacre," Digital Health, January 14, 2016, https://www.

digitalhealth.net/2016/01/good-data-with-ben-goldacre/ での引用.

(31) Dan Davies, "Midsummer in Midwinter," Crooked Timber (blog), March 22, 2015, https://crookedtimber.org/2015/03/22/the-world-is-squared-episode-6-midsummer-in-midwinter/

(32) Kremer 1998. ワクチン開発に適用される賞などイノベーション促進メカニズムについては Kremer and Snyder (2020) 参照.

(33) Gans 2020.

(34) Milgrom and Roberts 1988.

(35) Taylor 2016.

(36) Johnstone 1999.

第5章

(1) Whitehead 1911, 46.

(2) Lowenstein 2001.

(3) McLean and Elkind 2005.

(4) 国ごとにちがいはある．おおまかに言って，アメリカ企業と比べると，ヨーロッパ企業は負債において，債券よりも銀行融資に頼る率がずっと高いし，エクイティに頼る率はずっと低い（例えば De Fiore and Uhlig 2011 参照）．Porta et al. (1997) は，ヨーロッパと比べて英米はコモンローの伝統があり，株主や債権者にずっと高い保護を提供しているのだと論じる．だから銀行融資よりもエクイティや債券が好まれるというわけだ．De Fiore and Uhlig (2011) はまた，ヨーロッパは企業の信用力についての公開情報が少なく，したがって融資先の企業に関する情報を集めねばならない銀行の重要性が上がるのだという．

(5) Davies 2014.

(6) 定式化した議論としては Holmstrom (2015) 参照．Holmstrom は，最も簡単な担保化可能な負債契約を論じる．質屋が腕時計を質入れさせてお金を貸す，というものだ．質屋は腕時計の価値を見定めて，その価値からデフォルトの余地を残した金額を貸すことになる．だがその下限は，契約の片方だけが決めるものであり，必ずしも腕時計の価値で決まるわけではない．この負債契約では双方が共通の価値や最大の価値や，結果として発生するキャッシュフローのシェアに合意する必要はない．そしてひとたび負債が質屋に返済されたら，腕時計は請け出される．だれもその時計の現在の価値や，あり得たかもしれない価値に合意する必要はない．担保を持つ負債契約は，したがってきわめて情報節約的だ．さらに時期が悪く貸し手が元金を返済してもらえないと思えば，貸し手はまさにこの仕組みが節約するよう設計され

た情報を求めようとするので，かなりの危機が起こりかねない．

(7) Schoenholtz and Cecchetti 2018.

(8) Drechsel (2021), Greenwald (2019), および Lian and Ma (2021) は，粗利に対する融資の担保権の過大な利用を指摘している．Lim, Macias, and Moeller (2020) は，無形資産を計上する会計方式変化の後で，借入が増えたことを示した．重要な点として，借入は会計制度変更の後ですべての無形資産ではなく，同定された無形資産が増えた後で増加した（資産はそれに対して支払われた取得価格の記録で同定され，商標，ドメイン名，採掘権などで構成されていた）．同定されない無形資産は取得ののれん代に相当する．

(9) Lian and Ma 2021.

(10) Dell'Ariccia et al. 2017.

(11) Kaoru, Daisuke, and Miho 2017.

(12) Lim, Macias, and Moeller 2020.

(13) Ampudia, Beck, and Popov 2021.

(14) "Box 4, The Supply of Finance for Productive Investment," in Bank of England, Financial Policy Committee 2020.

(15) Wyman and British Business Bank 2019, 23.

(16) "Patient Capital Review, Industry Panel Response, October 2017," https://assets.publishing.service.gov.uk/government/uploads/system/uploads/attachment_data/file/661397/PCR_Industry_panel_response.pdf

(17) Brazier 2020.

(18) Duval 2017 ; Duval, Ahn, and Sever 2018.

(19) Lakonishok, Shleifer, and Vishny 1994.

(20) Daniel Finkelstein, The Fink Tank, https://extras.thetimes.co.uk/web/interactives/7da9de56f480e009b5e9f18b279859d7.html 参照．2021 年 7 月 31 日アクセス．

(21) Lev and Gu 2016.

(22) Lev and Srivastava 2019, 24.

(23) Brav, Jiang, and Ma 2018.

(24) Brav らが慎重に指摘するように，これはヘッジファンド投資がこうした影響を引き起こしたということではない．ヘッジファンドはそうした変化の機会が実現しやすい企業に投資するかもしれないからだ．

(25) Arora, Belenzon, and Patacconi 2015, 2018 ; Arora, Belenzon, and Sheer 2021.

(26) Arora, Belenzon, and Sheer 2021.

(27) Arora, Belenzon, and Sheer 2021, 878.

（28） Brav, Jiang, and Ma 2018.
（29） Edmans 2009.
（30） Kay and King 2020.
（31） 消費を通じた別の経路も存在する．金利変化は，簡単に貸し借りができる人々の貯蓄を変える．金利が下がると，人々の貯蓄が減るので支出が増える．簡単に貸し借りできない人にとっては，潜在的にずっと大きな影響がある．不景気をしのぐために彼らの行った，あるいは行う可能性のあった借入金利より金利が低ければ，そうした低金利は彼らが使える現金をある程度自由にしてくれる．最後に，低金利はお金を高金利の国に流れるように仕向けるため，他の条件が同じなら為替レートを減価させるので，その国の競争力と純輸出を高める．
（32） Bean, Larsen, and Nikolov 2002.
（33） Gilson and Altman, 2010.
（34） アメリカの立ち位置に関する最近のレビューは Del Negro et al.（2020）で，イギリスについては Cunliffe（2017）．一部の人は，フィリップス曲線が平らになったかどうか疑問視する（McLeay and Tenreyro 2020）が，この問題は広く論じられてきた．
（35） Subir Lall and Li Zeng（2020）は，各国の無形投資増加は総供給曲線が平らになってきたのと関係しているのを発見して，このトレンドはフィリップス曲線の平坦化と整合していると論じている．
（36） この部分は Haskel（2020a）に基づく．
（37） Daly 2016 ; Rachel and Smith 2015.
（38） Kevin Daly, “A Higher Global Risk Premium and the Fall in Equilibrium Real Interest Rates,” VoxEU, November 18, 2016, https://voxeu.org/article/higher-global-risk-premium-and-fall-equilibrium-real-interest-rates 参照．
（39） この議論で暗黙に想定されているのは，金利は「マイナスになりすぎる」，つまりそれがゼロをあまり下回れないということだ．
（40） Brassell and King 2013.
（41） Nanda and Kerr 2015.
（42） Lerner and Nanda 2020.
（43） NESTA 2016.
（44） Davies 2015.
（45） Dell'Ariccia et al. 2017.
（46） Bahaj et al. 2021.
（47） Thais Jensen, Søren Leth-Petersen, and Ramana Nanda（2014）は住宅エクイティ

を活用できるようにしたデンマークの住宅ローン改革で起業が増えたことを指摘する.

(48) Bank of England, Financial Policy Committee 2020, table D.B.

(49) Davies 2015.

(50) Bell et al. 2019.

(51) Mirrlees and Adam 2011 ; OECD 2021.

(52) Kortum and Lerner 2000.

(53) Investment Association 2020.

(54) Wyman and British Business Bank 2019 参照.

(55) こうした変化は例えば，非流動資産投資をめぐる規制を緩和するといったものだ. Productive Finance Working Group, Minutes of the First Technical Expert Group (TEG) Meeting, 12 February 2021, https://www.bankofengland.co.uk/-/media/boe/files/minutes/2021/productive-working-group-minutes-february-2021.pdf を参照.

(56) Brazier (2020) はこう書く.「だれも年金資産すべてを非流動的なエクイティ資産に移行しろとは言っていない. 目標はむしろ，現在のほぼゼロベースから，もっと多くの，もっと分散した資産を可能にすることだ. 実際，若い会員と高齢会員とでは流動性選好がちがう. 流動性と，資産や負債の長さ／期日が十分に考えられて整合していたら，「無用のリスク」は生じないはずだ」.

(57) Ahn, Duval, and Sever 2020.

(58) この仕組みと QE とのちがいは？ QE では中央銀行が金利つき中央銀行準備を発行する. これはバンクレートを支払う. そして，金利つき（長期）国債を買う. だから中央銀行資産は長期国債で，負債は中央銀行準備となる. 現在，こうした長期国債の金利はバンクレートよりも高いので，中央銀行は財務省に送金していることになる. バンクレートが上昇したら，中央銀行は財務省や他の手段からお金を得て金利差を支払わねばならない. 結果として損失が生じかねないが，市中銀行への補助のような保証された損失ではない.

(59) Blanchard, Dell'Ariccia, and Mauro 2010 ; Smith et al. 2019.

(60) Feyrer and Sacerdote 2013.

(61) Blanchard, Dell'Ariccia, and Mauro 2010.

(62) 支出プログラムに対する経済の応答性は，恩恵を受けた市民がもっと支出し投資するようになれば大きい. 経済的な逆境では，低所得職の消費者たちは通常は利用できるリソースがあまりないか，借入が困難となる. 一時的な減税といった安定化型の政策が消費に与える影響はおそらくかなり大きくなり，財政政策がきわめて強力となるはずだ.

(63)　数学指向の人々のために，数式は次のとおり．

$$\left(\frac{負債}{GDP}\right)_t - \left(\frac{負債}{GDP}\right)_{t-1} \approx (r_t - g_t)\left(\frac{負債}{GDP}\right)_{t-1} + \left(\frac{プライマリー財政赤字}{GDP}\right)_t$$

ただし r は実質金利，g は実質 GDP 成長率，プライマリー財政赤字は利払い以外の支出と歳入との差．

(64)　Furman and Summers 2020.

第 6 章

(1)　Clay Jenkinson, "Thomas Jefferson, Epidemics and His Vision for American Cities," *Governing*, April 1, 2020, https://www.governing.com/context/Thomas-Jefferson-Epidemics-and-His-Vision-for-American-Cities.html で論じられている．

(2)　Letter from Thomas Jefferson to Benjamin Rush, September 23, 1800, in National Archives, Founders Online, https://founders.archives.gov/documents/Jefferson/01-32-02-0102

(3)　Letter from Thomas Jefferson to Benjamin Rush, September 23, 1800.

(4)　Haskel 2021.

(5)　Duranton and Puga 2014.

(6)　Glaeser 2011.

(7)　Clancy 2019.

(8)　Jaffe, Trajtenberg, and Henderson 1993.

(9)　Berkes and Gaetani 2019.

(10)　イギリスでの活発な論争として，1980 年代以来の住宅価格上昇は供給の制限によるものか，予想外に低い実質金利のせいか，その双方の組み合わせか，というものがある．地域的なバラツキがあり，ロンドンでの価格上昇が他よりも大きいことから見て，供給も貢献していると示唆される．さらに実質金利が下がっても住宅価格が動かない時期があり，その逆もある．Lisa Panigrahi and Danny Walker, "There's More to House Prices than Interest Rates," Bank Underground, June 3, 2020, https://bankunderground.co.uk/2020/06/03/theres-more-to-house-prices-than-interest-rates/ 参照．ちがった見方としては David Miles and Victoria Monro, "What's Been Driving Long-Run House Price Growth in the UK?," Bank Underground, January 13, 2020, https://bankunderground.co.uk/2020/01/13/whats-been-driving-long-run-house-price-growth-in-the-uk/ 参照．

(11)　Fischel 2005．また Pennington 2001 も参照．

(12)　Max Nathan and Henry Overman はコロナ禍が都市に与える影響について，"Will

Coronavirus Cause a Big City Exodus?," *Economics Observatory*, September 22, 2020, https://www.coronavirusandtheeconomy.com/question/will-coronavirus-cause-big-city-exodus で論じている.

(13) Forth 2018.

(14) Paul Krugman, "The Gambler's Ruin of Small Cities (Wonkish)," *New York Times*, December 30, 2017, https://www.nytimes.com/2017/12/30/opinion/the-gamblers-ruin-of-small-cities-wonkish.html

(15) Moretti 2012.

(16) Waldrop 2018 参照.

(17) Cairncross 1997.

(18) Cheshire and Buyuklieva 2019.

(19) Leunig and Swaffield 2007.

(20) Myers 2020.

(21) Ostrom 2005.

(22) Hughes and Southwood 2021.

(23) この議論は Bowman and Westlake (2019) から引用した.

(24) それぞれ Robert Nelson 1999 ; Royal Town Planning Institute 2020 ; Building Better, Building Beautiful Commission 2020 を参照.

(25) Glaeser 2020.

(26) Walker 2011.

(27) Bogart (2005) が論じるように，道路や道路補修の資金は新しい問題ではない．17世紀には，地元の教区は道路利用者に維持と投資のための課金ができなかった．例えば 1693 年にベスナルグリーンは，郡の役人たちに支援を求めた．修理費用がロンドンへの主要街道について年額 200 ポンドという大金になるからだ．だがベスナルグリーンは人口たった 200 人で，道路修理をまかなうだけの地元課税基盤がなかった．問題は，道路建設資金をターンパイク信託に委任することで解決された．これは民間組織で，信託人たちが通行料を取って通行料収入を担保に借入を行う権限が与えられたのだった．だから通行人に課金して，道路全長について課金できるわけだ．教区の記録を見るとターンパイク信託は，信託のない教区と比べて，1730～1840 年に道路投資を激増させた．これまた制度改革（この場合は集合的な財産権）が交換の問題（この場合は集合行動問題）の克服に役立った例だ．

(28) Shoup 2018.

(29) Ostrom 2005．イギリスでは，地元の駐車場収入は地元へと繰り戻される．

(30) Skelton 2019, 16.

(31) Will Tanner, "The Tories May Have Captured 'Workington Man,' but This Is How They Make Sure the Red Wall Turns Blue," *The Sun*, December 17, 2019, https://www.thesun.co.uk/news/10566847/tories-workington-man-red-wall での引用.
(32) Swinney, McDonald, and Ramuni 2018.
(33) Kerr and Robert-Nicoud 2020, 66.
(34) Centre for Local Economic Strategies 2019.
(35) この議論は Haskel (2020b) に基づく.
(36) Sawhill and Guyot 2020.
(37) Bloom et al. 2013.
(38) Gibbs, Mengel, and Siemroth 2021.
(39) Deming 2017. 経済学者 Philippe Aghion, Antonin Bergeaud, Richard Blundell, and Rachel Griffith の研究で，ソフト技能，特にチームワークは低技能労働者の賃金上昇を支援するにあたりきわめて重要だと示された．そうした労働者がハイテク企業にいると，その重要性はさらに高まる (Aghion et al. 2019).

第7章

(1) Subcommittee on Antitrust, Commercial and Administrative Law of the Committee on the Judiciary 2020.
(2) European Union 2020.
(3) De Loecker and Eeckhout 2018.
(4) Andrews, Criscuolo, and Gal 2016.
(5) Schumpeter 1942, 83.
(6) Benkard, Yurukoglu, and Zhang 2021 ; Hsieh and Rossi-Hansberg 2019.
(7) Hseih and Rossi-Hansberg 2019, 2.
(8) Bajgar, Criscuolo, and Timmis 2020.
(9) Gutiérrez and Piton 2019a.
(10) Corrado et al. 2021.
(11) Peltzman 2020.
(12) Armstrong 2015.
(13) Hannak et al. 2014.
(14) Grubb and Osborne 2015.
(15) 以下の議論は Bowman and Westlake (2019) に基づく.
(16) これはまた，既存利権企業が現在の地位を守るために広範なロビイングを行うことで生じかねない影響費用に対抗するものとなる.

(17) CMA 2017.

(18) Aridor, Che, and Salz (2020) は一般データ保護規則 (GDPR) が競争に与えた影響を調べた．このEU規則はいろいろあるが，人々がウェブサイトにおけるクッキーの利用を能動的に承認する必要があると定めている．するとクッキー利用は12％減った．だがクッキー利用を拒否した人のほとんどは，広告ブロッカーやIPアドレスをランダム化するプライバシー装置を使っていた．オプトアウトにより興味深い影響が見られた．あらゆる利用者の情報を集める企業にとって，利用者の一部が広告ブロッカー技術を使い，一部がそうでない場合には，広告ブロッカーが大量のノイズを発生させたので，そうしたデータの価値が下がっていた．それまで広告ブロッカー技術を使っていた消費者がオプトアウトしてくれたら，彼らのIPに関する情報は企業に提供されなくなった．おかげで残った消費者たちをトラック・同定しやすくなったのだ．だから規制はオプトアウトした人々のプライバシーは高めたかもしれないが，残った人々のプライバシーはもっと侵害されるようになったのだった．

(19) Markovits 2019, 5.

(20) Emma Jones, "Operation Varsity: How the Rich and Famous Cheated the US University System," BBC News, March 18, 2021, https://www.bbc.co.uk/news/entertainment-arts-56427793

(21) Machin, McNally, and Ruiz-Valenzuela 2020.

(22) 重要な試験で生徒がなぜ得点を挙げられないかを調べると興味深い．Robert Metcalfe, Simon Burgess, and Steven Proud (2019) は，GCSEをワールドカップ開催の年に受験する生徒は有意に成績が下がることを発見した．こうした生徒たちは少なくとも5教科でCに到達する確率が，ワールドカップ開催年以外でGCSEを受験する生徒たちに比べて12％下がる．この問題は貧困な出自の男子ではさらに突出しており，その成績は最大3分の1も下がる．さらに一時的な大気汚染の急増はイスラエルで生徒たちの長期的な学業成績を有意に引き下げた (Ebenstein, Lavy, and Roth 2016)．また夏が暑いとニューヨークの高校生の試験得点が低下して，卒業率にも影響した (Park 2020)．

(23) BMG Research, "New GCSE Grades Research amongst Employers," report for the Office of Qualifications and Examinations Regulation (Ofqual), Ofqual/13/5334, November 2013, https://assets.publishing.service.gov.uk/government/uploads/system/uploads/attachment_data/file/529390/2013-11-01-bmg-research-with-employers-on-new-gcse-grades.pdf

(24) Acemoglu 1999, 1270.

(25) Lewis 2000.
(26) Department of the Treasury Office of Economic Policy, the Council of Economic Advisers, and the Department of Labor 2015.
(27) Caplan 2018.
(28) Noah Smith, "College Isn't a Waste of Time," Bloomberg, December 2017, https://www.bloomberg.com/opinion/articles/2017-12-11/college-isn-t-a-waste-of-time 参照.
(29) Caplan 2017.
(30) Arcidiacono, Bayer, and Hizmo 2010.
(31) Sibieta, Tahir, and Waltmann 2021.
(32) National Audit Office 2002.

結論

(1) Vollrath 2020.
(2) Goldstone 2002.
(3) Mokyr 1994.
(4) Van Bavel 2016.
(5) 経済学の素養がある読者向けに説明すると，集合財の産出を表現する生産関数が根底にあると考えてほしい．そうした財は古典的な公共財（街灯など）かもしれないが，私的な集合財（企業内部の調整活動）でもいい．集合的な産出が，通常の資本と生産労働時間に加えて，調整活動も必要とすると考えよう（調整活動は資本と労働だけを扱う古典的な生産関数には登場しないが，それは企業が資本と労働を効率的に組み合わせる設計図の集合として考えられているため，そうした入力を調整する費用は想定されていないからだ）．だから右肩上がりの曲線がある．これは図結.1には描かれていないが，財の産出と，調整活動や情報との関係を描いた生産関係となる．図結.1に描かれた右肩下がりの曲線は，産出が集合的で中央集権的になれば，それだけ影響活動に時間を割いて情報を歪めるインセンティブも大きくなるか，あるいは集合的な供給のおかげで実験が減ってそうした情報が欠如するようになると想定している．だから描かれた曲線は，根底にある集合財の生産を描いているのではなく，そうした生産への制約を描いているのだ．
(6) Milgrom and Roberts 1988, 1990.
(7) Ridley 2020.
(8) Paul Romer, "Why the World Needs Charter Cities," July 1, 2009, https://paulromer.net/video-why-the-world-needs-charter-cities-ted/
(9) 加えて彼らの使うアルゴリズム（例えば科学論文発表）がシナジーを阻害すること

もある．

（10） Johnson and Koyama 2017, 2.

（11） North and Weingast 1989.

（12） Johnson and Koyama 2017, 3.

（13） O'Reilly and Murphy 2020.

（14） Alex Singleton, "Sir John Cowperthwaite: Free-Market Thinking Civil Servant behind Hong Kong's Success," *The Guardian*, February 8, 2006, https://www.theguardian.com/news/2006/feb/08/guardianobituaries.mainsection での引用．

（15） この議論は繊細なものだ．政治家は通常は運用の方法は委譲するが，中央銀行の目標は自分が決める．

（16） Taylor 2016.

（17） Lorenzo Castellani, "L'ére du Technopopulisme," *Le Grand Continent*, March 16, 2018, https://legrandcontinent.eu/fr/2018/03/16/lere-du-technopopulisme/?utm_campaign=Matt%27s%20Thoughts%20In%20Between&utm_medium=email&utm source=Revue%20newsletter

（18） Fukuyama 1995 ; Putnam 1994.